如果我的心是一朵莲花

林徽因时代的追忆

岳南 著

中华书局

图书在版编目(CIP)数据

如果我的心是一朵莲花:林徽因时代的追忆/岳南著. – 北京:中华书局,2012.7(2012.9 重印)
ISBN 978 – 7 – 101 – 08665 – 2

Ⅰ.如… Ⅱ.岳… Ⅲ.①林徽因(1904~1955) – 生平事迹②梁思成(1901~1972) – 生平事迹 Ⅳ. K826.16

中国版本图书馆 CIP 数据核字(2012)第 089218 号

书　　名	如果我的心是一朵莲花:林徽因时代的追忆
著　　者	岳　南
责任编辑	娄建勇
出版发行	中华书局
	(北京市丰台区太平桥西里 38 号　100073)
	http://www.zhbc.com.cn
	E – mail:zhbc@ zhbc.com.cn
印　　刷	北京瑞古冠中印刷厂
版　　次	2012 年 7 月北京第 1 版
	2012 年 9 月北京第 2 次印刷
规　　格	开本/700 × 1000 毫米　1/16
	印张 21½　插页 2　字数 310 千字
印　　数	8001 – 13000 册
国际书号	ISBN 978 – 7 – 101 – 08665 – 2
定　　价	36.00 元

莲 灯

林徽因

如果我的心是一朵莲花，
正中擎出一支点亮的蜡，
荧荧虽则单是那一剪光，
我也要它骄傲的捧出辉煌。

不怕它只是我个人的莲灯，
照不见前后崎岖的人生——
浮沉它依附着人海的浪涛，
明暗自成了它内心的秘奥。

单是那光一闪花一朵——
像一叶轻舸驶出了江河——
宛转它漂随命运的波涌
等候那阵阵风向远处推送。

算做一次过客在宇宙里，
认识这玲珑的生从容的死，
这飘忽的途程也就是个——
也就是个美丽美丽的梦。

廿一年七月半，香山。

目　录

第一章　乱世惊梦

五台山的神奇之旅 1

凄风苦雨别北平 12

李济的梁家缘 17

第二章　往事何堪哀

清华四大导师 23

开田野考古先河的李济 27

风声灯影里的梁家父子 30

八方风雨会羊城 36

梁思永踏上殷墟 42

第三章　流亡西南

长沙的救亡合唱 51

千里奔徙到昆明 60

跑警报的日子 67

死神过往中的短暂沉寂 70

第四章　雾中的印痕

滇川道上的流亡客 77

梅贻琦来到梁家 88

徐志摩叫板梁启超 97

梁思成、林徽因的人生抉择 105

第五章　林徽因的情感世界

冰心小说中的太太客厅 115

林徽因与冰心是朋友还是仇敌　　　　　　　　122

徐志摩之死　　　　　　　　　　　　　　　　129

第六章　往事俱没烟尘中

梁从诫:徐、林之间没有爱情　　　　　　　　137

神秘的"八宝箱"之谜　　　　　　　　　　　142

林徽因与金岳霖的一世情缘　　　　　　　　　157

第七章　回首长安远

鸿雁在云鱼在水　　　　　　　　　　　　　　167

林徽因床头上的飞机残片　　　　　　　　　　171

苦难中的浅吟低唱　　　　　　　　　　　　　179

遂把他乡当故乡　　　　　　　　　　　　　　186

第八章　落花风雨更伤春

梁思永的生命旅程　　　　　　　　　　　　　195

傅斯年对冰心的微词　　　　　　　　　　　　202

血性男儿柔情女　　　　　　　　　　　　　　212

第九章　岁月如歌

川康古迹考察团　　　　　　　　　　　　　　221

李约瑟的李庄之行　　　　　　　　　　　　　230

一代名媛沈性仁　　　　　　　　　　　　　　236

梁家的烤鸭　　　　　　　　　　　　　　　　242

傅斯年与陶孟和之争　　　　　　　　　　　　246

第十章　胜利前后

京都、奈良的恩人　　　　　　　　　　　　　253

狂欢的节日　　　　　　　　　　　　　　　　260

颁布还都令　　　　　　　　　　　　　　　　268

血色黄昏   272

第十一章　离愁正引千丝乱

归骨于田横之岛   287

群星陨落   295

梁思永之死   301

飞去的蝴蝶   308

最后的大师   320

主要参考书目
新版后记

第一章　乱世惊梦

五台山的神奇之旅

1937年6月下旬，作为建筑学家的梁思成、林徽因夫妇，以中国营造学社研究人员的名义，踏上了赴山西考察的旅途。

这是他们从事中国古建筑考察以来，第三次也是最重要的一次山西之行。梁、林夫妇在古建筑考察领域的成就，有相当一部分应归于山西的古建筑实物。也正是这次意义非凡的旅行，迎来了他们考察生涯中最为辉煌的巅峰时期。

此前，作为受过中西文化教育与专业学术训练，且成名甚早的建筑学家，梁思成、林徽因在对古建筑学领域的绝世之作《营造法式》的研究过程中，认识到框架式木结构是中国古代建筑的基本形式，而大唐时代作为中国社会的鼎盛时期，其建筑风格不但具有自身独到的特色，并负载着中华民族建筑文化血脉起承转合的关键性使命，如能亲眼目睹唐代的建筑遗存，是任何一个研究古建筑的学者都心驰神往、梦寐以求的。以现代人的眼光推算，当下的岁月距离辉煌的大唐显然不是"白发宫娥说明皇"可以比拟的了，大唐在人们心中已成为遥远的过去。但从整个历史的大框架来看，这段历程又算不上太久，其间虽经历了几个朝代的更换和无数次战火兵燹，但按照事物的正常发展消亡规律，应该仍有少许的木框架建筑存于中国大地的某个角落，发现它们的踪迹甚或一两件完整的实物并非绝无可能。于是，寻找一座存留于人间的唐代木框架建筑，就成为这对年轻夫妇久悬于心的最为辉煌的一个梦。

从1932年开始，服务于中国营造学社的梁氏夫妇和莫宗江、刘致平等

天津蓟县独乐寺观音阁

同事，几乎考察了华北和中原所有可能遗存古建筑的地区，获得了极其丰硕的成果，但年代最古老的建筑只是辽、宋时代的蓟县独乐寺与应县木塔①，唐代建筑的踪影始终没有显现，这不免令他们感到些许遗憾和淡淡的怅惘。难道偌大个中国就没有一座唐代的木构建筑物遗存于世了吗？

就在他们怀揣着梦想与疑问，风餐露宿，四处奔波，所得结果又迟迟冲不破辽、宋这段狭窄的历史隧道时，有几位号称对中国文化颇有研究的日本学者不无得意地放言道：在中国已不可能找到唐代的木构遗存了，要想看唐制木构建筑，只有到大日本帝国的奈良或京都去开开眼界，那里有着世界上独一无二的完美的唐代作品②。这个狂妄的臆断竟得到了当时世界范围内许多古建筑学权威的认可，大唐王朝近三百年的辉煌功业，在它兴盛发达的本土上，似乎真的是随风飘逝，一点荧光也不复存在了。

然而，正一步一个脚印在北国大地上行走的梁思成、林徽因夫妇，依然坚守着积聚在心中那个诱人的陈年旧梦，丝毫未放弃追寻唐代木构建筑的信念。此时，这对年轻的建筑学家，凭着经过严格科学训练的理性思索以及实际考察所具有的直觉，坚定地认为在中国这块博大凝重的土地上，一定还有唐代的木构建筑在某个不被人重视的角落，默默地守望着故土，孤独而寂寞地屹立在山野草丛之中，静静地观望着云起云落、世事沧桑。

只是要证实这个存在，尚需要时间、智慧、勇气，外加一点运气而已。

正当梁、林夫妇怀着如此执著的念头，连同对日人之说不服气的双重心理，为实现心中的梦想踏破铁鞋，处心积虑地反复揣度研讨而不得时，一个偶然的机会，使他们从"山有小孔，仿佛若有光"的小隧道，一下望见了藏在深山人未识的桃花源。山门洞开处，梁、林夫妇眼前亮起了一道耀眼的希望之光。命运之神悄然降临了。

这束光亮源于法国汉学家伯希和在中国西部考察后，所著的《敦煌石窟图录》（*Les Grottes de Tun-houang*）一书，伯希和在书中披露了敦煌莫高窟第六十一号洞窟中的两幅唐代壁画。这两幅壁画不仅描绘了中国北方最著名的佛教圣地——五台山的全景，还指出了每座庙宇的名字，其中一处名为佛光寺的古代庙宇尤为引人注目。梁思成、林徽因在对这两幅壁画做了精心研究后，突然迸发出灵感的火花，神情为之大振，当即发出"天不欺我，佛祖佑我"之慨叹。按照这道光亮的指引，他们很快于北平图书馆查阅了《清凉山（五台山）志》和《佛祖统纪》等相关志书，从这些珍贵的史料中找到了有关佛光寺的记载。据史料披露，佛光寺是五百里清凉山山脉颇负盛名的大寺之一，首建于北魏时期，唐武宗灭佛之时，佛光寺被毁，十二年后，随着李唐王朝对佛教政策的改变，逃亡在外的该寺僧人

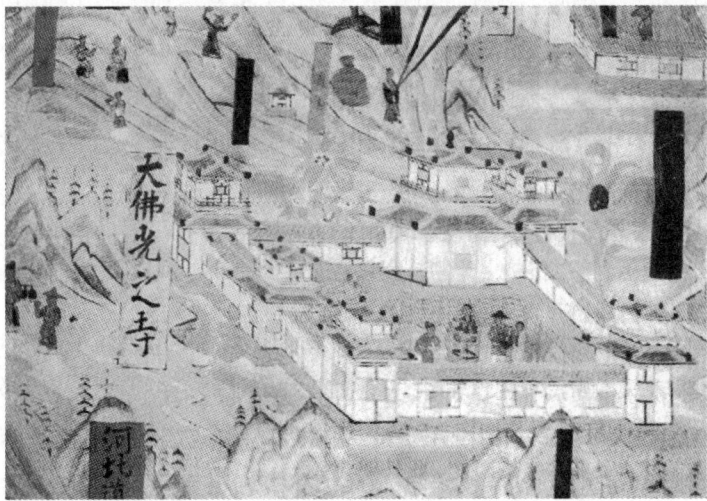

五台山大佛光寺图（局部）

愿诚法师卷土重来，再度募资重建，并恢复了原有的规模，从此该寺作为五台山最具影响的大寺之一，伴着绵延不绝的香火开始了新的生命历程。

假如这座佛寺尚存，当是一处意义和价值都极其重要和非凡的唐代木构建筑。根据以往野外调查的经验，梁思成、林徽因认为，越是号称"名胜"的地方，古建筑越易遭到毁坏，或经战火兵燹，或经三番五次毁坏、重修、再毁坏、再复建的大动荡、大折腾，待几个回合下来，原物很难保存，有的只是越来越偏离古代建筑神韵、特色和风格的假古董、假遗产，这也正是大唐时期中国有那么多名寺古刹，而中国营造学社诸君苦苦寻觅五载而始终不得的症结所在。

五台山是由五座山峰环抱起来的蜿蜒曲折的山脉，当中是一个小盆地，有一个著名的古镇叫台怀。五峰以内统称"台内"，以外称"台外"。台怀是五台山的中心，四周寺刹林立，香火极盛，其中许多金碧辉煌的用来吸引香客的寺院，都是近代的官宦富贾布施重修的。"千余年来所谓'文殊菩萨道场的地方'，竟然很少有明清以前的殿宇存在。"③从史料中所示地理位置可以看到，佛光寺并不在五台山的中心——台怀这一地区，而是地处台南之外。由于这个位置离世之瞩目、万人踏访的所谓"名胜"中心相对较远，地势偏僻，交通不便，祈福进香的信徒较少，寺僧贫穷，没有钱财和力量来反复装修倒腾，各种世俗权势又多不关心，反而有利于原物的长久保存。也就是说，这座千年古刹保存至今或许是可能的。鉴于这样一种经验和科学推理，梁、林夫妇在向中国营造学社报告后，会同莫宗江、纪玉堂两位助手，于这年6月下旬的炎酷夏季，开始了注定要在中国乃至世界建筑史上留下光辉一页、颇具神奇意境的大唐古迹发现之旅。

梁思成一行四人带着野外考察的必备仪器和生活用品，由北平坐火车来到山西太原，于当地政府部门办完一切考察手续后，由太原折向北行，先乘汽车走了128公里，因前方道路崎岖、泥泞遍布，便弃车换骑驮驴在荒凉险峻的山道上，一路左摇右晃地向五台山进发。第二天黄昏时分，到达了此行的目的地——五台山南台外豆村东北约5公里的地方。此时，夏日的太阳正从不远处的山巅渐渐沉没，在夕阳的光照里，前方一处殿宇正沐浴着晚霞的余晖，以恢弘的气度和卓尔不群的雄姿风采，傲然屹立于苍

梁思成、林徽因夫妇去往五台山途中

山翠海之中，似在向几位虔诚的造访者频频召唤——梁思成、林徽因朝思暮想的佛光寺神奇地展现在了眼前。

面对这于历史岚烟雾海中横空出世的千古奇观，几个人跳下驴，怀揣对古老文化的敬畏仰慕之情，捧着一颗怦怦跳动的心，生怕惊动了佛祖圣灵般默默祈祷着，在西天最后一抹晚霞的瑰丽光影里，一步一步小心而虔诚地向梦中的圣地走来。

渐渐地，面前的一切清晰明亮起来。从外部轮廓看去，寺院建立在山边一处很高的台地上，周围有三十余棵古老的松树掩映其间。或许由于年代久远和香客稀少而长年被冷落的缘故，整座寺院散发着一股破败与荒凉的气息。但院当中那座高耸的大殿，仍具有雄伟的身姿和磅礴的气势，并以历尽风雨沧桑而泰然自若的文化神韵与辉煌气度，令几位瞻仰者的心灵为之震撼。大殿四周那微微翘起的巨大、坚固、简洁的斗拱，超长的屋檐，更以一种奇特的力与美的天作之合，透射出特有的大唐遗风与古朴苍劲的历史苍凉之气，观之令人为之热血沸腾，思古之幽情油然而生。

山西五台山佛光寺大殿

寺院只有一年逾古稀的老僧和一年幼的哑巴弟子守护，待说明来意，那饱含历史文化血脉的厚重斑驳的大门随着"咯咯"的声响开启了。在晚霞的余晖中，梁思成、林徽因一行四人鱼贯而入，瞻仰左右，惊喜异常。只见正殿分为七间，昏暗中显得格外辉煌壮观而富有气势。在一个偌大的平台上，有一尊菩萨的坐像，侍者环之而立，形成了一座众仙之林。在平台左端，坐着一个真人大小、身着便装的女子。询问老僧，对之曰，此女子乃大唐篡位的则天武后。经过对塑像面貌特征及相关物件的初步观察，梁、林夫妇断定面前景物应是晚唐时期的作品，假如这群泥塑像是未经毁坏的原物，那么庇荫它们的大殿必定也是原来的唐代建构，因为要重修殿宇必定会使里面的一切受到不同程度的损坏。这个推论令几位造访者欣喜若狂。

经过了一个未眠之夜，第二天，梁、林夫妇以极度的兴奋虔诚之情，率助手来到寺院开始仔细考察。从大殿主体及四周附设对象的斗拱、梁架、藻井以及雕花的柱础等观察分析，无论是单项还是总体建筑，都明白无误地显示了晚唐的特征。尤为令人惊喜的是，当梁思成、莫宗江爬进藻井上面的黑暗空间，意外地看到了一种屋顶架构使用的是建筑学上称作双"主椽"的构件，并未使用所谓的"玉柱"，心中颇为惊异，隐约感到了什么，因为如此做法在之前的五年考察中从未发现，且只有在唐代绘画中才偶有披露。此种方式和后世中国建筑的做法全然不同，而这种不同，则意味着其建造年限比宋、辽时代更为久远。

由于整个寺院地理位置偏僻，交通闭塞，长久败落和荒凉，大殿的"阁楼"里伏卧着几千只蝙蝠。成群结队的蝙蝠聚集在脊檩上方，其状"如同厚厚的一层鱼子酱涂抹了上去"，令观者惊悚得头皮发麻。按照常规，古建筑的脊檩上都用墨笔写有建造日期或相关的记载，由于成堆的蝙蝠占据了这一位置，已无法找到在上面可能写着的日期或相关文字记载。而在大小梁柱的四周，则爬满了千万只数不清的专靠吸食蝙蝠血为生的臭虫。顶棚的上面"积存的尘土，踩上去像棉花一样"。像是几百年来逐渐积存而成，用手电探视，发现尘土中不时有幼小蝙蝠的尸体横陈其间，或是被同伙挤压而死，或是被无孔不入的臭虫活活咬死。其纷乱龌龊之状，令人唏嘘。

梁思成、林徽因连同莫、纪两位助手，已顾不得这极具刺激性的奇特景观，各自从背包里摸出一个厚厚的大口罩掩盖口鼻，在阴暗难耐的秽气中轮番测量、画图，并用带闪光灯的照相机拍照。每当闪光灯亮起，无数只蝙蝠因受到惊吓腾空而起，扑棱棱乱作一团，争相向外逃窜，整个大殿浊尘飞扬，混乱不堪。当几人耐着性子完成此项工作，从屋檐下钻出来欲呼吸几口新鲜空气时，才猛然发现各自的背包和衣服里爬满了千百只臭虫，身体有多处遭到了叮咬。如此糟糕和令人狼狈不堪的工作环境，丝毫没有消减几位考察者的热情。正是由于有了这一伟大的发现，此段生活反而成为梁、林夫妇多年来为寻找古建筑而奔波劳累中最快乐的回忆。

在佛光寺连续做了几天的清理、测量工作后，林徽因发现殿内有四架梁檩的底部隐约有墨迹显露，只是字迹仍被尘土掩盖，而梁底离地面有两丈多高，殿内光线极其昏暗，梁檩上的文字难以辨认。四人聚在一起仰头审视了许久，凭各自的目力所及，揣测再三，才认出一两个零星的官职，但尚不能辨别人名。令梁思成和莫、纪两位助手意想不到的是，向来患远视症的林徽因突然似得神助，冥冥中有一种奇妙的感应使她对准一个略显特殊的地方望了过去，随着一道从外部天空穿透而来的亮光显现，林徽因蓦地从灰尘中发现了"女弟子宁公遇"这个对破译历史密码极其重要的名字。

为了检验自己的发现是否正确，林徽因又详细检查

林徽因测绘唐代经幢

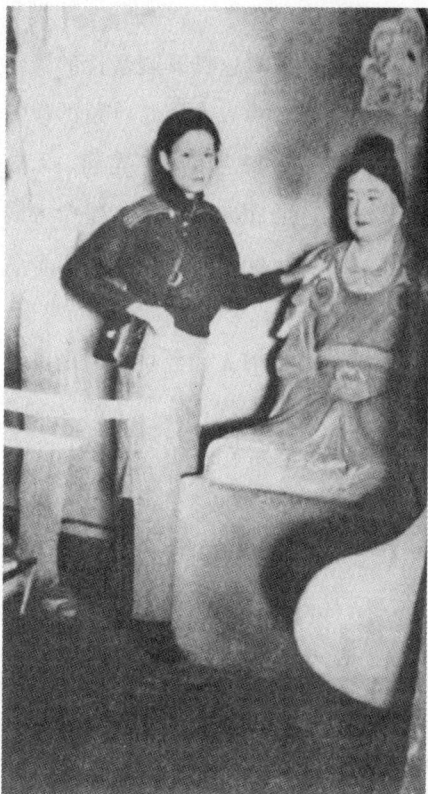

林徽因在"佛殿主"宁公遇夫人塑像旁

了此前在阶前石幢上发现的文字。幢上除明确地写有官职者外,竟然也有"女弟子宁公遇"墨迹字样,此名又称为"佛殿主",位列诸尼之前。石幢上刻写的年代是"唐大中十一年",相当于公元857年。两相对照,众人方知这座大殿的施主乃是一位叫宁公遇的女子,而这位了不起的女性,其名字经过一千余年的世事沉浮、风尘剥蚀,在湮没日久的历史深处重新被发现并发出了它的灵光。意想不到的是,第一个发现这个名字并破译这座中国最珍稀古寺的年轻建筑学家竟然也是一位女性。这一巧合,令人从内心感叹世上可能真的存在着一种佛家所说的缘分。

为求得大殿梁檩题字的全文,梁思成请寺内老僧到山下的乡村去募工搭架,以便将四周的土朱洗脱,弄清究竟。由于当地村僻人稀,老和尚去了近一整天,仅得老农两人。根据现有条件,众人一齐动手,反复筹划、嫁接、安置,又用了近一天的时间,方才支起一座可以工作的脚手架。早已急不可待的林徽因第一个爬了上去,下面的梁思成和莫宗江等人将布单撕开浸水,传递给上面的林徽因做擦洗之用。令林徽因大为苦恼的是,把土朱擦掉,梁檩着水后墨迹骤然显出,但尚未来得及看个明白,水又很快被吸干,墨色随之褪去,字迹遂不可见。如此这般上下左右折腾了大半天,才完成了两道梁檩字迹的辨识工作。又费了三天时间,经几个人轮番上阵,才算断断续续地洗去尘土,读完并记录了题字原文。从字体的风格看去,大唐风韵甚健,这当是证明该寺为唐构建筑的又一无可置疑的铁证。

只有到了此时，梁思成、林徽因才突然顿悟，第一天进寺庙大殿时看到的那个身着便装、极具谦恭地坐在佛坛一端的女子塑像，并非如寺内老僧言称的是篡夺李唐王朝大位的"则天武后"，而应是梁檩和经幢的文字记录中共同具有的大恩大德的施主——宁公遇夫人。至此，一个湮没日久而遭讹传的历史之谜霍然揭开。

既然佛殿施主宁公遇夫人之名被写在大殿的梁上，同时又刻在经石幢上，依此推理，石幢之建造年代应当与大殿同时期。即使不是同年兴建，幢之建立亦应在大殿完工之时。佛光寺的建造年代由此可顺之推演而出。也就是说，大殿当建成于晚唐的公元857年。这个时代，不但比此前发现的最古老的木结构建筑——独乐寺早127年，而且是当时中国大地上已搜寻到的年代最为久远、唯一的一座唐代木构建筑。为此，惊喜交加的梁思成慨言道："我们一向所抱着的国内殿宇必有唐构的信念，在此得到一个实证了。"④

在佛光寺的同一座大殿里，还发现了李唐王朝的塑像三十余尊，壁画一幅，另外还有几幅宋代的绘画及其他小型的建筑。唐代的书、画、塑、建，四种艺术集于一处、荟萃一殿，在中国古代建筑史上仅此一例。这一

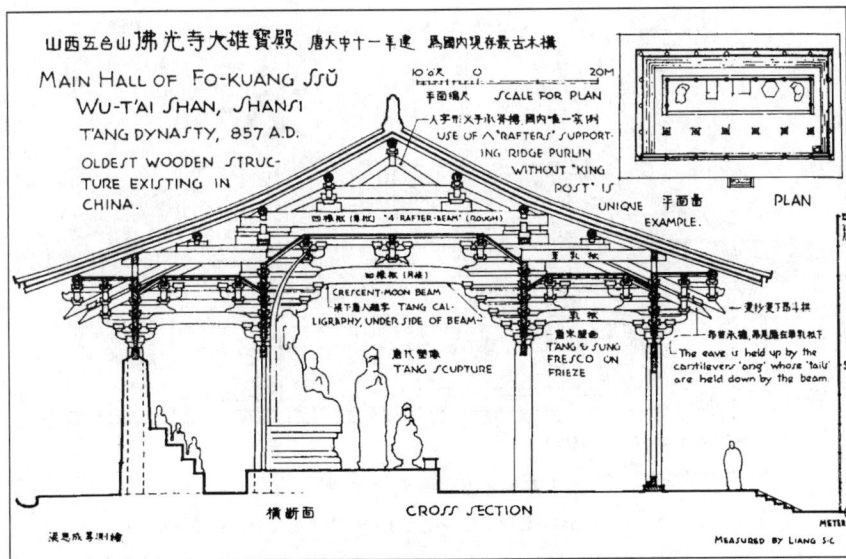

梁思成等人手绘的佛光寺大殿测绘图

连串交相辉映的唐代遗存，对中国古代文化特别是唐代文化艺术的研究，具有无可替代的重要价值和作用。更因为佛光寺正殿建于公元 857 年，与敦煌洞窟中大多数的净土变相属于同一时代，把它与壁画中所描画的建筑对照，可以知道画中的建筑物是忠实的描写，这就从另一个方面得以证明壁画作品之重要和可靠的程度。同时，佛光寺正殿之前，左有三重宝塔，右有重楼的建构格局，绝大多数与敦煌六十一窟"五台山图"中的 60 余处伽蓝具有同样的配置。这种建构格局与《营造法式》，与日本奈良的法隆寺（公元 7 世纪）的平面配置极其相似。此前，日本的建筑史学家认为这种配置是南朝的特征，非北方所有，佛光寺的发现，令梁、林夫妇找到了强有力的反证——这种配置在中国北方也同样使用。面对这巍然屹立于中国大地上气势宏阔、风采盖世绝伦的大唐历史建筑殿堂，不仅令那些所谓"要看唐代建筑需到大日本帝国奈良或京都去"的妄言不攻自破，也让那些随声附和的东洋或西洋的所谓专家大师，不得不闭上极具偏见并颇有些"不怀好意"的嘴巴。

梁、林二人及两位助手在佛光寺工作了一个星期后宣告考察结束。在离开寺院之前，林徽因又悄然步入那座曾赋予自己激情与梦想，贮藏着大

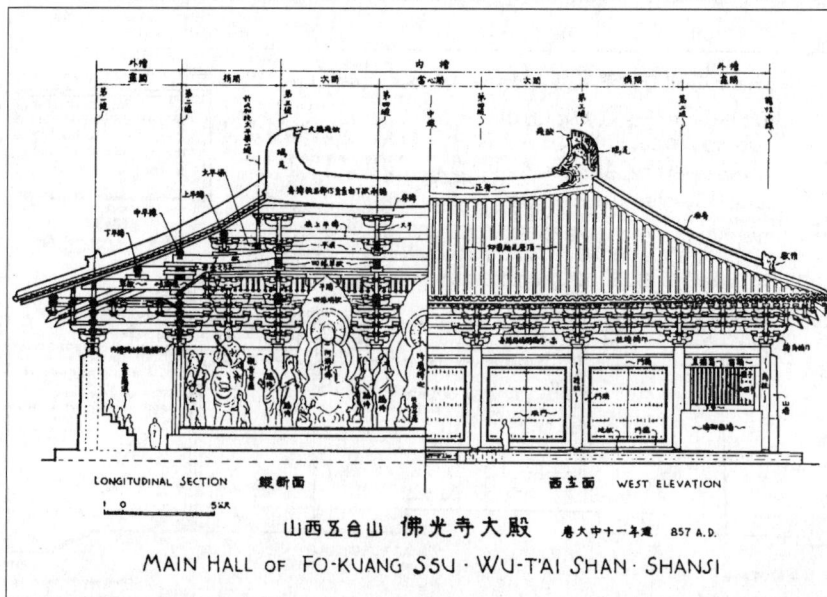

佛光寺大殿测绘图

唐文化鲜活骨血与生命的大殿，望着谦逊地隐在大殿角落中本寺的施主宁公遇夫人那端庄美丽的塑像，心中蓦地生发了一种强烈的崇敬感念之情，她对着塑像凝望了许久，返身来到院子对梁思成动情地说道："我真想在这里也为自己塑一尊像，让林徽因这位女弟子永远陪伴这位虔诚的唐朝大德仕女，于这肃穆寂静中盘腿坐上一千年。"此时的梁思成非常理解妻子的心情，怕伤感的气氛过于浓重，很快换了话题，并向走过来的寺僧作最后告别。

佛光寺后山唐墓塔（左起村童、莫宗江、林徽因）

梁思成告诉寺院老住持，自己准备把这一重大发现写信向太原教育厅报告，并"详细陈述寺之珍罕，敦促计划永久保护办法"等等。临别之时，梁思成、林徽因向寺院的老僧鞠躬，以表达对这位寺院守护者的敬意与感谢之情。一向以谈锋锐利著称的林徽因情绪激昂，心中充塞着许多难以割舍的情愫，但一时又不知从何说起，竟几度语塞。面对颤颤巍巍、抖动着身子的寺院老住持和那位年轻的哑巴弟子，林徽因眼里汪着一潭深情的泪水，答应明年再来，除了继续对寺院进行更加详尽的考察，还要争取带上政府的资助前来进行大规模的修缮云云。满脸沧桑的老僧望着面前这位奇女子真诚的表情和道白，干瘪的双手合于胸前，口诵"阿弥陀佛"，躬身施礼道谢，言称自己一定要好好活着，精心照顾好这座寺院和佛祖神灵，等待和几位大德施主相会的日子。

梁思成、林徽因连同两位助手走出山门,在北国灿烂得有些刚烈的盛夏黄昏里骑上毛驴离开了佛光寺,左盘右旋向山下走去。

待他们来到山脚下豆村一家鸡毛小店住下,正为此次神奇的发现和成功考察而沉睡在甜美的梦乡之中时,夜里,枪响了。

在卢沟桥。

凄风苦雨别北平

当卢沟桥枪声响起的时候,梁思成等人没有听到,当然也不会听到。此前,他们已经预感到,日军迟早要对平津两地乃至整个华北动手,但万没想到战端就发生在将要离开佛光寺的夜晚。而这一夜,北平郊外的卢沟桥畔已是炮声隆隆,大开杀戒,中日双方军队激战正酣。在阵阵喊杀与哀鸣声中,一场民族性的血光之灾,以泰山塌崩、大地陆沉之势席卷而来。

第二天,五台山区阳光灿烂,天际清新,壮阔的山河越发俊秀雄奇。沉浸在美好憧憬中的梁思成、林徽因和两位助手骑上毛驴,离开了那家风雨飘摇的客栈,怀揣发现佛光寺的狂喜,意犹未尽地围绕五台山较知名的几个地方继续展开寻访调查,先后走访了静灵寺、金阁寺、镇海寺、南山寺等庙宇。因没有获得理想的成果,几天之后,开始越过台北到沙河镇,沿滹沱河经繁峙向西北方向的古城代县奔去。抵达代县县城后,决定暂住几日,除了恢复已疲惫不堪的体力,也借机好好整理和回顾此前考察收集的大量资料。

辛苦忙碌了一天之后的7月12日傍晚,梁思成接到了一捆报纸,这是专门拜托一位当地朋友从太原带过来的。因连续几天暴雨,山路被洪水冲毁,拖延了几天。梁思成躺在帐篷中的帆布床上把报纸慢慢摊开,本想好好享受一下在野外读书看报的乐趣,想不到目光刚一接触,整个身心如遭电击,血"轰"地一下冲上脑门,顿感天旋地转。他下意识地起身冲出帐篷,表情严肃而沉重地对正在外边乘凉休歇的林徽因和两位助手大声高呼:"不好了,打起来了,北平打起来了!"

众人大惊,慌忙围将上来,只见报纸一版的大字号黑色标题格外耀眼刺目："日军猛烈进攻我平郊据点，北平危急！"

此时，战争已经爆发五天了。

北平危在旦夕，家中老小都在炮火中不知生死，中国营造学社的同人也一定是乱作一团，不知如何是好，必须立即赶回去。但据报纸透露的消息，津浦、平汉两路已被日军截断，只有北出雁门关，经山阴道赴大同，沿平绥铁路转回北平。

经过了一个与前几天截然不同的未眠之夜，次日清晨，梁思成一行四人从代县出发，徒步来到同蒲路中途的阳明堡。此时，梁思成恐平绥路一旦断绝，将不知何时返回北平，又恐已获取的珍贵资料有闪失，便决定让纪玉堂带上图录、稿件等测绘资料，暂时返太原，一边向山西省政府报告考察成果，一边等候消息和返回北平的时机。主意已定，匆匆分手，各趋南北。梁、林夫妇和莫宗江出雁门关，沿着这条唯一的回归之路，心急如焚地赶回各自的家中。此时，北平乃至整个华北的局势，已如同一个巨大的火药桶点燃了引线，天崩地裂的最后时刻即将到来。

这是一个注定要写入中国乃至世界战争史的日子。

1937 年 7 月 7 日，日本军队在经过长期的密谋策划后，终于采取了占领平津，继而征服整个华北和中国的侵略行动。是日夜，早已占领北平城郊宛平和长辛店一带的日本军队，突然向卢沟桥龙王庙中国守军发起进攻，并炮轰宛平城。中国守军第二十九军何基沣一一〇旅吉星文团在宛平城外的卢沟桥四周奋起抵抗，震惊中外的"卢沟桥事变"爆发。

随着隆隆的炮火与日机的轰鸣，平津地区人心惶惶、谣言四起，各政府机关及工商界人士于纷乱中开始自寻门路纷纷撤离逃亡。以北大、清华、南开、燕京等著名高校为代表的教育界，同样呈现出一派惊恐、慌乱之象，一些人悄然打点行装，拖儿带女，呼爹喊娘，随着滚滚人流，顶着盛夏酷暑和弥漫的烟尘，纷纷向城外拥去。一时来不及逃亡或因特别情形而不能逃亡的各色人等，则在恐惧与焦灼的煎熬中苦苦等待与观望，心中暗暗祈祷并希望中国军队或许能赢得神助和佛祖保佑，尽快击退日军，保住北平这座千年古城与延续着民族文化血脉的校园。

时在庐山的蒋介石，除接二连三地向宋哲元、秦德纯等拍发"固守勿退"的电令外，分别邀请各界人士火速赶往庐山牯岭，频频举行谈话会及国防参议会，共商救国图存大计。北京大学校长蒋梦麟、文学院院长胡适，清华大学校长梅贻琦、天津南开大学校长张伯苓、教务长何廉，中央研究院史语所所长傅斯年等一大批学界要人也应邀出席参加会议。

在民族生死存亡之际，保护和抢救平津地区教育界、文化界知识分子与民族精英，越来越显得重要和迫在眉睫。由庐山转入南京继续参与国事讨论的北大、清华、南开三校校长及胡适、傅斯年等学界名流，日夜奔走呼号，与国民政府反复商讨如何安全撤退和安置各校师生。一时，南京与平津高校间密电频传，共同为之出谋划策。

7月29日，北平沦陷。次日，天津陷落，整个华北大部落入敌手。

8月中旬，时任中央研究院史语所所长兼北京大学文科研究所副所长的傅斯年，在同北大、清华、南开三所大学校长及学界名流反复商讨、权衡后，力主将北大、清华和南开三校师生撤出平津，在相对安全的湖南长沙组建临时大学，这一决定得到了南京国民政府同意。9月10日，国民政府教育部发出指令，宣布由北大、清华、南开三校校长蒋梦麟、梅贻琦、张伯苓三人为长沙临时大学筹备委员会常务委员，迅速组织师生南下继续办学。9月13日，筹备委员会召开了第一次会议，确定租赁地处长沙市韭菜园原美国教会所办圣经书院作为临时校舍，并明确院系设置、组织结构、经费分配等事宜。9月28日，开始启用国立长沙临时大学关防，校务由三校校长及主任秘书所组织的常务委员会负责。

在此之前，由教育部发出的撤退命令已在平津三校师生中用书信和电报秘密传达，早已心力交瘁、翘首以盼的北大、清华、南开三校教职员工和学生们接到通知，纷纷设法夺路出城，尽快逃离沦于敌手的平津两地，辗转赶赴湖南长沙。中国现代历史上最为悲壮的一次文化知识分子大撤退开始了。

就在北大、清华、南开三校师生纷纷南下之际，仍有众多与三校无缘的知识分子在沦陷的北平茫然四顾，不知自己的命运维系何处。按照南京政府的纲要草案，鉴于时局危殆、政府资金短缺，除天津南开大学之外，整个华北地区包括燕京、辅仁在内的著名私立大学、非国立学校、私立文化科研机构，一概弃之不顾。这些学校和机构是存是亡，是死是活，除了自己设法寻找门径求得一线生路外，只有听天由命了。此时著名建筑学家梁思成、林徽因夫妇所服务的中国营造学社正是一所民办机构，自然属于中央政府"弃之不顾"之列。

尽管政府无力顾及，但由于梁思成和刘敦桢这两根支撑中国营造学社"宏大架构"（建筑学语）的支柱，曾在 7 月 16 日清华、北大潘光旦、查良钊等教授和文化名人致南京国民政府要求抗日的公开呼吁书上签过自己的名字，且这批名单已被日本特务机关密切关注，自然不能留在已沦陷的北平。在内外交困、险象环生的大混乱、大动荡的危难时刻到来之际，梁思成于匆忙中来到中山公园内营造学社总部，找老社长朱启钤和同人商量对策。商量的结果是：在如此混乱的局势下，营造学社已无法正常工作，只好宣布暂时解散，各奔前程，是死是活，各自保重。老社长朱启钤因年老体衰不愿离开北平，学社的遗留工作以及学社未来的希望都托付给梁思成负责。此时令众人最担心和放心不下的是学社同人工作的成果——大量的调查资料、测稿、图版及照相图片等如何处置。为了不使这批珍贵的文化资料落入日本侵略者之手，朱启钤、梁思成、刘敦桢等决定暂存入天津英租界的英资银行地下仓库。据当时一位助手透露，"所定提取手续，由朱启钤、梁思成和一位名叫林行规的律师共同签字才行"，否则无法开启。

正当中国营造学社同人紧锣密鼓地处理各种繁杂事务时，梁思成突然收到了署名"东亚共荣协会"的请柬，邀请他出席会议并发表对"共荣圈"的看法。此时的梁思成深知日本人已经注意到自己的身份和在北平文化界中的影响，要想不做和日本人"共荣"的汉奸，就必须立即离开北平。于是，他与爱妻林徽因一面联系可结伴流亡的清华大学教授，一面尽快收拾行李，准备第二天出城。仓皇中，除了必须携带的几箱子资料和工作用品外，生活方面只带了几个铺盖卷和一些随身换洗的衣服，其他所有的东西包括梁思成心仪的那辆雪佛兰牌小轿车，不管贵重与否，也只好采取国民政府对待自己的政策，一概"弃之不顾"了。国破家亡，英雄末路，心中自有说不出的凄楚与怆然，如林徽因在给她的美国好友费慰梅的信中所言："思成和我已经为整理旧文件和东西花费了好几个钟头了。沿着生活的轨迹，居然积攒了这么多杂七杂八！看着这堆往事的遗存，它们建立在这么多的人和这么多的爱之中，而当前这些都正在受到威胁，真使我们的哀愁难以言表。特别是因为我们正凄惨地处在一片悲观的气氛之中，前途渺茫……"

1937年9月5日凌晨，梁思成夫妇携带两个孩子和孩子的外婆，与清华大学教授金岳霖以及另外两位教授，走出了北总布胡同三号院的家门。众人行色匆匆，许多往事已来不及细想与回忆，但临上车的一瞬，多情善感的林徽因，心像被什么东西扯了一把，"咯噔"一下，一阵酸痛袭过，泪水夺眶而出。她知道，这一别，不知何时才能回来。尽管此前医生曾警告过，说她的身体难以承受千里奔波的颠沛流离之苦，林徽因在无奈中悲壮地答道："我的寿命是由天定的了！"

天地茫茫，江山苍黄，不只是林徽因的寿命由天决定，一旦离开了这相伴了十几年的故园，梁家五口的命运之舟也只有随波逐流，听凭阴曹地府的阎王爷，甚或哪个主事的判官、小鬼来打发处置了。

此时，北平的东部地区有日本傀儡冀东防共自治政府的伪军万余人驻守，北面的热河集结着大量的日本关东军，西北面的察哈尔有伪蒙军约四万人驻防。三面受困的北平只剩下向南的一条通道——平汉铁路。而这条紧挨卢沟桥的交通大动脉，由于战争爆发被切断，流亡的路却只有从北平乘车到天津，转水路绕道南下。许多年后，梁、林夫妇的儿子，当时只有五岁的梁从诫，道出了在凄风苦雨中离别北平的情形："临行的那天应是一个特别悲凉的场面，但我什么都不记得了，倒记住了在去天津的火车上，坐满了全副武装的日本兵，我们竟然和他们挤在一节车厢里。爹爹闭着眼在那里假寐，我却极有兴趣地在那里观察日本兵手里的'真枪'，一个日本兵冲我笑笑，还招招手。我就挨了过去。他让我摸摸他的枪，正在我十分兴奋的当儿，只听见背后一声怒吼：'小弟，回来！！'一回头，爹爹正怒不可遏地瞪着我。我不知道自己做错了什么，吓得半死，不敢再看那个日本兵，赶紧挤回妈妈身边。就这样，我们告别了北总布胡同三号。"（《不重合的圈》）到达天津后，梁思成一家和金岳霖等稍事休整，然后乘"圣经号"轮船到青岛，再经济南、郑州、汉口，最后到达长沙。在天津上船前，梁思成把他此前用英文写好的几篇关于发现古建筑的学术论文寄给美国的朋友费慰梅，请她设法在国外发表，并匆匆附上一张纸条说："发生了这么多事，我们都不知道从何说起。总之我们都平安，一个星期前我们抵达天津，打算坐船到青岛，从那里途经济南，去到换车船不超过五次的任何地方，最好是长沙，而这期间尽可能不要遇上空袭。等到战争打赢了，我们就可以结束逃难生涯。"这正是，且将怀想寄清风，明月依依送远客。

此时，站在天津港"圣经号"甲板上的梁思成一家，眺望渐渐远去的陆地与岸边的点点渔火，一定没有想到他们到了长沙之后再转昆明，最后辗转到一个未曾听说过的地方——四川南溪李庄隐居下来。他们或许认为中国很快会打赢这场战争，自己也会很快随之返回这座留下了人生无数美好与温馨记忆的故园。但正如此时同他们一道站在甲板上，正眼望浪花翻腾、海鸥飞舞的宝贝儿子梁从诫在许多年后所说：我的父母"也许没有料到，这一走就是九年。此时他们都年轻、健康、漂亮，回来时却都成了苍老、衰弱的病人了"。

李济的梁家缘

一路颠簸动荡，梁思成一家与金岳霖等清华教授总算到达了长沙。按照老金在致费慰梅信中的说法："一路上没出什么大岔子，不过有些麻烦已经够难应付了。我们绕来转去到了汉口，最后总算到达长沙，这时已是10月1日了。联合大学11月1日开学。"

身体本来单薄、瘦弱的林徽因，经过近一个月的颠沛流离，早已疲惫不堪，刚刚抵达长沙，便患病发烧，痛苦异常，只好暂借朋友处休息。待病情稍有好转，梁思成奔波几天，总算在火车站旁租到了一个二层楼房上层的三间作为全家的栖身之所。

梁家刚刚安顿下来，从北平流亡到此的北大、清华等高校的教授朋友们纷纷上门，除了寻找一点家庭的温暖，更多的是聚在一起谈论日趋激烈的政治、战争局势，预测着中国的未来。大约十几天后的一个傍晚，两位从南京来的学者又主动找上门来，梁氏夫妇一看，大为惊喜。来人一是老友李济，一是自己的弟弟梁思永。

就如同在流亡的路上，梁氏夫妇没有想到与北平一别就是九年，此时他们同样没有想到，这个傍晚的不期而遇，意味着未来九年的生活，将与眼前的两个人以及他们所在学术机关的朋友们紧紧维系在一起。

处于战火连绵、危机四伏的异地他乡，思成、思永兄弟相见，手足之情自不待言。而梁思成夫妇与李济的会面，亦非一般朋友故旧之情所能言表，双方自是百感交集，别有一番滋味在心头。

站在面前的李济，与梁氏家族两代人有着非同寻常的渊源。

上有九头鸟，下有湖北佬，此语是褒是贬，各有不同的理解与论断，但"唯楚有材"，则是任何一个湖北人都乐意笑纳的。

1896年6月2日生于湖北钟祥县的李济，字济之，四岁即入书房，师从一个表叔开始念"盘古首出，天地初分"之类的古书。据李济的弟子、后来成为著名考古学家的张光直说："他那表叔是一个老秀才，最喜欢打闷棍，所以他（李济）现在虽说记不清楚得了他多少教育的益处，却记得那头上发了几次块垒。"1907年，李济随时为小京官的父亲到了北京，进入北京两个著名中学之一——南城的五城中学（北师大附中前身）读书，14岁考入清华学堂。关于这一人生转折，用李济后来的话说："我进清华还是在前清的时候。进了清华半年，暑假以后就遇到了辛亥革命。虽说政治上起了变动，清华并未停课，秋天我仍然进了学校。"

八年的清华留美预备学校生活结束后，1918年，李济以官费生的身份，悄然无声地去了西方属于资产阶级和帝国主义的美利坚合众国，开始了"放洋"生涯。与他同船离开上海浦江码头的一批官费、自费留学生与考察人员中，有后来成为中央研究院代院长的朱家骅、总干事叶企孙，著名学者董时（任坚）、张道宏、查良钊、刘叔和，还有一个同船赴美筹备造反事宜的职业革命家汪兆铭（精卫）。在列位豪杰中，于社会上层和坊间名气最大者，除当年曾"慷慨歌燕市"，后来当了头号汉奸的国贼汪兆铭之外，应算是梁启超的得意门生、著名诗人徐志摩。徐氏此次自费"放洋"海外，是他的导师、著名学者、曾出任过北洋政府财政总长的梁启超的刻意安排。梁本意是期望这位风流潇洒的青年才俊，按照政治家的要求在美国接受民主政治和财政管理方面的学习训练，回国做一位改良社会的政治家或实业家。但事与愿违，梁氏差点落了个引火烧身的结局。两千年前徐福率领一大群童男童女东渡扶桑，为秦始皇寻求仙丹妙药，其结果不但把自己的承诺和使命忘得一干二净，还在大海那边安营扎寨做起了繁殖人口的事务来，此举令秦始皇大为恼火。徐志摩的欧洲之行，尽管没有仿照祖上徐福的经验和规则行事，却也很快改变了梁氏的初衷和自己的人生轨道，开始在事业与爱情两条船上来回摇晃，直闹得左右不安、四方不宁，

清华学校毕业前夕的李济（摄于 1918 年春）

还险些搅了梁家一段天作之合的美满姻缘。不过这个时候的徐志摩与江苏宝山淑女张幼仪结婚已近三年，并有了一子。作为一名风流倜傥、潇洒飘逸、风月场上谈情说爱的大师，与娇小可人、倾国倾城的一代才女林徽因相识，并在太平洋与大西洋两岸来回游弋，兴风作浪，生发出一段凄苦绝伦的情爱纠葛，还要等到两年之后。

这年的 9 月 14 日，船抵美国旧金山，李济和诸友分手，与徐志摩等几人进入马萨诸塞州乌斯特的克拉克大学就读。李与徐同居一幢公寓，后同居一室，关系极为密切。李主攻心理学，徐读财政、银行学专业。一年之后，徐志摩转赴纽约哥伦比亚大学攻读政治经济学（1920 年暑期后转赴伦敦），李继续留在克拉克大学作为研究生攻读社会学，并于 1920 年获硕士学位，同年转入哈佛大学攻读人类学专业，并成为当时哈佛大学人类学研究院唯一的外国留学生，同时也是哈佛创建以来最早到校的唯一的研究生。哈佛三年，李济随具有国际威望的人类学大师胡顿（E. A. Hooton）、罗兰·B. 狄克森（Roland B. Dixon）等教授，"利用民族学的一个观点，也就是中国历史上所指的中国与夷狄的说法，把中国的历史材料做一种分

析"，并进一步弄清整个中国民族是怎样形成的这个"最突出的现象"。

1923 年，李济以他那凝聚了三年心血的《中国民族的形成》荣获哈佛大学哲学（人类学）博士学位，成为获此殊荣的第一位中国人。这一年，李济 27 岁。

荣获博士学位的李济旋即收拾行装，告别了风景秀丽的查尔斯河畔与浸润着自己三年青春汗水的哈佛校园，踏上了归国的路途。一只鲜活亮丽的"海龟"就这样穿过波涌浪滚的浩瀚大洋，携西学文化的新风与锐气，精神抖擞、豪气飞扬地爬上了黄土凝成、板结干裂的远东大陆，回到了曾赋予他青春和梦想的故都北平。此时的"海龟"与若干年后作为新生代的"海龟"有着较大不同，在李济的梦想里，有成为学术界大师的心愿，却没有捞个大官或成为百万富翁或千万大亨的追求。从徐志摩于哥伦比亚大学致李济的信中可以看出，这个被徐称作"刚毅木讷，强力努行，凡学者所需之品德，兄皆有之"的"老兄"，心中装填的是"新文化"、"科学救国"、"振兴民族"等一类理想与抱负。这一鲜明的时代特征，正如若干年后李济所说："那时的留学生，没有一个人想在美国长久地待下去，也根本没有人想做这样的梦。那时的留学生，都是在毕业之后就回国的。他们在回国之后，选择职业的时候，也没有人考虑到赚多少钱和养家糊口的问题。我就

1921 年前后，李济与哈佛大学人类学研究所的师友们在一起（后排右一：李济，前排左一：同窗好友印度的毕·古哈博士，前排左二：导师胡顿）

是在当年这种留学风气之下，选择了我所喜爱的学科——人类学。"

回国后的李济，受天津南开大学校长张伯苓之聘，先是担任人类学、社会学兼矿科教授，第二年兼任文科主任。其间，由于矿科专业的关系，结识了当时中国著名的矿物学家、地质学家翁文灏，并通过翁再度结识了在李济人生旅途上具有重要转折意义的国际级地质学大师丁文江（字在君）。丁氏作为曾在欧洲剑桥、格拉斯哥等大学求学七载，并于1911年辛亥革命爆发时归国的老"海龟"，此时已取得了中国地质学界的领袖地位，甚为学界同人推崇敬仰。李济怀着崇拜之情与丁文江相会于天津。此时，颇为年轻又具有远大抱负的李济，自从和这位"风度翩翩、学问渊博、见解超人"，而且"性格爽朗、直率，做事颇有决断"的"丁大哥"做了一番交谈后，从"非常投机"，很快转化为"更加佩服"。正是这种志同道合的血性与因缘，使两人结成终生挚友。未久，在丁文江的赞助与鼓励下，李济赴河南新郑做了一次尝试性的田野考古发掘，从而迈出了中国现代考古极其关键的一步。

1924年，美国华盛顿史密森研究院弗利尔艺术馆（The Freer Gallery of Art）派毕士博（C. W. Bishop）率领一个代表团到中国进行考古发掘和研究，鉴于李济在学术界日渐壮大的名声，毕士博写信至天津南开大学，邀请李济加入他们在北平的考古工作队。在丁文江的鼓励下，李济决定与对方合作，他在给毕士博的回信中首次提出了当时并没有多少人意识到，但却关乎国家与民族大义的两个重要条件："一个是在中国做田野考古工作，必须与中国的学术团体合作；一个是在中国掘出的古物，必须留在中国。"毕士博接信后即回华盛顿，向他的上司——弗利尔艺术馆馆长洛奇汇报，并将李济赞扬一番，终于达成一致意见。不久，李济收到毕士博的回信，信中称："我们可以答应你一件事，那就是我们决不会让一个爱国的人，做他所不愿做的事。"李济对这个答复很满意，于是便辞去南开的教职，于1925年初加入毕士博等人的行列。此举开创了"既维护主权，又公平合作"，利用外资搞科研的先河，为后来著名的"殷墟第二、三次发掘的资金问题的解决"打下了基础。

几个月后，李济再度受"丁大哥"的鼓励和支持，回到清华母校国学研究院进行教学和研究，加入了王国维、梁启超、陈寅恪、赵元任等大师的行列。

注释

①独乐寺，位于天津蓟县，梁思成、林徽因于1931年在考察中发现，该寺始建于辽代统和二年（公元984年），当时是已发现的中国现存最古老的木构建筑，这座建筑保存了不少唐代建筑风格。

1933年9月，梁氏夫妇在山西大同沿线的考察中，发现了闻名于世的应县辽代木塔（建于公元1056年）。事后林徽因在《闲谈关于古建筑的一点消息》中说道："山西应县的辽代木塔，说来容易，听来似乎平平淡无奇，不值得心多跳一下、眼睛睁大一分。但是西历1056年到现在，算起来是整整的877年。古代完全木构的建筑物高到285尺，在中国也就剩这一座独一无二的应县佛宫寺塔了。比这塔更早的木构已经专家认识和研究的，在国内的只不过五处而已。"

林徽因所说的五处中的另外三处是：大同下华严寺薄伽教藏，建于辽重熙七年（公元1038年）；宝坻广济寺三大士殿，建于辽太平五年（公元1025年）；义县奉国寺大雄宝殿，建于辽开泰九年（公元1020年）。见《林徽因文集·建筑卷》，梁从诫编，百花文艺出版社1999年版。

②日本奈良、东京所存几处模仿隋唐式的建筑时间为：飞鸟时代（公元552—645年）、奈良时代（公元645—784年）、平安前期（公元784—950年）。参见梁思成《敦煌壁画中所见的中国古代建筑》，转引自《薪火四代》，梁从诫编选，百花文艺出版社2003年版。

③、④梁思成《记五台山佛光寺的建筑》，载《文物参考资料》1953年第5、6期。20世纪50年代初，山西省文物管理委员会于古建筑普查中，在五台山离佛光寺不远处发现了年代更加古老的南禅寺，该寺院重建于唐德宗建中三年，即公元782年，比佛光寺早75年，但殿宇规模较佛光寺小了许多。参阅《文物参考资料》1954年第11期。

第二章　往事何堪哀

清华四大导师

　　清华学校自 1911 年建立后，在最初的十几年中，其体制是作为一个普通的留美预备学校而设置，学生进入清华园，主要学习英文和一些欧美的文化知识，中国的传统文化则相对薄弱。1924 年初，清华学校欲正式"改办大学"，校长曹云祥专门函请周诒春、胡适、范源濂、张伯苓、张景文、丁文江六位名重一时的学术界、教育界大腕担任清华大学筹备处顾问。是年 10 月，根据清华大学筹备委员会草拟的组织纲要，决定在筹建大学部的同时，筹备创建研究院，"以备清华大学或他校之毕业生，对特种问题为高深之研究"。由于财力、人力、所选之研究方向等诸方面的限制，经过多次研究，最终决定研究院先设国学门一科，也就是后来被社会广泛称谓的国学研究院。培养目标是训练"以著述为毕生事业"的国学研究人才，学科范围包括中国历史、哲学、文学、语言、文字学，吸收欧美、日本等国际学术前沿的积极成果，重建中国传统学术之魂。

　　1925 年 2 月，在曹云祥校长的主持下，清华学校国学研究院筹备处鸣锣开张，聘请由美国哈佛大学学

清华学堂的标志性建筑，时研究院就在这幢中西合璧的建筑物里开课。（作者摄）

成归国的一代名士吴宓主持研究院筹备处事宜。按照留美归国的北大名教授胡适的建议，曹云祥让吴宓拿着自己签发的聘书前往"精博宏通的国学大师"王国维、梁启超等人的居处——聘请。时年49岁的王国维，作为清王朝最后一位皇帝——溥仪的"帝师"，自然属于旧派人物（按：王曾任清宣统朝五品"南书房行走"之职）。待吴宓到了北京城内地安门织染局十号王国维居所后，采取入乡随俗之策略，先行三叩首如仪大礼，然后再提聘请之事。此招令王国维深受感动，觉得眼前这个吃过洋面包的年轻人很尊重自己，心中颇感痛快。据吴宓1925年2月13日日记载："王先生事后语人，彼以为来者必系西服革履，握手对坐之少年。至是乃知不同，乃决就聘。"并于4月18日携家迁往清华园古月堂住居（秋迁入西院十六、十八号）。

王国维到校后，鉴于他那如雷贯耳的显赫声名，曹云祥校长曾有意请其出任国学研究院院长一职，但王却以"院长须总理院中大小事宜，坚辞不就，执意专任教授"。曹云祥乃请吴宓任主任之职。

与王国维处事风格不同的是，时年53岁的梁启超一见吴宓送达的聘书，极其痛快地欣然接受。此时的梁启超尽管年过半百，思想不再像当年"公车上书"，凭一介书生的血气与康有为等举子在北京城奔走呼号，掀起著名的"康梁变法"惊天巨浪那样激进和奋励，且已有保守之嫌，但凭借他那明快畅达、开一代学风的《饮冰室文集》和现代史学的奠基之作《中国历史研究法》等文史巨著，奠定了其不可撼动的学术大师的地位。当时中国学界公认"太炎为南方学术界之泰山，任公为北方学术界之北斗"，南北两大巨星相互映照，构成了20世纪上半叶国学星河中灿烂的风景。诚如郭沫若在1928年发表的《少年时代》中所言："在他那新兴气锐的言论之前，差不多所在的旧思想、旧

王国维

风习都好像狂风中的败叶，完全失掉了它的精彩。二十年前的青少年，换句话说就是当时的有产阶级的子弟，无论是赞成或反对，可以说没有一个没有受过他的思想或文字的洗礼的。"本身已是学贯中西、才情恣肆汪洋的儒林高手吴宓，前往梁府呈送聘书后，曾慨然道："儿时读《新民丛报》，即于梁任公先生钦佩甚至。梁先生之行事及文章恒大，影响我的思想精神。""及宓留学美国，新文化运动起后，宓始对梁先生失望，伤其步趋他人，未能为真正之领袖。然终尊佩梁先生为博大宏通富于热情之先辈。"简短几语，对梁氏一生的为人为文，算是一个较为持平的论断。

梁启超欣然接受清华之聘，不是一时兴起，而是有其深厚的历史渊源。当时北平学界几乎尽人皆知，梁启超与清华学校有着相当长的密切关系与感情，其三位公子先后求学于清华学校，长子梁思成 1915 年入学，1923 年毕业，次年留学美国宾夕法尼亚大学；次子梁思永 1916 年入学，1924 年毕业后留学美国哈佛大学；三子梁思忠 1918 年入学，1926 年毕业后留学美国，步入了著名的西点军校。梁启超本人于 1914 年前后，曾数次来清华学校做"名人演讲"，开始与清华建立起真挚的感情与友谊。

梁氏不仅是名满天下的国学大师，还是一位具有世界声誉的"言论界的骄子"和"舆论界的权威"，他那宏阔深邃的思想、词锋如剑的演说，如一道道耀眼刺目的闪电，在昏沉沉的中国放射出灼人的光芒，无论是他在主办《时务报》时期和《新民丛报》早期反对袁世凯称帝，还是反对张勋复辟时期，都是一样气贯长虹，具有移山填海的浩浩威势。连袁世凯的"太子"、曾野心勃勃想当皇帝接班人的袁克定也公开坦承梁为"领袖名流"，得他一言，"贤于十万毛瑟（枪）也"。后来成为文学家的清华学生梁实秋在回忆中亦称梁启超的大师风范，呼之欲出。

梁启超

梁实秋在回忆清华求学时代聆听梁启超的某次演讲时说:"在一个风和日丽的下午,高等科楼上大教堂里坐满了听众,随后走进了一位短小精悍、秃头顶宽下巴的人物,穿着肥大的长袍,步履稳健,神情潇洒,左右顾盼,光芒四射,这就是梁任公先生。他走上讲台,打开他的讲稿,眼光向下面一扫,然后是他的极简短的开场白,一共只有两句,头一句是:'启超没有什么学问,'眼睛向上一翻,轻轻点一下头,'可是也有一点喽!'这样谦逊同时又这样自负的话是很难得听到的。"又说:"那时候的青年学子,对梁任公先生怀着无限的景仰,倒不是因为他是戊戌变法的主角,也不是因为他是云南起义的策划者,实在是因为他的学术文章对于青年确有启迪领导的作用。过去也有不少显宦,以及叱咤风云的人物莅校讲话,但是他们没有能留下深刻的印象。"而梁启超的音容笑貌却像钉子一样牢牢地锲在清华师生的心灵深处。

对这段历史因缘,梁启超曾自言:"我与清华学校,因屡次讲演的关系,对于学生及学校情感皆日益深挚。"稍后,梁氏又不时来清华休假"小住",著书立说,并对国学的前途有所关注。他曾在一次校方组织的教授座谈会上直言不讳地说道:"清华学生除研究西学外,当研究国学。盖国学为立国之本,建功之业,尤非国学不为功。"从1922年起,梁氏开始常在清华兼课。1914年,即清华刚刚建校三年时,他亲赴清华演讲,讲题名为"君子"。他用《周易》中两句关于"君子"中乾坤二卦的卦辞作发挥,以此激励清华学子发愤图强:"乾象言,君子自励犹天之运行不息,不得有一暴十寒之弊。且学者立志,尤须坚忍强毅,虽遇颠沛流离,不屈不挠。……坤象言,君子接物,度量宽厚犹大地之博,无所不载,君子责己甚厚,责人甚轻……"在阐发"天行健,君子以自强不息;地势

陈寅恪

坤，君子以厚德载物"的君子"大道"后，更明确提出"他年遨游海外，吸收新文明，改良我社会，促进我政治，所谓君子人者，非清华学子，行将谁属？深愿及此时机，崇德修学，勉为君子，异日出膺大任，足以挽既倒之狂澜，作中流之砥柱"。梁氏此次演讲对清华优良学风和校风的养成产生了深远的影响，清华大学校委会后来决定把"自强不息，厚德载物"定为校训并镌刻在校徽上，以励师生。自此，内含真正"强大"、"不息"玄机奥秘的八字校训，如同一座高耸的路标，昭示着清华师生前行的方向。

　　除了以上这些历史渊源和情感的交结，促使梁启超萌动应聘之心的，还有另外一个插曲。这就是，出于对国学的挚爱和对国学发扬光大的目的。此时的梁氏正准备在天津筹办一个专门用来培养国学人才的"文化学院"，正在他苦其宏愿而总不得实现之际，清华国学研究院适时来聘，于是才有了梁启超放弃旧构，欣然前往的行动。

　　王、梁二位大师应聘后，按当初胡适的提议，清华方面欲聘另一位名盖当世、为天下士子服膺的大师、外号"章疯子"的章太炎前来聚会，但自视甚高、目空天下士，且素与梁启超不睦的章氏，不愿与王、梁二人共事，得此礼聘，"疯"劲顿起，拒聘不就，自此清华园错过了一位儒林宗师。

　　国学研究院既开，仅王、梁二位导师显然不足以应付各科学业，于是，清华教务长张彭春积极荐举与他同期留美，时年34岁，才情超群，知识广博，号称"汉语言学之父"的哈佛博士赵元任前来任教。曹校长闻知，欣然同意，立即发电聘请。作为主任的吴宓，此前亦向曹云祥强力推荐正在柏林研究学业的号称三百年才出一人的史学大师、37岁的陈寅恪来清华担当教授之职，曹校长亦允之。未久，陈氏归国应聘。

　　这就是当年令天下学界为之震动，被后世广为流传并影响深远的清华国学研究院"四大导师"。

开田野考古先河的李济

紧随这"四大导师"之后进入国学院的另一位导师，就是后来被誉为

1925 年冬，在清华园国学研究院师生合影。前排左起：李济、王国维、梁启超、赵元任。
后排左起：章昭煌、陆维钊、梁廷灿。时陈寅恪未到校。（引自《清华年刊》1925 年 26 期）

中国人类学和考古学之父的最为年轻的"海龟"李济。

在李济加入毕士博考古工作队不久，作为清华大学筹备处顾问的丁文
江建议李济去研究院，一边任教一边做研究工作，并把情况介绍给老朋友
梁启超，二人共同出面向清华校长曹云祥推荐，曹表示同意。由于李济当
时正和美国弗利尔艺术馆合作组织考古发掘事宜，在时间分配上，考古发
掘占相当比重，因而大部分薪水由美方拨发，每月 300 元，清华每月发 100
元，二者合在一起，正好和梁、王、陈、赵"四大导师"的教授薪水持平。
因清华支付的 100 元并不是教授的薪水，故只能以讲师的身份出任国学研
究院导师。这一年，李济 29 岁。

此时的李济并未计较自己头顶上的帽子是教授还是讲师，他带着自己的
兴趣与志向满怀激情地走进了清华园。从当年清华的"官方文件"上看，李
济以大师的身价、讲师的头衔做了清华国学研究院的导师之后，担任的课程
先后有普通人类学、人体测量学、古器物学、考古学等，其间还主持了一个
考古学陈列室并兼任历史系教授。令人稍感遗憾的是，他在清华任教期间，
重点指导的研究生只有一个半：一个是后来中国龙山文化和南诏文化的发现
者、著名考古学家吴金鼎，另半个是徐中舒（徐为第一届研究生，主要师从
王国维研读古文字学与殷周民族史，故在李济的名下只能算半个）。

在清华的日子，李济与各位教授们关系融洽，但走得最近的当是比自己大 23 岁的梁启超，不仅因为梁对李有推荐保举之恩，更重要的是二人在对待近现代田野考古这门新兴学科的看法上具有相同的眼光和热情。梁启超是最

李济在清华研究院任教时期的故居——现照澜院 9 号（作者摄）

早介绍西方考古学理论、方法，并系统总结中国传统金石学成果的极富远见卓识的史学大师，也是一位非常重视遗址搜寻和田野发掘的热心倡导者。在清华任教时的梁正担任着中国考古学会会长，而这个时候的李济正是一位血气方刚、朝气蓬勃、满身透着西方文明浸染的富有科学知识与理念的青年才俊，用他自己的话说，像"刚出笼的包子"，热气腾腾，许多想法与梁启超一拍即合，二人遂成亦师亦友的同事和朋友。由于梁、李都极为重视田野考古发掘所取得的第一手材料，李济进入研究院后，在梁启超的鼓动和弗利尔艺术馆毕士博的支持下，即开始着手让考古人类学这门新兴学问突破厚重的清华园围墙，把教研课堂搬到田野之间，于是便有了在中国考古史上具有里程碑性质和深远意义的山西考古之行。

1926 年 2 月 5 日，李济与地质学家——曾随瑞典著名学者安特生（J. G. Andersson）发掘闻名于世的仰韶文化的袁复礼同赴山西，沿汾河流域到晋南做考古调查。其间发现了几处新石器时代的彩陶遗址，并取得了一些标本。在初步确定了几个可供发掘的地点后，于 3 月底返回清华园。同年 10 月，在李济的直接协调洽谈下，由清华研究院和美国弗利尔艺术馆共同组织，由对方出大部分经费，李济、袁复礼主持，赴山西夏县西阴村进行田野考古发掘（按：发掘古物永久留在中国）。这是中国人自己主持的第一次正式的近现代科学考古发掘尝试，也是李济在清华任教的几年间做成

《西阴村史前的遗存》（1927年出版）一书封面

的唯一一次考古发掘，后虽又外出过几次，都因军阀混战而停止。对于这次发掘的意义和评价，许多年后，李济的学生、世界级的考古学家张光直曾言："这第一个中外考古合作计划所采取的立场是明确的：学术是天下之公器，中外合作是可以的，而且在当时条件下还是必需的，但古物是公有的，而且是国有的。李济先生的国际地位与国际眼光并没有使他在爱国、在维护国家权益上做任何的让步。这种眼光远大的爱国精神是李济先生一生事业的特色。"此次发掘，由于其在中国考古史上具有的开创性意义与奠基性地位而载入史册。

对此项中外合作发掘事宜，梁启超极感兴趣，主动给予大力关怀与支持。他凭着自己的声名与庞大的人脉背景，曾两度亲笔写信给山西之主阎锡山，请他对这一新兴科学事业给予官方支持。为此，李济后来曾深情地回忆道："梁启超教授是非常热心于田野考古的人，他主动地把我推荐给山西省模范省长阎锡山。"因为有了阎老西政府的撑腰和关照，使得这次考古发掘非常顺利。

风声灯影里的梁家父子

此时，梁启超的次子梁思永正在大洋彼岸的美国哈佛大学就读，主攻考古人类学专业。这一专业的选择来自于梁启超的精心策划与安排。具有博大学术眼光和强烈民族责任感的梁任公，眼望世界范围的考古学迅猛发展，而号称有五千年文明史的中国境内，从事考古工作的人都是以各种名义来华的外国学者，如瑞典人安特生、加拿大人布莱克（Davidson Black）、德国人魏敦瑞（J. F. Weidereich）、法国人德日进（P. Teilhard de Chardin），以及日本人鸟居龙藏、水野清一等等。对这种现状颇有些不满和不服气的梁启超，很希望有中国人自己出面做这一工作。对这门学问的前景，他在一次演讲中曾满怀信心与感情地指出："以中国地方这样大、历史这样久、蕴藏的古物这样丰富，努力往下做去，一定能于全世界的考古学上占有极高的位置。"正是有了这样一种眼光和信心，这位决心以学术薪火传家立业的"饮冰室主人"，让长子梁思成赴美国学习建筑，次子梁思永学习考古。这一安排，皆是为了让当时不受中国学术界重视的冷僻专业能够在中国大地上生根、发芽、成长、壮大，"为中华民族在这一专业学问领域争一世界性名誉"。他在致子女的信中说："思成和思永同走一条路，将来互得联络观摩之益，真是最好没有了。"后来的事实证明，梁启超的目的达到了，梁思成与梁思永学成归国后，分别成为自己专业学科中领一代风骚的宗师，只是天不假年，梁启超没能亲眼看到这一天的到来。

1926 年 12 月 10 日，梁启超在写给次子梁思永的家信中，多次提到李济的田野考古发掘，"李济之现在山西乡下（非陕西）正采掘得兴高采烈，我已经写信给他，告诉以你的志愿及条件，大约十日内外可有回信。我想他们没有不愿意的，只要能派作实在职务，得有实习机会，盘费、食住费等都算不了什么大问题"。此前，梁思永在美国学习期间，曾参加了印第安人遗址的发掘，他写信给父亲梁启超，表示想回国实习并搜集一些中国田野考古资料。为此，梁启超除向这位远在异国他乡的儿子提供了有关统计资料外，还为其回国后的实习机会和条件做了精心安排。从信中可以看出，梁思永一旦回国，则可跟随李济到田野去一试身手。

李济和袁复礼在山西工作了两个多月，直到 12 月 30 日方结束。此次发掘收获颇丰，共采集了 76 箱出土器物，分装九大车，于次年元月初，历尽数次艰险磨难和几个昼夜的风餐露宿，总算安全无损地押运到清华研究院。山西夏县西阴村

梁启超（中）与梁思永（右）、梁思达上世纪 20 年代合影

遗址的成功发掘，真正揭开了中国现代考古学的序幕，标志着现代考古技术在远东这块古老大地上开始生根发芽。作为人类学家的李济也由这次发掘而正式转到了考古学领域的探索与实践中，从而奠定了他在中国现代考古学发展史上开一代先河的大师地位。

1927年1月10日，清华国学研究院欢迎李济、袁复礼二人山西考古发掘所取得重要成果的茶话会，在众人的期待中召开。继张彭春之后出任清华大学教务长兼理国学研究院事务的梅贻琦、国学院全体导师和学生皆出席了会议。梁启超听取了李、袁二人所作的长篇报告后，精神亢奋，欣喜异常。当天晚上回到寓所，以极大的兴致给远在大洋彼岸的儿子梁思永写了一封长达2000余字的长信。信中充满激情地写道："他（按：李济）把那七十六箱成绩，平平安安运到本校，陆续打开，陈列在我们新设的考古室了。今天晚上，他和袁复礼（是他同伴，学地质学的）在研究院茶话会里头作长篇的报告演说，虽以我们的门外汉听了，也深感兴味。他们演说里头还带着讲他们两个人'都是半路出家的考古学者（济之是学人类学的），真正专门研究考古学的人还在美国——梁先生的公子'。我听了替你们高兴又替你惶恐，你将来如何才能当得起'中国第一位考古专门学家'这个名誉，总要非常努力才好。"

梁启超在信中谈到出土器物有铜器、石器、骨器以及复杂的陶器花纹问题时说："此外，他们最得意的是得着半个蚕茧，证明在石器时代已经会制丝。"对此次考古发掘的重大意义，梁又说："这几年来（民国九年以后）瑞典人安特生在甘肃、奉天发掘的这类花纹的陶器，力倡中国文化西来之说，自经这回的发掘，他们想翻这个案。（李济）所说'以考古家眼光看中

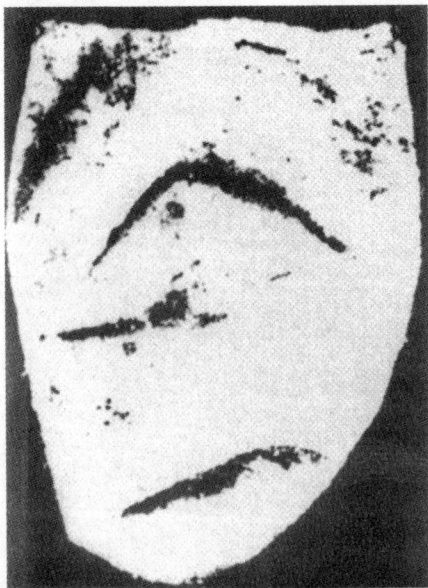

1926年西阴村出土的蚕茧，1.36cm×1.04cm，上部被割去。（李光谟提供）

国，遍地皆黄金，可惜没有人会拣'真是不错。"梁启超再次建议儿子回国后"跟着李、袁二人做工作，一定很有益"。又说，即使因时局动荡而无法外出做田野发掘，在室内跟着李济整理那 76 箱器物，也"断不至白费这一年光阴"。对儿子的殷切期望之情，皆溢于笔下那酣畅淋漓的瀚墨之中。按梁启超的打算，他还想让梁思永丰富一些古文物方面的知识，多参观几个新成立的博物馆，然后再去欧美深造几年，一定会受益更多。

梁思永接受了父亲的建议，于 1927 年六七月间回国并来到了清华园。令人扼腕的是，当他在父亲梁启超的带领下，于国学研究院——拜见各位名师巨匠时，"四大导师"之一的王国维已经命赴黄泉了。

王国维在清华大学执教的两年中，尽管生活趋于平静，学问越发精进，但仍"时时以津园为念"，每年春节都要去天津晋见"皇上"，还常为"有君无臣"而忧虑。1927 年 3 月间，听说北伐军到了河南，又听说叶德辉、王葆心等人为北伐军所杀，甚为恐惧，常与吴宓、陈寅恪等人议论应变之事。6 月 1 日，清华国学研究院第二届学生毕业，典礼过后，下午举行"师生叙别会"。梁启超、王国维、陈寅恪、赵元任四位教授各入一席，李济、梅贻琦等在座，师生畅谈别情。据当时在场的研究生柏生回忆："座中（王国维）先生为吾侪言蒙古杂事甚畅，其雍容淡雅之态，感人至深。"宴席将散，梁启超起立致辞，历述同学们之研究成绩，并谓："吾院苟继续努力，必成国学重镇无疑。"众皆聆听，王国维亦点头表示同意此说。宴毕，王国维与众师生作别如平时，尔后随陈寅恪至南院陈宅，二人畅谈至傍晚。是日晚，王氏在自家宅中会见谢国桢等同学，依旧是谈笑和怡。6 月 2 日晨，王国维餐毕，8 时至研究院办公，料理事务如常，并与同人

清华西院 32 号，王国维故居（作者摄）

谈及下学期招生事宜。随后离奇地向事务员侯厚培借了五元钱，独自悄无声息地走出清华园，在校门雇一辆洋车径赴只有几里地的颐和园，花六角钱买了一张门票，约10时步入园内，徘徊于长廊之间，后踱步至园内鱼藻轩前的昆明湖畔独立沉思，尽纸烟一支，11时左右，怀揣剩余的四元四角和一纸写有"五十之年，只欠一死，经此世变，义无再辱。我死后当草草棺殓，即行藁葬于清华茔地"等字样的简短遗书，纵身一跃，沉入湖底。虽有园丁"忽闻有落水声，争往援起"，但王的头颅已插入淤泥，前后不过两分钟即气绝身亡。一代国学大师由此告别了充满血腥、苦痛与悲伤的世界，时年51岁。

王国维神秘、诡异、怪诞地沉湖而死，引起了清华师生巨大悲痛，全国学界为之哗然，对他的死因产生了种种猜测议论，致有多种说法流传于世，如殉清说、自殉文化说、悲观哀时说、罗振玉逼债致死说等等，遂成为一个扑朔迷离的不解之谜。同时，也昭示了一个不祥的预兆，清华国学院"四大"支柱轰然断裂一根，另外一根也岌岌可危，马上就要坍崩——

清华园中的王国维墓碑（作者摄）

这便是学界中号称泰山北斗，被陈寅恪誉为"清华学院多英杰，其间新会称耆哲"的梁启超。而盛极一时的清华国学研究院也已渐显颓势，大有唇亡齿寒、风雨飘摇之势。

早在1926年初，梁启超因尿血症久治不愈，不顾朋友们的反对，毅然住进北京协和医院，并于3月16日做了肾脏切除手术。极其不幸的是，手术中却被"美帝国主义派出的医生"、协和医院院长刘瑞恒与其助手误切掉了那个健全的"好肾"（右肾），虚弱的生命之泉只靠残留的一只"坏肾"（左肾）来维持供给。

此时西医在中国立足未稳，大受质疑，而手术主要主持者乃是毕业于美国哈佛大学的医学博士、协和医学校校长兼医院院长刘瑞恒。刘的副手则是纯种的美国人，声名赫赫的外科医生。为了维护西医社会声誉，以便使这门科学在中国落地生根，对于这一"以人命为儿戏"的事故，作为亲身的受害者，在"他已证明手术是协和孟浪错误了，割掉的右肾，他已看过，并没有丝毫病态，他很责备协和粗忽，以人命为儿戏。协和已承认了。这病根本是内科，不是外科"（梁启超语）的情形下，梁启超不但没有状告院方，相反在他的学生陈源、徐志摩等人以"白丢腰子"（徐志摩语）通过媒介向协和医院进行口诛笔伐、兴师问罪之时，梁启超仍把西医看作是科学的代表，认为维护西医的形象就是维护科学、维护人类文明的进步事业。他禁止徐志摩等人上诉法庭，不求任何赔偿，不要任何道歉，并艰难地支撑着病体亲自著文为协和医院开脱，在《我的病与协和医院》一文中，梁启超对做了错事的协和医院"带半辩护性质"。文章的最后极为诚恳地讲道："我盼望社会上，别要借我这回病为口实，生出一种反动的怪论，为中国医学前途进步之障碍。——这是我发表这篇短文章的微意。"

梁启超默默承受着内心的煎熬与苦痛，维护着他笃信的科学与进步事业，而代价是他的整个生命。与其说梁启超"白丢腰子"是被他所"笃信的科学"所害，不如说他为科学所做出的牺牲更具理性和人道。

1927年那个溽热的夏季，刚从美国归来，正随梁启超在水木清华古月堂慢步的梁思永，当时尚未意识到，其父的人生之旅已是日薄西山，即将走到尽头。

正应了古人"祸不单行"的一句谶语，由于时局变幻纷乱，军阀之间刀兵不息、战祸连绵，使得李济精心筹划准备与梁思永一道去山西和西北地区的两次田野考古发掘皆成泡影。心怀焦虑与惆怅的梁思永，只好以清华国学研究院梁启超助教的暂时名分留了下来，但大多数时间是憋在室内整理、研究李济西阴村发掘的陶器。

1928年8月，梁思永带着未完成的研究报告和一颗痛苦、滴血之心，再度赴美深造。当他刚踏出国门，死神就开始"嘭嘭"地叩击梁府大门那个怪兽状的铜环，梁任公的生命之火已是油干薪尽，回天无术，父子俩这一别竟成永诀。

1929年1月19日，梁启超与世长辞，享年56岁。噩耗传出，学界政坛天下同悲，清华同人抚棺恸哭。

泰山崩塌，梁柱摧折，哲人已去。尚在人间的生者在巨大的悲痛中发出了"痛斯人之难再，嗟举世之皆暗，天丧斯文，悲天悯人"的哀叹。

五个月后，盛极一时的清华国学研究院宣告解体。

1930年夏，梁思永于美国哈佛大学获得硕士学位后归国重返清华园，此时的李济已投奔中央研究院历史语言研究所并出任考古组主任。感念旧情，李济把梁思永推荐给史语所所长傅斯年，分配到考古组工作。

自此，继梁启超之后，命运之神又赋予了李济一段奇特的因缘，与梁思成、梁思永兄弟，开始了近20年密切合作与交往的人生之旅。

八方风雨会羊城

1928年10月底，李济以清华国学研究院导师的身份赴美讲学归国，途经香港，就在停留的短暂空隙，与一位在中国未来政坛与学界掀起惊天巨浪的重量级人物——傅斯年相识了。

关于二人初识的经过，李济后来有一个简单的叙述："因为我向来不曾到过广东，所以顺便到广州去看看。又因为我不懂广东话，而那时刚成立的中山大学，有许多从北方来的教授在那儿教书，我也不知道有什么人在那儿，我只是去碰碰看。谁知一去，在门口碰到清华的老教授庄泽宣先生，我们彼此很熟。他一见我就说，你什么时候来的？正有人在这儿找你呢！快去快去！我带你见他去！我不免吃了一惊，问他什么人要找我呢？他说：这个人你也知道的，就是傅孟真先生。哦！我真大吃一惊，因为我过去虽说很羡慕孟真先生在五四运动时创办《新潮》的成就，不过也仅是羡慕而已，因为那时我正在美国。不过我在美国碰见过罗家伦先生，他常常提到一些孟真先生的事情。我说：孟真先生找我有什么事呢？他说：你到那儿去就知道了。于是庄泽宣先生就领我去见傅先生。他一见面就像是老朋友一样一定要我在那儿住……这次，他跟我谈的事就是在中央研究院办历史语言研究所这件事。谈了不久，他就要我担任田野考古工作。"正是这次会谈，决定了李济50年的考古学术历程。

李济所说的这位傅孟真，名斯年，字孟真，山东聊城人，1896年出生于一个儒学世家兼破落贵族家庭，其先祖傅以渐乃大清开国后顺治朝第一位状元，后晋升为光禄大夫、少保兼太子太保、兵部尚书、武英殿大学士，掌宰相职，权倾一时，威震朝野。傅以渐之后，傅门一族家业兴旺，历代显赫，故聊城傅宅"状元及第"的金匾高悬于门额，在当地有"相府"之称。据说傅以渐的这位后世子孙——傅斯年，自幼聪颖好学，熟读儒学经典，号称"黄河流域第一才子"、继孔圣人之后两千年来又一位"傅圣人"。这位现代"圣人"于1913年考入北京大学预科，后转为国学门。

在校期间，傅斯年与同学好友罗家伦等人以陈独秀、胡适等教授主编的《新青年》为样板，搞起了一个叫做《新潮》的刊物，学着《新青年》的样子鼓吹另类思想与另类文学。1919年著名的五四运动爆发后，素有"大炮"雅号的傅斯年担任学生游行队伍的总指挥，扛着大旗在天安门前游行示威后，又率众赴赵家楼，上墙爬屋翻入院内，痛殴了卖国汉奸曹汝霖，一把火烧了赵家楼，从而引发了社会各阶层的大震动。傅斯年由此声名大噪，天下皆知。

就在这年夏季，傅于北大毕业后，考取山东省官费留学生，先后赴英国伦敦大学与德

1927年，傅斯年与北大、柏林两校同窗何思源（右）、弟傅斯严（后站者）在广州中山大学合影

国柏林大学就读，主攻心理学、历史学、语言学等课程。七年之后的1926年秋，傅氏作为一只满身散发着海腥味的学界大鳄乘船归国，受广州中山大学主持校务的副校长朱家骅聘请，出任中大文学院院长。

为人做事"磊落轩昂，自负才气，不可一世"，执笔为文"雄辞宏辩，如骏马之奔驰，箕踞放谈，怪巧瑰琦，常目空天下士"的傅斯年（朱家骅语），来到中山大学后与副校长朱家骅一见如故，且在学术见解与治校方略上一拍即合。傅视朱为难得的知己，以他过人的胆识、才气与霸气，主动帮助朱家骅筹划校务，处理各类繁杂事宜。而朱也视傅氏为铁杆朋友，放开手脚让傅在中大校园内由着性子，尽情地翻着跟头折腾。在傅斯年的策划和主持下，文学院很快增聘了如吴梅、丁山、罗常培、顾颉刚、杨振声、何思源等当时的学界名流与大牌"海龟"担任教授，中山大学由此声名鹊起、威望日隆，令全国学界为之瞩目。

1928年4月，北伐成功，问鼎中原的国民政府成立了中央研究院，由原"北大之父"蔡元培出任院长，原孙中山秘书处秘书杨杏佛任总干事。下设各研究所及首任所长如下：地质所李四光；天文所高鲁；气象所竺可桢；物理所丁燮林；化学所王进；工程所周仁；社会科学所杨端六。

由于受经济条件的限制，当时未设立文科方面的研究所。

时在广州中山大学的傅斯年得此消息，认为既然是中央研究院，就应该有文史方面的学科加入，否则将有失偏颇。于是开始结集"一部分热心文史学的先进"，以"历史语言研究的特别重要，现代的历史学与语言学科是科学"等说词（傅斯年语），对蔡元培、杨杏佛等几位决策人物展开游说攻势。凭着北大时代与蔡元培校长结下的良好关系，傅斯年以他特殊的魅力和超人的才智加霸气，终于"迫使"蔡元培与杨杏佛就范，"无中生有"地又繁衍出一个社会科学方面的研究所——后来名扬天下的历史语言研究所。正如傅自己所言："这一努力显然是很快地成功了。"

1928年10月14日，中央研究院历史语言研究所正式宣告成立，所址设在广州东山柏园。傅斯年辞去中山大学教职，出任历史语言研究所所长。傅氏一上任，就大显身手，四处网罗人才，并把目光投向了清华国学研究院。

此时清华研究院导师中的王国维已跳湖自尽，梁启超的生命之灯即将熄灭，赵元任正张罗着出国讲学，李济的心思仍放在田野发掘和器物整理研究上，陈寅恪独木难撑，研究院已成风雨飘摇、大厦将倾之势。傅斯年趁此机会，凭着自己非凡的人脉关系，迅速向陈寅恪、赵元任伸出了橄榄枝，对方很快做出回应，表示愿意接受傅的聘请，分别出任史语所下设的历史组和语言组主任。

待搞定陈、赵之后，心中窃喜的傅斯年，没敢忽视另一位讲师衔的导师李济的存在。尽管傅、李二人同庚，都是盛极一时的"海龟"，但李济毕竟是哈佛大学响当当的博士，且归国后开创了田野考古发掘的先河，声名日隆，为全国学界所瞩目。鉴于这种现实的存在，继陈寅恪、赵元任之后，傅斯年以极大的热情与真诚准备邀请李济加盟这一新生阵营。恰在此时，两位学界巨子在1928年那个初冬里，于中山大学不期而遇了。通过短暂的交谈，傅斯年希望李济能鼎力相助，并出任史语所第三组——考古组主任。

李济听罢，很是高兴，因为从事新式的专职田野考古一直是他的梦想与追求，现在有这样一个能实现梦想的地方，当然是件令人愉快的事。于是，立即决定辞去清华和弗利尔艺术馆的职位，加盟史语所并集中全力主持考古组工作。自此，清华研究院残存的三位导师尽数归入傅斯年手中高高飘扬的大旗之下。

这一年，傅斯年33岁，李济33岁，赵元任37岁，陈寅恪38岁。

1929年6月，在傅斯年主持的所务会议上，正式决定把全所的工作范围定为历史、语言、考古三个组，通称一组、二组、三组。主持各组工作的分别是陈寅恪、赵元任、李济"三大主任"。后又增设第四组——人类学组，由留美的"海龟"吴定良博士主持工作。这一体制，直到史语所迁往台湾都未变更（按：其中有一段时间，人类学组从史语所分出，成立人类体质学研究所筹备处，但终未正式独立建所）。

万事俱备，只欠东风，历史语言研究所就要鸣锣开张了。当三个组的人员各就各位后，傅斯年以非凡的处事能力与人际关系，很快为第一组找到了内阁大库档案，指定了汉简与敦煌材料的研究范围；为第三组划定了安阳与洛阳的调查。二组的工作也相应地开展起来。

殷墟出土的卜甲

为了消除李济担心的"口号将止于口号"这一形式主义的痼疾，早在史语所正式成立之初，富有学术远见的傅斯年就于这年的 8 月 12 日，指派时任中山大学副教授、史语所通信员的董作宾，悄悄赶往安阳殷墟，对甲骨出土地进行调查并收集甲骨，为日后的发掘做准备。

所谓甲骨文，即刻在龟甲和兽骨上的一种古老文字，其作用就像远古的先民"结绳纪事"一样，属于一种"记录文字"。当这种文字未被识读之前，这些龟甲和兽骨只是被当作不值钱的药材出现在大小药店。而一旦上面的古文字被确认，天下震惊，中华远古文明的大门轰然洞开。

据可考的记载，光绪二十五年（1899 年）秋，时任国子监祭酒（按：相当于皇家大学校长）的山东烟台福山人王懿荣得了疟疾，京城一位老中医给他开了一剂药方，里面有一味中药叫"龙骨"，王派家人到宣武门外菜市口一家老字号中药店——达仁堂按方购药。待把药买回之后，王懿荣亲自打开查看，忽然发现"龙骨"上刻有一种类似篆文的刻痕，凭着自己渊博的学识和金石方面深邃的造诣，他当即意识到这颇像篆文的刻痕，可能是一种年代久远的古文字，且刻写的时间要早于自己以往研究的古代青铜器皿上的文字。对于这一意外发现，王懿荣既惊又喜，于是又派家中跑堂的伙计迅速赶到达仁堂把带有文字的"龙骨"全部购买回来，加以鉴别研究，同时注意在京城各药铺及"龙骨"出现的场所大肆收购。由于王懿荣在天下儒林中所具有的特殊地位，其收购、研究甲骨文的举动在圈内逐渐传开。不久，消息灵通、颇具生意眼光的山东潍县古董商范维卿携带刻有文字的甲骨 12 片，进京拜见王懿荣。王一见视若珍宝，将此物全部收购下来。此后，又有一位古董商赵执斋也携甲骨数百片来京售卖，王懿荣闻讯后悉数认购，在不长的时间里就收购了有字甲骨约 1500 片，并作了相关研究。王懿荣不仅作为认定商代文字第一人，确认了甲骨文世之无匹的学术价值，同时开创了甲骨文研究的先河，揭开了中国商代历史研究的序幕。

继王懿荣之后，1912 年 2 月，著名古器物与古文字学家罗振玉，按照世间流传和自己调查的线索，委托他的弟弟罗振常到河南安阳访求甲骨。罗振常不负所望，在安阳小屯逗留 50 余日，不仅弄清了甲骨出土地的准确位置，而且搜求甲骨多达 1.2 万片，分两次通过火车运往北平。罗振玉通过对这批甲骨深入细致的研究，并从《史记·项羽本纪》"洹水南殷墟上"的记载中得到启示，认为此地为"武乙之都"。后来又在其所著《〈殷墟书契考释〉自序》中，确定了小屯为"洹水故墟，旧称嬗甲，今证之卜辞，则是徙于武乙去于帝乙"的晚商武乙、文丁、帝乙三王时的都城。这个考释，无论是当时还是之后，都被学术界认为是一项了不起的具有开创性的重大学术研究成果。

如果说罗振玉通过对甲骨文的释读和研究使殷商的历史之门露出了一道缝隙，让学界同人得以管窥庙堂之间的些许影像，那么，王国维则把这扇封闭了 3000 余年的殷商王朝的大门彻底撞开了。王国维通过对甲骨文的研究、考订，使商代先公先王的名号和世系基本上得到了确认，并在整体上建立了殷商历史的体系。为此，王国维作为"新史学的开山"（郭沫若语）登上了甲骨学研究的第一座高峰。所著的《殷商卜辞中所见先公先王考》和《续考》，为甲骨学研究和发展做出了划时代的贡献，从而直接引发了古代史，尤其是殷商历史作为可靠信史研究的革命性突破。

当 34 岁的河南南阳人董作宾到达安阳后，通过实地调查得知，小屯地下埋藏的有字甲骨，并不像罗振玉等人此前所说的那样已被挖尽，他从当地农民盗掘甲骨留下的坑痕做出判断，殷墟规模庞大，地下遗物十分丰富，且遗址破坏严重，有组织的科学发掘已到了刻不容缓的紧要关头。他在向傅斯年的报告中颇为焦虑地宣称："迟之一日，即有一日之损失，是则由国

安阳殷墟鸟瞰

家学术机关以科学方法发掘之，实为刻不容缓之图。"

傅斯年得知安阳殷墟情形，惊喜交加，马上筹措经费，购置设备，调配人员，在中央研究院蔡元培院长的大力支持下，组成了以董作宾为首的殷墟科学发掘团，奔赴安阳进行发掘，震惊中外的考古大发现由此拉开了序幕。

梁思永踏上殷墟

这次考古发掘自1928年10月7日开始，至31日结束，前后共进行了24天，发掘土坑40个，挖掘面积280平方米，掘获石、蚌、龟、玉、铜、陶等器物3000余件，获得甲骨854片，其中有字甲骨784片，另有人、猪、羊等骨架出土。董作宾作为本次发掘的主持人，手抄有字甲骨392片，并做了简单的考释，这个成果与他前期的调查报告共同在后来史语所创办的《安阳发掘报告》作为首篇文章刊载。此次发掘与著述的问世，正如李济所言："不仅结束了旧的古物爱好者'圈椅研究的博古家时代'，更重要的是为有组织的发掘这著名的废墟铺平了道路。"

当然，未受过西方近代考古学正规训练的董作宾所带领的发掘队员皆本土学者，发掘中难免出现一些疏漏甚至笑话。许多年之后，已成为著名考古学家的夏鼐曾说道："我在1935年参加殷墟发掘时，还听说过一个关于董作宾1928年主持初次发掘时'挖到和尚坟'的故事。书斋中出来的董作宾，从来没有看见过出土的骷髅头，只从笔记小说中知道死人头发是最不易腐朽的。所以，他发掘到一座时代不明的古墓时，便认为头上无发的墓主人一定是一位和尚。骷髅头狰狞可怕，所以仍被埋起来。到了李济、梁思永主持发掘时才注意到人骨标本的采集，并且用科学的采集方法和保存方法。"

　　或许正是由于以上的缺憾，董作宾感到惶恐不安，并有了中途换将，由"海龟"李济出任第二次发掘主持的因缘。按照中央研究院院长蔡元培的说法："董先生到了那里，试掘了一次，断其后来大有可为。为时虽短，所得颇可珍重，而于后来主持之任，谦让未遑。其时，适李济先生环游返国，中央研究院即托其总持此业，以李先生在考古学上之学问与经验，若总持此事，后来的希望无穷。承他不弃，答应了我们，即于本年（1929 年）二月到了安阳，重开工程。"

董作宾在殷墟发掘工地

　　在美国费利尔艺术馆的经费支持与董作宾的密切配合下，李济率领考古队于 1929 年春季和秋季分别进行了第二次和第三次发掘，陆续发现了大批的陶器、铜器与 3000 余片甲骨、两件兽头刻辞与闻名于世的"大龟四版"（按：一个完整的刻满文字的乌龟壳）。尤其引人注目和振奋的是，这年的 11 月 21 日，李济于一堆碎片中发现了一片彩陶——这是安阳殷墟在抗战前全部十五次发掘中，所记录出土的 25 万块陶片中唯一的一片具有仰韶文化性质的彩陶。对于这一异乎寻常的发现，20 年之后，李济曾专门撰写论文指出它在历史研究中的重大价值和意义："在开始这一工作时，参加的人员就怀抱着一个希望，希望能把中国有文字记录历史的最早一段与那国际上令人注意的中国史前

董作宾在安阳小屯发现的甲骨坑

1929 年第二次安阳发掘合影（坐者左一李济、左二裴文中，右立者右二董作宾、右一董光忠，左立五人为冯玉祥派出的护兵，坐者右四人为护兵长官）

文化连贯起来，做一次河道工程师所称的'合龙'工作。那时安特生博士在中国所进行的田野考古调查工作已经到了第十个年头了。这一希望，在第三次安阳发掘时，由于在有文字的甲骨层中一块仰韶式彩陶的发现而大大增加。现在事隔二十年了，回想这一片彩陶的发现，真可算得一件历史的幸事。"又说："要不是终日守着发掘的进行，辛勤地记录，这块陶片的出现，很可能被忽视了。有了这一发现，我们就大胆地开始比较仰韶文化与殷商文化，并讨论它们的相对的年代。"

1929 年秋，李济在河南安阳主持殷墟第三次发掘，挖出彩陶片的情形。

1930 年春，当史语所准备对殷墟再度进行发掘时，却产生了不祥的预兆，河南大雨、冰雹成灾，所降"冰雹大者数斤，小者如鸡卵"，这场灾难过后，接着出现旱灾，导致河南全境"每天平均饿死千余人"。接下来，军阀混战时期著名的中原大战爆发，以阎锡山、冯玉祥等地方军阀组成的联军，与蒋介石为首的中央

国民政府军，以河南为中心展开激战。交战双方投入兵力达到 130 万人
（阎、冯联军 60 万，中央政府军 70 余万），大战持续时间达半年之久，双
方共死伤 30 余万众。最后以张学良调集东北军入关助蒋，阎、冯联军败北
而告终。史语所原定对安阳殷墟的第四次发掘计划，在大炮轰鸣、硝烟弥
漫、血肉横飞、新鬼添怨旧鬼哭的风云激荡中化为乌有。

　　作为以考古发掘和学术研究为职业的李济等学人，并没有因为战争而
中断自己为之追求的事业（除战争之外，1929 年冬，中研院殷墟发掘队与
河南地方势力为争出土器物闹纠纷，也是原因之一），既然河南不能发掘，
李济决定率部转移到山东城子崖继续从事发掘工作。

　　1930 年秋，中原大战硝烟尚未散尽，李济与董作宾率部走出安阳，移驻
山东济南东约 60 余里的历城县龙山镇一个叫城子崖的一处黑陶文化遗址开
始首次发掘。由于城子崖遗址地处龙山镇，故将这一文化命名为龙山文化。

　　在中原大战硝烟散尽、血迹风干之后的 1931 年春，由李济主持的第四
次殷墟发掘宣布开始。此次发掘，在李济的具体指导下，有计划地将殷墟遗
址划分为五个大区，每个区由一位受过专业科学训练或有经验的考古学家指
导，以"卷地毯式"的新方法进行发掘。发掘队除原有的郭宝钧、王湘等人
外，增加了十几位年轻学者，史语所新招聘的吴金鼎、李光宇来了，河南大
学史学系学生石璋如、刘燿（尹达）来了，最令人瞩目的是，梁启超的二公
子、被李济称为"真正专门研究考古学的人"梁思永也在这个明媚的春天
里，带着勃勃生机，神
采飞扬地到来了。

　　梁思永于 1930 年
夏季在哈佛大学获硕士
学位后归国，此时梁启
超去世一年有余，清华
研究院也已解体一年，
梁思永举目四望，物是
人非，恍如隔世，其伤
感悲痛之情无以言表。

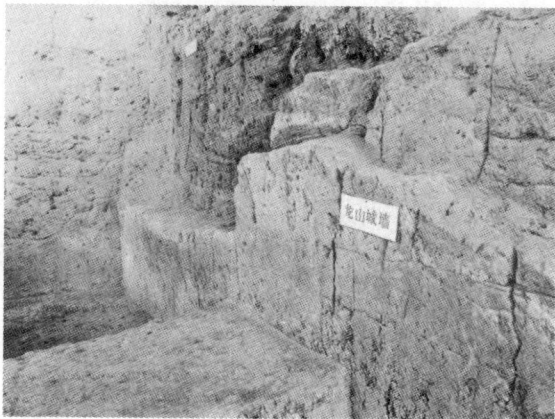

龙山文化遗址

正在北平的李济感念梁氏家族与自己的交情，主动把梁思永介绍给傅斯年。从此，梁思永正式加入了中央研究院历史语言研究所考古组的行列。

就在李济主持山东济南城子崖发掘的那个秋日，地质学家丁文江得到来华考察的法国传教士、古生物学家德日进神父提供的线索，说中国东北中东铁路上有人发现黑龙江昂昂溪附近有个新石器时代的遗址。历史语言研究所决定抢在日本人全面发动侵华战争之前，派梁思永前去实地调查、发掘。是年10月，梁思永顶着正在黑龙江地区流行的鼠疫，冒着战火的危险，与助手从容来到偏僻荒凉的昂昂溪五福遗址开始调查发掘。当时该地的天气已特别寒冷，梁思永与助手每天都必须脱掉鞋袜，裤脚卷到大腿根部，光着脚蹚着冰凉的积水往返于居地与遗址之间。在不长的时间里，先后发现了300多件石、骨、陶器，并在五福遗址水淀里亲自发掘了四处沙冈与两座墓穴。梁思永把调查发掘的文物做了初步研究后，得出昂昂溪文化系蒙古热河一带细石器文化的东支的结论。1932年10月，梁思永在《历史语言研究所集刊》上，发表了长达44页近7万字、插图和写生达36版的大型考古发掘报告《昂昂溪史前遗址》。从此，松嫩平原嫩江中下游沿岸广泛分布的以细小压琢石器为主的原始文化类型，被称作"昂昂溪文化"，在中国和世界古代史上占有重要地位。梁思永此次首次科学考古发掘和研究报告的问世，为嫩江流域古代文化的研究，奠定了理论基础和科学依据。特别在石器研究中，对细石器（当时称为幺石器）的概念和分类标准的创新性时代划分，为后来的研究树立了科学的典范。

昂昂溪的考古发掘工作告一段落后，梁思永决定取道热河回北平，以便沿途考察其他地方的史前遗址。1931年10月21日由通辽出发，在热河境内考察了38天，行程上千里，发现了林西、双井、赤峰等五处新石器时代遗址，并采集了大量陶片、石器等文物标本。11月27日，梁思永结束了考察回到北平。翌年春，又告别新婚刚刚三个月的爱妻李福曼，意气风发地来到了安阳。

此前，殷墟附近有许多遍布陶片的遗址，只因不出有字甲骨而不被重视，当李济主持第四次发掘时，感到有发掘附近这些遗址的必要，于是决定在殷墟遗址的东南部，靠近平汉路一个明显鼓出地面、名叫后冈的地方进行发掘，并把该区划为第五区，发掘工作由刚刚加盟而来的梁思永独立主持。

由于梁思永是当时中国学术界唯一一位真正受过考古学训练的独特"海龟"，因而在田野考古发掘中，无论是思维方式还是技术技能，都比其他"海龟"和"土鳖"更胜一筹。在发掘中，梁思永带领吴金鼎、刘燿等几名年轻学者，采用了西方最先进的科学考古方法，依照后冈遗址不同文化堆积的不同土质、土色、包含物来划分文化层，成功地区别出不同时代的古文化堆积，以

城子崖遗址出土的黑陶罍

超凡卓绝的旷世才识发现彩陶—黑陶—殷墟文化三者之间以一定的顺序叠压着。这一奇特的现象引起了梁思永高度警觉，他以科学的思维方式和独特的学术眼光意识到：既然彩陶文化代表着安特生所发现的仰韶文化，那么黑陶文化是否代表着城子崖的龙山文化？如果假设成立，则意味着龙山文化不仅局限于城子崖一地，所涉及范围应更为广阔，并代表着一种普遍的史前文化。这一极富科学眼光的洞见，无疑找到了解开中国史前文化之谜的一把钥匙。面对史语所同人"天天梦想而实在意想不到的发现"，李济等考古学者感到城子崖遗址是获取这把钥匙的关键所在，实有再度发掘以详察内容及充实材料的必要。于是，傅斯年决定暂缓编印殷墟发掘报告，派梁思永率一部分考古人员赴城子崖遗址再度展开发掘，以

城子崖遗址出土的龙山文化三足陶鬶

验证此地黑陶与安阳殷墟所出黑陶是否为同一种文化。

1931 年秋，梁思永率领吴金鼎、王湘等人由安阳转赴山东城子崖，开始继李济之后的第二次发掘。发掘的结果再次证明，殷墟与城子崖两地的黑陶文化基本相同，这一文化范式，证明了梁思永此前天才式推断的正确。正是由于这次意义非凡的发掘，以鲜明亮丽的事实证据，纠正了瑞典学者安特生将仰韶与龙山两种文化混在一起，并轻率地得出"粗陶器要比着色陶器早"的错误结论，进而推动了殷墟发掘中"地层学"这一先进考古技术方法的运用，使当时与后世学者认识到必须将殷墟文化与其他文化进行比较分析的重要原则，从而为中国考古学发展的科学化和规范化树立了一座里程碑式的坐标。

城子崖发掘结束后，梁思永又率队返回安阳。在以后的几次发掘中，于殷墟西部的同乐寨发现了纯粹的黑陶文化遗址。这个发现使梁思永坚信了在后冈关于仰韶文化—龙山文化—商（小屯）文化三叠层按存在的先后时间划分的科学依据。这一伟大发现，"证明殷商文化就建筑在城子崖式的黑陶文化之上"。梁思永对后冈三叠层的划分，成功地构筑了中国古文明发展史的基本框架，使中国考古学与古史研究产生了划时代的飞跃。自此，干涸的历史长河沿着时间的脉络重新开始流淌起来。梁思永也由于这划时

中央研究院史语所于抗战前发掘安阳殷墟大墓情形

代的伟大发现一举成名，奠定了在近现代中国考古学上一代大师的地位。这一光辉成就，正应了其父梁启超当年的愿望，只是命运多舛的梁任公早已身赴黄泉，无法与之举杯同庆了。

1932 年春，在李济主持的第六次殷墟发掘中，发现了殷墟宫殿基址，这一发现无疑较单纯地发现甲骨更具有科学考古价值和意义。

从 1932 年秋到 1934 年春，由董作宾、郭宝钧、李光宇、刘燿、石璋如为主力队员的考古学者，在殷墟进行了第七、八、九次连续性发掘，并把目光由小屯转移到后冈和洹河北岸的侯家庄南地、南台等处，发现了梦寐以求的王陵区，而商代王陵之所在，此前从未见过记载。

1934 年秋到 1935 年秋，由梁思永主持的第十、十一、十二次殷墟发掘，对已发现的王陵迹象紧追不舍，继续扩大战果。此时，参加发掘的专业人员达到了鼎盛，除总指挥梁思永外，另有董作宾、石璋如、刘燿、祁延霈、李光宇、王湘、胡福林、尹焕章、马元材、徐中舒、滕固、黄文弼、李景聃、高去寻、潘悫、王建勋、李春岩、丁维汾、刘守忠、王献唐、富占魁、夏鼐（实习）、吴金鼎（访问）、傅斯年、李济（视察），以及法国汉学家伯希和（访问）、河南大学和清华大学等部分师生。一时间，在几十平方公里的殷墟发掘工地上，大师云集，将星闪耀，气势如虹。胸有成竹的梁思永充分表现

梁思永、傅斯年、李济、董作宾在安阳殷墟发掘现场

出一个战略家的宏大气魄，规划周密，指挥若定，每天用工达到 500 人以上，遗址得以大面积揭露，连续发掘了 10 座王陵，以及王陵周围 1200 多座小墓和祭祀坑。所揭露的商代大墓规模浩大、雄伟壮观，虽经盗掘，但成千上万件精美的铜器、玉器、骨器等出土文物仍举世震惊。

1936 年，继郭宝钧主持的第十三次发掘之后，梁思永主持的第十四次发掘在寻求甲骨方面又取得了突破性进展。在著名的编号为 YH127 号商代灰坑中，一次发现带字甲骨 17096 片，其中有 300 多片是未破损的整版甲骨且刻有卜辞。更为重要的是，这些甲骨出于同一坑中，说明相互之间有某种内在的联系，比之零星出土的传世甲骨残片，其学术价值更高一筹。这一重大发现令学者们欣喜若狂。

1937 年春，由石璋如主持的第十五次更大规模的殷墟发掘再度展开。此次发掘从 3 月 16 日开始，一直延续至 6 月。此时，华北已是战云密布，局势一日紧似一日，日本人磨刀霍霍，即将屠戮中原、血染长江。面对一触即发的中日大战，为防不测，殷墟发掘不得不于 19 日匆匆结束。这是抗日战争全面爆发之前的最后一次发掘。

至此，从 1928 年开始的殷墟发掘共进行了 9 年 15 次，出土有字甲骨 24918 片，另有大量人头骨、陶器、玉器、青铜器等器物出土。其发掘规模之大，牵涉人员之多，收获之丰，前所未有，世界罕见。这一创世纪的伟大成就，正如后来著名考古学家、美国哈佛大学教授张光直所言："在规模上与重要性上只有周口店的研究可以与之相比，但殷墟在中国历史研究上的重要性是无匹的。"

正当发掘人员于匆忙中将出土器物整理装箱，风尘仆仆押运到南京钦天山北极阁中央研究院史语所大厦，喘息未定，额头的汗水尚未抹去，震惊中外的卢沟桥事变爆发了。

安阳殷墟 YH127 甲骨坑出土的完整甲骨灰土柱

第三章　流亡西南

长沙的救亡合唱

卢沟桥事变发生不久，傅斯年在出席了一系列会议后，随蒋介石离开庐山回到了南京，开始处理中央研究院特别是史语所的各项事务。

史语所自 1928 年于广州成立后，随着国内局势纷纭变化，先是迁到北平北海静心斋，再到上海曹家渡小万柳堂，后迁至南京北极阁史语所大厦，与中央研究院总办事处在一起，算是落地生根，稍微安顿下来。

1936 年春，继杨杏佛之后担任中央研究院总干事的丁文江因煤气中毒不幸在长沙去世，在蔡元培与傅斯年的劝进下，由朱家骅接任总干事。时值朱家骅已离开中山大学，入主国民政府中枢，出任国民党中央政治会议委员，重任在身，很难旁顾其他事务。是年冬，朱家骅被国民政府任命为浙江省主席，成为威震一方、权倾一时的封疆大吏，对中研院总干事一职已无力顾及，只好请傅斯年出面代理。傅顾及各方面的情形，毅然挑起了这副担子。因而，从庐山回到南京的傅斯年，开始以事实上的总干事身份处理中央研究院各项工作，史语所只是他掌控大局中的一个组成部分了。

就在傅斯年上下奔波，忙得焦头烂额之时，"八·一三"淞沪抗战爆发了。

1937 年 8 月 13 日，驻上海日军万余人突然向江湾、闸北中国驻军发起进攻，中国军队奋起抵抗，举世瞩目的淞沪抗战拉开了序幕。

8 月 14 日，蒋介石任命冯玉祥为第三战区司令长官，负责上海对日作战。同时电令京沪警备司令兼前敌总指挥张治中对日军发动总攻击。自此，

1937 年 8 月 10 日，日军上海海军特别陆战队因大山事件紧急调集。

中国的大江南北、长城内外，全面笼罩在战火硝烟之中。

8 月 15 日，日本政府宣布全国总动员，成立作战大本营，中日战争机器全面开动，就此踏上了不是鱼死就是网破、不分胜负决不罢兵的不归路。

8 月 17 日，国防参议会最高会议在南京召开，胡适、傅斯年、蒋梦麟、梅贻琦、张伯苓等学界要人出席了会议。在这次会议上，蒋介石受全民抗日激情的影响，下定决心与日一战，同时又希望在外交上能得到英美等国的同情和支持。当天的会议还决定派胡适出使美国，蒋百里出使德国，孙科出使苏联，争取国际援助，压制日本的嚣张气焰。未久，胡适自香港乘飞机抵达旧金山，开始了他被誉为“过河卒子”的外交生涯。

9 月 1 日，日军精锐部队第十二师团等三个师团抵达上海，实力大增，遂向中国军队发动全线攻击，中国守军拼死抵抗。蕴藻浜、苏州河之战，双方死伤惨重，成堆的死尸阻断了航道，血流成河，浜水皆赤。

9 月 18 日以后，中国军队转入顽强的守卫战。

就在上海战事正酣之际，南京国民政府开始设法动用一定的运输力量，把国家珍宝、工业设施、战略物资和科研设备，经长江、陇海铁路和各条公路悄悄运往内地，以保存实力，准备长期抗战。与此同时，根据国民政府的命令，中央研究院各研究所与平津两地三所大学也开始了向长沙与南昌一带迁徙的行动。傅斯年立即指示中央研究院各所捆扎物资仪器，打点行装，准备启程。

早在淞沪战事爆发之前，中央研究院史语所考古组已根据战争形势的演变，在富有远见和责任心的李济指挥下，开始对历次发掘的器物和各种

中央研究院旧址（作者摄）

器材进行打包装箱，准备内迁。据史语所《大事记》民国二十六年七月条："本所随本院西迁，先选装最珍贵中西文图书、杂志及善本书共六十箱，首批运往南昌农学院，其余一千三百三十三箱分批运长沙。但部分殷墟出土的人骨、兽骨及陶片等，限于运输工具，暂留原址。"八月条："本院组织长沙工作站筹备委员会，本所迁入长沙圣经学院，所长傅斯年仍留南京，派梁思永为筹备会常务委员。"

此次行动，据史语所研究人员石璋如回忆："因为南京离上海很近，战事吃紧，所以先行装箱。"在具体作业中，首先选择重要的文物装箱，"像骨头就选人骨，其他部分就留下，这也是一种决定"。根据不同的情况，傅斯年与李济、梁思永商定，已捆装完毕的60箱最珍贵的中西文图书及善本书等，由李济亲自负责押运到南昌农学院保存，其他1300多箱出土器物陆续运到南京下关码头装船，分批运往长沙，由梁思永总负责，组织雇用船只、运输和安置。

就在史语所人员装船过程中，上海战事已到了最为酷烈的阶段，日本飞机开始飞往南京实施轰炸，作为国民政府首都的南京，瞬间被战火硝烟笼罩。在炮火硝烟中，一批又一批满载着成箱国宝的轮船悄然离开下关码头，沿浩浩长江溯水西行，向长沙进发。史语所大部分人员连同家眷一同

1937 年梁思永在逃难途中拍的全家合影

随船启程，也有个别人员如那廉君、石璋如等乘火车从陆路绕道赶赴长沙，差不多到了 10 月中旬才开始安顿下来。由于梁思永一直在南京组织装船运输，当他随最后一艘轮船抵达长沙时，已是 10 月上旬，这时梁思成、林徽因一家已在长沙安顿下来，兄弟两家才得以在这块流亡之地见面。

而此时，李济正以中央博物院筹备处主任的身份，率领部下奉命押运 100 多箱国宝级文物沿长江溯流而上，艰难地向重庆行进。这批文物是此前从北平抢运出来在南京暂时保存的。

1931 年 9 月 18 日，著名的"九·一八"事变爆发，日本军队占领了中国东北三省，威胁平津，中华民族进入了危难之际。考虑到北平故宫等处所藏文物有可能在战火中被焚毁或遭日军抢劫，国民政府决定将北平几家存有文物的部门于 1932 年底商定派员精选文物，并紧急装箱南迁。除故宫博物院集中的 13427 箱零 64 包外，另有古物陈列所、太庙、颐和园、国子监、奉天、热河两行宫等处文物 6066 箱，由国民政府委托故宫博物院派员一起将其南迁。这便是历史上著名的国宝大南迁。这批宝物后来大部分随蒋介石政府迁往台湾，并以此为基础支撑起了台北故宫博物院。

据资料显示，这批南迁的文物先是由北平运到上海暂存，同时利用南京朝天宫旧址，修建故宫博物院南京分院以便长期存放。因南京分院只能容纳原北平故宫运出的文物，一同运往上海的其他部门如太庙、颐和园等原有 6066 箱文物无处存放，在中央研究院院长蔡元培倡议下，于 1933 年 4 月在南京成立了国立中央博物院筹备处，暂时接管这批文物。中央博物院隶属教育部，办公地点设在鸡鸣寺路一号，在中山门半山园征地 12.9 公顷，原拟建人文、工艺、自然三大馆。由蔡元培亲自出任第一届理事会理事长，傅斯年为筹备主任，延请翁文灏、李济、周仁分别为自然馆、人文馆和工艺馆筹备主任。不久，中央博物院建筑委员会特聘中国营造学社梁思成为专门委员，进行初期筹备建设规划。梁思成的介入，是李济继与梁启超、梁思永共事之后，又一次与梁氏家族成员密切合作。1935年，著名建筑师徐敬直设计的方案当选，后徐氏会同梁思成将方案稍加修改，建筑外部仿辽代宫殿式，内部结构则中西合璧，使整个建筑群具有独特风格和磅礴的气势。意想不到的是，由于卢沟桥事变爆发及日寇大举入侵上海，南京告急，第一期工程刚刚完成四分之三（人文馆，即后来南京博物院大殿）即被迫停工，所有人员在李济领导下，连同收藏的稀世珍宝，开始了又一次历史上最为悲壮的大迁徙。

当一切安排妥当后，李济从重庆急急赶往长沙与史语所同人会合。此时已是11月下旬，中研院迁来的史语所、社会学所等几个所已安顿下来。当得知梁思成一家从北平迁至长沙后，李济决定登门拜访，在梁思永的带领下，二人来到了梁思成一家的临时住处，自此便有了离别后再度相会的机缘。

此时，双方都没有意识到，随着这个机缘的重新聚合，梁思成一家与李济又开始了长达9年的密切交往。

长沙临时大学和中央研究院几个研究所在圣经学校安顿下来之后，仍有大批机关单位、知识分子、工人、商人、难民、乞丐、流氓无产者等各色人物，潮水一样纷纷向长沙涌来，整座城市人满为患、混乱不堪。而每一股难民潮的涌入，都标志着前线战场国民党军不断溃退以及大片国土的连连丧失。

1937年9月20日，华北重镇保定失守！

10月中旬，日军突破晋军阎锡山部设在晋北的长城防线，进逼太原以北的忻州要塞，驻忻口晋军与日军展开血战，阵地多次反复易手，争夺持续20余日。日军消耗兵力达两万余人，晋军更是伤亡惨重，中方第九军军长郝梦龄、第五十四师师长刘家麒等将领阵亡。日军源源不断地增兵，并借助猛烈炮火步步进逼，晋军力不能支，败退太原。自此，整个晋北沦入敌手，著名的风景名胜五台山开始在硝烟炮火中呻吟，南台外豆村佛光寺那位白须飘飘的老住持和哑巴弟子，整日吃斋念佛，苦盼着各路大德施主进香还愿。但等来的不是烧香磕头的众生，而是端着滴血的刺刀"呜哩哇啦"叫喊的鬼子和劈头抢过来的响亮耳光。

10 月 29 日，南京国防最高会议正式决定国民政府迁都重庆，并对外公告，向全世界展示了中国政府和军民长期抗战、决不屈服于倭寇的坚定信念。

11 月 5 日，河南安阳沦陷。日军的铁蹄踏进了这座历史古城，随军而至的日本"学者"窜到殷墟遗址，开始明火执仗地大肆盗掘、劫掠地下文物。

11 月 8 日，阎锡山弃守太原，三晋大部落入敌手。

11 月 11 日，淞沪战场上的国民党军队已苦苦支撑达 3 个月之久。此次战役中日双方共投入兵力约 103 万人，日本动用了 28 万海军陆战队与陆军精锐部队，挟 4 艘航空母舰、34 艘大型军舰、400 余架飞机与近 400 辆战车，与约 75 万中国军队进行了一场空前惨烈的大兵团会战，双方死伤俱重，日方阵亡达 10 万人，中方阵亡约 30 万人。其会战的规模与死伤人数是整个"二战"中最大型的会战之一，无论是后来闻名欧洲的诺曼底登陆或太平洋战场的硫磺岛大血战，都无法与之相比。由于装备与兵员素质等诸方面的悬殊，中国军队在苦战 3 个月后伤亡过重，力不能敌，被迫从苏州河南岸撤出。

淞沪战役中，国民党军八十七师一辆装甲车孤军进入日军阵地，给日军以重大威胁，后因缺乏后援，被日军摧毁。

11 月 12 日，远东最大的海港城市上海失陷，日军转而围攻国民政府首都南京，中华民族到了最危急的紧要关口。

12 月 7 日晨，蒋介石偕夫人宋美龄在前往中山陵拜谒后，匆匆飞离南京前往江西继续筹划战事。蒋介石在当天的日记云："对倭政策，唯有抗战到底，余个人亦只有硬撑到底。"并准备在"全国被敌占领"的最坏情况下仍然坚持奋斗。

国难当头，民族危急，流亡到长沙的知识分子们从内心深处生发出一种悲愤交织的情愫，这种情愫又迅速铸成哀兵必胜、置之死地而后生的坚强信念，一种与国家民族同生死共患难的英雄主义气概，于这个群体中迅速蔓延、升腾、撞击开来。这种令人热血沸腾、魂魄激荡的情愫和气概，梁思成、林徽因的女儿梁再冰几十年后都记忆犹新："那时，父亲的许多老朋友们也来到了长沙，他们大多是清华和北大的教授，准备到昆明去筹办西南联大。我的三叔梁思永一家也来了。大家常到我们家来讨论战局和国内外形势，晚间就在一起同声高唱许多救亡歌曲。'歌咏队'中男女老少都有，父亲总是'乐队指挥'。我们总是从'起来，不愿做奴隶的人们'这首歌唱起，一直唱到'向前走，别后退，生死已到最后关头'！那高昂的歌声和那位指挥的严格要求的精神，至今仍像一簇不会熄灭的火焰，燃烧在我心中。"

既然战火已燃遍大江南北，国民党军损兵失地，节节败退，长沙自然不是世外桃源。上海沦陷后，日军一面围攻南京，一面派飞机沿长江一线对西部城市展开远程轰炸，长沙即在被攻击范围之内。不久，梁思成一家即遭到了敌机炸弹的猛烈袭击，灾难来临。

这是11月下旬的一个下午，大批日机突袭长沙。由于事先没有警报，梁思成以为是中国的飞机为保护人民大众和流亡的知识分子突然到来，于是怀着感动跑到阳台，手搭凉棚对空观看。刹那间，只见几个"亮晶晶的家伙"从飞机的肚子里喷射而出，"嗖、嗖"地向自己的住处飞来，梁思成的头"嗡——"地一震，"炸弹"二字尚未喊出，一枚"亮晶晶的家伙"就飞到眼前落地爆炸。随着一团火球腾空而起，梁思成本能地折回房中抱起了8岁的女儿梁再冰。屋中的妻子林徽因眼望窗外的火光惊愕片刻，顺势抱起了5岁的儿子梁从诫，并搀扶着一直跟随自己居住的母亲向楼下奔去。就在这一瞬间，炸弹引爆后的巨大冲击波将门窗"轰"地一声震垮，木棍与玻璃碎片四处飞起。当一家人连拉带拽、跌跌撞撞地奔到楼梯拐角时，又有几枚炸弹落到了院内，"轰隆——"的爆炸声中，院墙上的砖头、石块随着腾起的火焰向外迸飞，林徽因抱着儿子当场被震下楼梯滚落到院中，整个楼房开始轧轧乱响，门窗、格扇屋顶、天花板等木制装饰物瞬间坍塌，劈头盖脸地砸向梁思成和怀中的女儿……等梁氏一家冲出房门，来到火焰升腾、黑烟滚滚的大街时，日机再次实施俯冲，炸弹第三轮呼啸而来，极度惊恐疲惫的梁思成和林徽因同时感到"一家人可能在劫难逃"了，遂相互搂在一起，把眼一闭，等着死神的召唤。出乎意料的是，落在眼前的那个"亮晶晶的家伙"在地下打了几个滚儿后不再吭声——原来是颗哑弹，梁氏一家侥幸死里逃生。

当晚，梁家几口已无家可归，梁思成那"合唱队指挥"的职位自然也随之消散。面对如此凄惨的景况，清华大学教授张奚若把自己租来的两间屋子让出一间给梁家居住，张家五口则挤在另一个小房间里苦熬。第二天，梁思成找了几个人，把家中的日用物品慢慢从泥土瓦砾中挖掘出来。据梁从诚说，当梁思成回到被炸塌的房前时，发现在一块残垣断壁上，有一个人形的清晰血印。据目击者称，此人被炸弹的冲击波平地抛起后，活生生地掼在墙上，留下了这个鲜明的血色印记，墙上的人自然成为一块模糊的肉饼。

这次轰炸，使梁思成、林徽因夫妇感到长沙如此动荡不安、拥挤不堪，每天面临着不是家破就是人亡的威胁，很难做成什么事情，遂萌生了离开长沙前往昆明的念头。按他们的设想，远在中国大西南的昆明，离战争硝烟或许还有一段距离，既可以暂时避难，又可以静下来做点学问，是个一举两得的处所，于是决心奔赴昆明。临行前，林徽因在给好友费慰梅的信中，对自己的心境做了如此披露："我们已经决定离开此处到云南去……我们的国家还没有组织到可使我们对战争能够有所效力的程度，以致至今我们还只是'战争累赘'而已。既然如此，何不腾出地方，到更远的角落里去呢？有朝一日连那地方（按：指昆明）也会被轰炸的，但眼下也没有更好的地方可去了……除了那些已经在这儿的人以外，每一个我们认识的人和他们的家人，各自星散，不知流落何方。"

12月8日，在一个阴风阵阵、星光惨淡的黎明，梁思成一家五口搭乘一辆超载的大巴车向苍茫的西南边陲重镇——昆明奔去。

此时，战场的局势进一步恶化，前线传来的消息已到了令每一个中国人都顿足捶胸、揪心裂肺的程度了。

12月5日，日军开始围攻南京，中国10万守军在司令官唐生智的总指挥下拼死抵抗，伤亡惨重但未能阻止日军的凌厉攻势。10日，日军以精锐部队进攻雨花台、光华门、通济门、紫金山等战略要地，切断中国军队的后路，南京守军10万将士在血战后不支。危急时刻，蒋介石命令著名战将顾祝同向唐生智传达弃城突围，全军沿津浦路北撤的命令。由于日军早已切断了后路，只有六十六军、八十三军少数部队突围成功，多数将士被困于城郊未能及时渡江而遭日军阻截枪杀。

12月13日，日军攻占了中国的首都南京，这座散发着浓重的脂粉与墨香气味的六朝古都，顿时淹没在鲜血、呻吟与绝望的哀嚎之中。放下武器的国民党军官兵被集体屠杀，30万手无寸铁的无辜市民遭到杀戮，日军像出笼的野兽一样在大街小巷疯狂强暴无助的妇女。连续40余日的屠城，横七竖八的尸骨满目皆是，扬子江成为一条流动的血河，整个南京笼罩在人间地狱的阴霾恐怖之中。消息传出，举世震惊。大海那边的日本国民按捺不住心中的狂喜，纷纷叫喊着涌上东京街头，施放焰火，提灯游行，欢呼着"战争就要结束，中国已被无往不胜的大日本皇军全面征服"等口号。整个日本四岛大街小巷灯火闪耀，人潮涌动，许多人拥抱在一起，喜极而泣。此时，全世界每一个关注中国命运的人，都感受到了1937年隆冬那来自远东地区强烈的震撼与滴血的呼喊。

日军攻陷南京新华门

紧接着，杭州、济南等重

量级省会城市于 12 月下旬相继陷落。

由于平汉铁路沿线的保定、石家庄、新乡等军事重镇相继失守，长江沿岸的上海、南京、芜湖等地区陷落，骄狂的日军开始集结精锐部队，沿长江一线大规模向西南方向推进，地处两条干线交汇处的军事要道武汉三镇，立即成为中日双方瞩目的焦点和即将进行生死一搏的主战场。

12 月 14 日，蒋介石由江西抵达武昌，紧急布置军事防务。国民政府最高统帅部加紧了武汉大会战的策划和兵力集结。与此同时，日本内阁与大本营召开联席会议，提出对华四项新的和谈条件：中国放弃抗战；承认满洲国；设立非武装区；对日赔款。

12 月 29 日，蒋介石顶着汪伪投降派与一切悲观主义分子的强大压力，下定破釜沉舟之决心，与国民党元老、监察院长于佑任谈话，再次以强硬的姿态重申日本所提出的四项和谈条件是"等于灭亡与征服，我国自无考虑余地，并应坚决表明，与其屈服而亡，不如战败而亡"。这是 1937 年蒋介石在中国抗战最为艰难的时刻最后一次重要谈话，他再次以哀兵必胜之情表达了宁为玉碎，不为瓦全，鱼死网破，誓与日寇决一死战的信念。

大战在即，而长沙与武汉只有 300 公里之距，一旦武汉失守，长沙恐难独撑。面对危局，无论是刚组建不久的临时大学，还是中央研究院在长沙的几个研究所，又一次面临迁徙流亡的历史性抉择。

千里奔徙到昆明

1937 年 12 月，根据国民政府的指令，设在长沙的临时大学撤往昆明，另行组建国立西南联合大学。

几乎与此同时，中研院总办事处于重庆发出指示，电令在长沙的史语所与社会学所、天文所等几个研究所设法向昆明转移。据《史语所大事记》本年度十二月条载："议迁昆明，图书标本迁昆明者三百六十五箱，运重庆者三百箱，运桂林者三十四箱，待运汉口者两箱，等运香港者五十二箱，其余六十多箱封存于长沙。"

1938年春，中央研究院在长沙各研究所陆续向昆明进发。史语所人员押送300余箱器物，先乘船至桂林，经越南海防转道抵达昆明，暂租赁云南大学隔壁青云街靛花巷三号一处楼房住居。此时梁思成一家已先期抵达昆明，并在翠湖边一个大宅院里落脚，史语所同人与梁家在这个陌生的边城再度相会了。

梁家自离开长沙后，乘长途汽车向遥远的昆明奔去。多少年后，梁从诫曾这样回忆路途的艰辛："汽车晓行夜宿，几天以后，在一个阴雨的傍晚，到达一处破败的小城——湘黔交界处的晃县。泥泞的公路两侧，错落着几排板房铺面，星星地闪出昏暗的烛火。为了投宿，父母抱着我们姐弟，搀着外婆，沿街探问旅店。妈妈不停地咳嗽，走不了几步，就把我放在地上喘息。但是我们走完了几条街巷，也没能找到一个床位。原来前面公路坍方，这里已滞留了几班旅客，到处住满了人。妈妈打起了寒战，闯进一个茶馆，再也走不动了。她两颊绯红，额头烧得烫人。但是茶铺老板连打个地铺都不让。全家人围着母亲，不知怎么办才好。"（《不重合的圈》）后来，多亏遇上了一群空军飞行学院的学员，才在他们的住处挤了个房间住了下来。此时的林徽因患急性肺炎已发烧四十度，一进门就昏迷不醒，多亏同车一位曾留学日本的女医生给开了几味中药治疗，两个星期后才见好转。

经历了六个星期的颠簸动荡，梁氏一家翻山越岭，历尽艰难困苦，终于在1938年1月到达昆明。几个月后，史语所的人员接踵而至。无论是梁思成一家还是中研院史语所人员，经历了千山万水的艰苦跋涉

林徽因（中）与女儿、儿子在昆明郊区

后，终于可以在这风景如画、气候温暖的城市里喘一口气了。

待这口气喘过之后，很快又面临着沉重的生活压力。地处西南边陲，多崇山峻岭，在国人眼中并不突出的云南，由于战争爆发和国民党军大规模溃退，此地的战略地位越来越显得重要起来，省会昆明不仅成为支撑国民政府持续抗战的大后方，同时也成了沦陷区各色人等的避难场所。原在上海的几百家工厂企业，上海同济大学等教育科研机关，纷至沓来，北平的一些机构如北平研究院等也相继辗转而来。同当初的长沙一样，一向以安然静谧闻名于世的昆明，因蜂拥而至的滚滚人潮而骤然拥挤、嘈杂、混乱起来。城中的大街小巷，随处可见拖家带口、风尘仆仆的外地来客在匆匆穿行，寻觅着一处安身立命之所。

大批流亡者突然涌进，导致交通不便的昆明货物短缺、物价飞涨。毫无经济来源的梁思成、林徽因为了生存，只好拿出他们作为建筑师的特殊技能外出"打工"，为那些"卑鄙的富人奸商"（林徽因语）和发了国难财的暴发户设计房子，如林徽因在信中向费慰梅抱怨的那样："雇主是一批可憎的家伙，而且报酬很不稳定。"但为了解决"吃饭"这一首要问题，梁氏夫妇只好默默忍受，苦苦支撑。即便如此，令人尴尬甚至愤怒的生活也未长久，生存的重压使梁思成患了严重的脊椎关节炎和肌肉痉挛症，痛得昼夜不能入睡，经医生诊断是由扁桃体脓毒引起，决定切除扁桃体。昆明医疗条件有限，待手术做完，又引起牙周炎，索性再把满口牙齿拔掉。当两大"障碍物"被铲除之后，梁氏的身体仍不见好转，关节与肌肉的疼痛使他不能在床上平卧，只有日夜躺在一张帆布椅上苦度时日，大约半年之后，在各种正方偏方、中医西医或者中西医结合的理疗下才开始出现转机。当梁思成身体痊愈、离开帆布椅重新站立起来时，中国营造学社也随他一道在西南边陲这块散发着温热的红土地上，奇迹般摇摇晃晃地站了起来。

梁思成一家抵达昆明不久，刘致平、莫宗江、陈明达等中国营造学社的几位同事得到消息，也从不同的地方先后赶了过来。尽管前线依然炮声隆隆、战火不绝，但此时的梁思成感到有必要把已解体的中国营造学社重新组织起来，对西南地区的古建筑进行一次大规模的调查，唯如此，方不辜负自己与同事的青春年华，以及老社长朱启钤的临别嘱托。他开始给营造学社的原资助机构——中华教育文化基金董事会发函，说明大致情况并询问如果在昆明恢复学社的工作，对方是否乐意继续给予资助。中基会很快给予答复：只要梁思成与刘敦桢在一起工作，就承认是中国营造学社并给予资助。梁思成迅速写信与在湖南新

旅行团队伍抵达昆明后绕行近日楼，经过正义路、华山路，向圆通公园欢迎会场行进。

宁老家的刘敦桢取得联系，并得到了对方乐意来昆明共事的许诺。于是，中国营造学社的牌子又在迷蒙的西南边陲挂了起来。

就在中研院史语所等学术机构向昆明撤退的同时，长沙临时大学也开始了撤退行动，师生们分成三路赶赴昆明。第一批从广州、香港坐海船由越南海防到昆明；第二批沿长沙经贵阳至昆明的公路徒步行军；第三批从长沙出发后，经桂林、柳州、南宁，取道镇南关（今友谊关）进入越南，由河内转乘滇越铁路火车，奔赴昆明。

史语所人员抵达昆明半个月后，西南联大步行队的闻一多、曾昭抡等教授率领近300名师生，徒步跋涉3500多里，日夜兼程68天，带着满身风尘和疲惫，从长沙、贵阳赶到了昆明。进城之日，大队人马正好经过史语所临时租赁的拓东路宿舍门前。史语所语言组主任赵元任率领同人在路边设棚奉茶迎接，队伍的前锋一到，众人立即端茶送水递毛巾。欢迎的人群还为这支历尽风霜磨难的队伍献歌一首，这是著名语言学家兼音乐家赵元任特地为师生们连夜制作而成，词曰：

> 遥遥长路，到联合大学。遥遥长路，徒步。遥遥长路，到联合大学，不怕危险和辛苦。
>
> 再见岳麓山下，再会贵阳城。遥遥长路走罢三千余里，今天到了昆明。

张伯苓、梅贻琦、蒋梦麟

歌声响起，如江河翻腾、大海惊涛，慷慨悲壮的旋律向行进中的每一位师生传递着国家的艰难与抗战必胜的信念，许多师生与在场的观众被感动得热泪盈眶。

1938 年 4 月 2 日，长沙临时大学师生全部完成了由湘至滇的千里奔徙，在昆明正式组建了足以标榜青史、永垂后世的西南联合大学。国民政府任命蒋梦麟、梅贻琦、张伯苓三人为西南联大常委，共同主持校务。为了重振师生的精神，坚持文化抗战的决心，表达中华民族不屈的意志，西南联大成立了专门委员会，向全体联大师生征集警言、歌词，制定新的校训、校歌。从众多来稿中，专门委员会经过反复筛选和讨论，最后以"刚毅坚卓"四字作为联大校训。同时选定由联大文学院院长冯友兰用

西南联大校训

《满江红》词牌填词、清华出身的教师张清常谱曲的词曲作为校歌，歌词为：

万里长征，辞却了、五朝宫阙。暂驻足，衡山湘水，又成离别。
绝徼移栽桢干质，九州遍洒黎元血。尽笳吹、弦诵在山城，情弥切。

千秋耻，终当雪。中兴业，需人杰。便一成三户，壮怀难折。多难殷忧新国运，动心忍性希前哲。待驱除仇寇、复神京，还燕碣。

这是一曲 20 世纪中国大学校歌的绝唱，它凝聚了中国文人学者、莘莘学子在民族危难时刻最悲壮的呼喊，浓缩了联大师生在国危家难之际所具有的高尚情感和坚强意志。从此，西南联大的歌声开始响起，激昂的旋律震动校园内外，感染着师生，激励着不同职业的中华儿女奋发自强。

西南联大组建后，张奚若、金岳霖、钱端升、周培源等原与梁家关系密切的联大教授，又得以与梁思成、林徽因夫妇相聚，于战争的苦难中，流浪的知识分子在阳光明媚、风景宜人、鲜花遍地的边城，又找回了往日的温馨与梦中的记忆。联大常委梅贻琦在几次登门看望了梁思成这位清华的老学生后，专门邀请梁氏夫妇为联大设计校舍，两人欣然受命。据说，梁、林夫妇花了半个月时间，拿出了第一套设计方案，一个中国一流的现代化大学校舍跃然纸上。然而这一方案很快被否定，原因很简单，西南联大的经费对此无能为力。

自 1938 年起，随着战事不断扩大和无限期的延长，国民政府教育部拟定了一个《平津沪战区专科以上学校整理方案》，此方案规定新组建的西南联大经费拨款按"北大、清华两校预算及南开原有补助四成移拨"。即便如此，经费也难以如数到位，教职员工的薪水都无法按时发出，要建高楼大厦就无疑为痴人说梦了。

此后一个月，梁、林夫妇把设计方案改了一稿又一稿，高楼变成了矮楼，矮楼变成了平房，砖墙变成了土墙。几乎每改一稿，林徽因都要落一次泪。当交出最后一稿设

西南联大校徽

西南联大校门

计方案时，联大建设长黄钰生很无奈地告诉他们："经校委会研究，除了图书馆的屋顶可以使用青瓦，部分教室和校长办公室可以使用铁皮屋顶之外，其他建筑一律覆盖茅草……希望梁思成再做一次调整。"梁思成听罢，感到忍无可忍，径直冲进梅贻琦的办公室，把设计图纸狠狠地拍在桌子上，大声嚷道："改，改，改！从高楼到矮楼，又到茅房，还要怎么改？"

梅贻琦望着这位平日总是心平气和的老学生一反常态地恼怒起来，知道是冲着政府削减经费过猛过狠又拖欠的做法而来，遂叹了口气，起身像对待耍小脾气的小孩子般和颜悦色地说："思成呵，大家都在共赴国难，以你的大度，请再最后谅解我们一次。等抗战胜利回到北平，我一定请你为清华园建几栋世界一流的建筑物，算是对今天的补偿，行吗？"梁思成望着梅贻琦温和中透出的坚毅目光，热泪悄然从眼角滑了下来。

新校舍很快按梁、林的设计图纸在一片荒山野地里建起来了，其景观是：所有校舍均为平房，除图书馆和东西两食堂是瓦屋外，只有教室的屋顶用白铁皮覆盖，学生宿舍、各类办公室全部都是茅草盖顶。教职员工原则上均在昆明城内自行觅房屋租住，只有几位校领导因职务关系住校，但所住房屋与学生宿舍相差无几。几年后，梅贻琦曾在日记中描述了自己住居条件的尴尬："屋中瓦顶未加承尘（设备），数日来，灰沙、杂屑、干草、乱叶，每次风起，便由瓦缝千百细隙簌簌落下，桌椅床盆无论拂拭若

西南联大校舍男生宿舍区

干次，一回首间，便又满布一层，汤里饭里随吃随落。每顿饭时，咽下灰土不知多少。"

住瓦屋的梅贻琦吃尽了云南的灰土，而平时在铁皮屋教室教课与上课的师生，同样深为苦恼。教室内除了黑板、讲桌、课椅（右边扶手上有木板，便于记笔记），别无他物。在多雨的云南，除了潮湿与闷热使北方来的师生难以忍受，一旦遇到刮风下雨，铁皮就开始在屋顶发疯似的抖动摇晃起来，并伴有稀里咣当、丁丁东东的声响。其声之大、之刺耳，早已压过了面呈菜色的教授的讲课声，真可谓苦不堪言。有苦中求乐者把明末东林党人"风声、雨声、读书声，声声入耳；家事、国事、天下事，事事关心"的对联抄录在校园贴出，借以激励联大同人在新的艰苦环境中，"刚毅坚卓"地迈出前进的步伐。

跑警报的日子

住居在茅屋中上课的联大学生，平静的书桌未安放多久，凶悍的日军飞机又带着一肚子"亮晶晶的家伙"主动找上门来了。

自1938年7月中旬始，日本作战大本营指挥25万日军沿长江两岸和大别山麓向西南地区围攻而来，国民政府迅速调集百万大军，以武汉为中心，在大别山、鄱阳湖和长江沿岸组织武汉保卫战。

8月21日，蒋介石接见英国《每日捷报》驻华人员金生并发表谈话，谓："扬子江阵线之一，不久即将展开激战，此战将为大决战。"

10月下旬，日军迫近武汉三镇，中国军队与日军展开了空前的大血战，这是抗日战争初期最大规模的一次战役。交战双方伤亡异常惨重，日军伤亡人数达到了10万以上，国民党军伤亡40万之众。武汉保卫战不仅有效地阻止了日军进攻西南大后方的脚步，更重要的是为由上海、南京等地迁往武汉的大约3000多家兵工企业、民用制造业和大批战略物资转移到四川、广西、云南等地赢得了时间与空间。

10月25日，国民党百万大军全线撤退，武汉沦陷。

就在武汉会战尚未结束之时，日本军部已将注意力转移到切断和封锁

日军零式战斗机飞临昆明上空

中国国际通道的战略与外交行动之中。日军大本营首先派遣海军航空队轰炸昆明至越南、缅甸的滇越铁路和滇缅公路，同时出兵侵占广东和海南岛，切断了香港和中国内地的联系，进攻广西切断了镇南关和法属印度支那越南的联系。

1938年9月28日，日军以堵截和破坏滇越铁路和滇缅公路为终极战略意义的昆明大轰炸开始了。由九架日机组成的航空队从南海一线突然飞临昆明上空，首次展开对昆明的轰炸。昆明市民和无数难民大多没经历过如此阵势，见敌机轰响着一字排开向这座边城压来，一时不知所措，许多人好奇地停住脚步抬头观望。

无情的炸弹冰雹一样从天空倾泻而下，观看的民众立时血肉横飞，人头在空中如飘舞的风筝，四处翻腾，满地乱滚。时在昆明西门外潘家湾昆华师范学校附近聚集了大批外乡难民和好奇的市民，几枚炸弹落下，当场炸死190人，重伤173人，轻伤60余人。

此时，西南联大师生和中央研究院等学术机构人员，因在长沙时已有了跑警报的经验，一看敌机来临，立即向附近的防空洞或野外狂奔。中研院史语所驻地靛花巷，离昆明城北门只有几十米的路程，出北门即是乡下的旷野，学者们听到警报响起，扔下手中的工作窜出室外纷纷向北门外狂奔。昆明市民政局一位参与赈济救灾的科员孔庆荣目睹了当时的悲惨场面，许多年后，他在一篇回忆中说："炸弹落地爆炸，硝烟弥漫，破片横飞，死者尸横遍野，幸存者呼天嚎地，惨叫之声不息……最惨者为一年轻妇女领一岁多的小孩，妇女的头被炸掉，尸体向下，血流不止，而孩子被震死于娘的身旁。除此，其他破头断足、血肉狼藉。"其凄惨之状不忍追忆。

遭到日本飞机轰炸后的西南联大

　　初试锋芒，日军感到兵不血刃就取得了如此辉煌的战果，于是放开胆子继续更大规模地对昆明实施狂轰滥炸。许多人都亲眼目睹了这样的景象：只见飞机在空中从容变换队形，一架接着一架俯冲投弹，整个城市浓烟四起、烈焰升腾，尔后才是炸弹的呼啸和爆炸声，有时甚至可以清楚地看到一枚枚炸弹如何从飞机肚子里钻出来，带着"嗖嗖"声向城市飞去。

　　因有了"九·二八"惨剧这一血的教训，"跑警报"成了昆明城不分男女老少、贫富贵贱共同的一种生活方式。在黑市上倒卖的本地酒，也开始与时俱进地挂名"警报牌"，以此招揽生意。由于敌机经常前来轰炸，几乎每天都要跑警报。时在西南联大就读的汪曾祺后来在撰写的回忆文章《跑警报》中，做了这样的描述："我刚到昆明的头二年，一九三九、一九四〇年，三天两头有警报。有时每天都有，甚至一天有两次。昆明那时几乎说不上有空防力量，日本飞机想来就来。""西南联大有一位历史系的教授，——听说是雷海宗先生，他开的一门课因为讲授多年，已经背得很熟，上课前无需准备。下课了，讲到哪里算哪里，他自己也不记得。每回上课，都要先问学生：'我上次讲到哪里了？'然后就滔滔不绝地接着讲下去。班上有个女同学，笔记记得最详细，一句不落。雷先生有一次问她：'我上一课最后

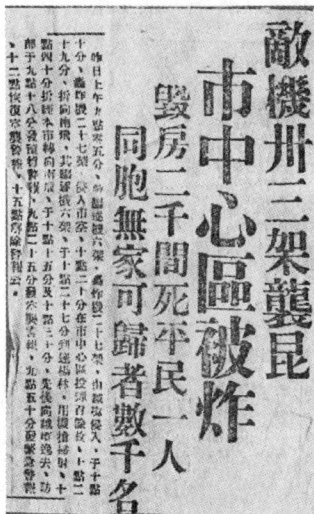

日本飞机轰炸昆明之历史的见证

说的是什么？'这位女同学打开笔记来，看了看，说：'您上次最后说："现在已经有空袭警报，我们下课。"'"

频繁的警报搞得人心惶惶、鸡犬不宁，无论是学者还是学校师生，大好时光白白流逝。鉴于这种痛苦不安的情形，云南省政府开始通知驻昆明的学校及科研院所尽量疏散至乡下，以便减少损伤，同时也可腾出时间工作。西南联大人员众多，要选个合适的地方不容易，一时不能搬动，但有些教授还是自愿住到了乡下比较偏僻的地方。中央研究院史语所为保存明清档案及书籍不受损毁，决定立即搬家，搬到一个既安静又不用跑警报的地方去。此前，石璋如到过城外十几里地的黑龙潭旁一个叫龙泉镇的龙头村做过民间工艺调查，并结识了龙泉镇棕皮营村村长赵崇义。棕皮营有个响应寺，石认为此处条件不错，便引领李济、梁思永等人前去观察。待看过之后，经赵崇义与镇长商量并得到许可，史语所决定迁往此地。正在这个节骨眼上，傅斯年来到了昆明。

死神过往中的短暂沉寂

淞沪抗战爆发后，傅斯年托史语所一位陈姓职员护送自己的老母前往安徽，暂住陈家，继而让妻子俞大綵携幼子傅仁轨投奔江西庐山牯岭岳父家避难，自己只身一人留在危机四伏的南京城，具体组织、指挥中央研究院总办事处和各所内迁重庆、长沙等地的事务。

自 1928 年 6 月中央研究院成立后，陆续按学科分科增设各研究所，到 1937 年抗战爆发前，已设立物理、化学、工程、地质、天文、气象、历史语言、心理、社会科学及动植物十个研究所。理、化、工三个研究所设在上海，其余各所均设于南京，并在南京成贤街旧法制局内设立总办事处（北极阁新址落成后，办事处迁往新址办公），主持办理全院行政事务。

当史语所等机构迁往长沙后，傅斯年在总办事处度过了最后的留守岁月，于南京沦陷的前夜，奉命撤离，同年冬到达江西牯岭，见到爱妻和幼子，随即携妻带子乘船经汉口抵达重庆中央研究院总办事处。1938 年初夏，蔡元培终于同意朱家骅辞去总干事职，本想请傅斯年继任，但傅坚辞，

1938 年，梁思成一家在昆明西山华亭寺与清华好友合影。左起：周培源、梁思成、陈岱孙、林徽因、梁再冰、金岳霖、吴有训、梁从诫。

说对昆明的弟兄放心不下，急于到昆明主持史语所工作，蔡只好请中央研究院化学研究所所长、原"科学社"的创办人、著名科学家任鸿隽（字叔永）任总干事。

傅与任交接了总办事处的工作后，携妻带子来到了昆明，与史语所同人相会于昆明静花巷三号一楼，继之迁往龙泉镇龙头村。此时，梁思成主持的中国营造学社虽已恢复，但要开展工作，就需要有辅助这一工作可供查阅的图书资料，否则所谓工作将无从谈起。

在南迁的北大、清华、南开三校中，唯清华在卢沟桥事变之前和之后抢运出了部分图书及设备仪器。自长沙撤退之后，清华通过本校名教授顾毓琇的关系，将图书大部运往重庆，存放于顾教授之弟顾毓泉为负责人的经济部下属某所，携带昆明者只很少的一部分。想不到 1938 年 6 月 26 日，顾毓泉从重庆急电昆明的梅贻琦，告之曰：

> 昨日敌机狂炸北碚，烧炸之惨前所未有，敝所全部被焚毁，抢救无效。贵校存书全成灰烬，函详。

此前南开大学的图书馆在津门被日机炸为灰烬，北大图书没有抢出，如今，抢运出来的清华图书大部又成灰烬，陆续迁往昆明的三校几乎无图书可资参考。只有中研院史语所来昆明后，为方便研究工作，傅斯年设法将先期疏散到重庆的13万册中外善本书寄运昆明靛花巷三号驻地，随即又将靛花巷对面竹安巷内的一座四合院租下作为图书馆，算是为迁来的三校和其他学术机构研究人员的借读缓解了燃眉之急。正处于孤助无援的梁思成，顺便与史语所协商，借用其从长沙和重庆运来的图书资料及部分技术工具，以便开展业务工作，傅斯年慷慨应允，表示支持。此后，中国营造学社与史语所这两个本不搭界的独立学术团体，就形成了老大与老二、国有与民营、依附与被依附、难分难离的"捆绑式"格局。

既然营造学社与史语所已成了老大与老二的依附关系，也只好跟着搬入乡下，在史语所旁边的麦地村落脚，并寻租了一处尼姑庵做工作室。

1939年1月20日，傅斯年为爱子仁轨画了一张旅程图，题记曰："小宝第二个生日，是在牯岭外公外婆家过的。爸爸在南京看空袭。生下三年，走了一万多里路了！"言词中透着钻心的悲怆与凄凉。

就在史语所迁往龙头村不久，中央博物院筹备处也从重庆迁往昆明，并在离史语所不远的龙泉镇起凤庵暂住。据当时在筹备处工作的年轻研究人员赵青芳后来回忆："此处是一个只有几十户人家的小村子，村子背靠山坡。起凤庵内有个四合院，共十多间房屋，除尼姑占有少部分外，大部分都拿来做了办公室。当时的工作人员不足二十人。村子在夜深人静时常闻狼嗥，大狼小狼之声清晰可辨，一时间颇使人生畏。好在白天环境十分幽静，在办公室窗前可以看见松鼠在树上跳跃，给孤独、清贫的工作人员带来一点心灵慰藉。"

尽管生存环境差强人意，毕竟在敌机轰炸中又安下了一张书桌，众研究人员心情

昆明郊外的中国营造学社办公处（作者摄）

渐渐平静的同时，又在各自的专业领域忙碌起来。

已得到中基会赞助的梁思成率领中国营造学社工作人员，除在昆明城内外从事古建筑调查，还亲自带队赴四川西康一带做野外古迹考察，同时与史语所的李济、石璋如等人组织成立了一个"天工学社"，专门调查昆明的手工制造业。傅斯年在龙头村观音殿内，用新发现的内阁大库档案研究成果校点《明实录》。董作宾在自己的斗室里埋头研究甲骨文，撰写他那后来轰动世界的皇皇巨著《殷历谱》。梁思永则独自研究殷墟西北冈出土的铜器，每当需要画精确的铜器图饰时，便请营造学社的陈明达、莫宗江两位受过绘图训练的人员协助。据石璋如晚年回忆，陈、莫二人绘图功力深厚，既仔细又准确，二人往往白天跟随梁思成到城里城外调查，晚上回来为梁思永加班画图，里里外外一时忙得不亦乐乎。

当此之时，从英国伦敦大学学成归来的吴金鼎、王介忱夫妇，以及曾昭燏等人，先后加入了中央博物院筹备处队伍，并以博物院筹备处专门委员的身份，与史语所、中国营造学社人员共同组成了"苍洱古迹考察团"，由吴金鼎任团长，赴云南大理一带苍山洱海进行史前遗址调查，期间发现遗址

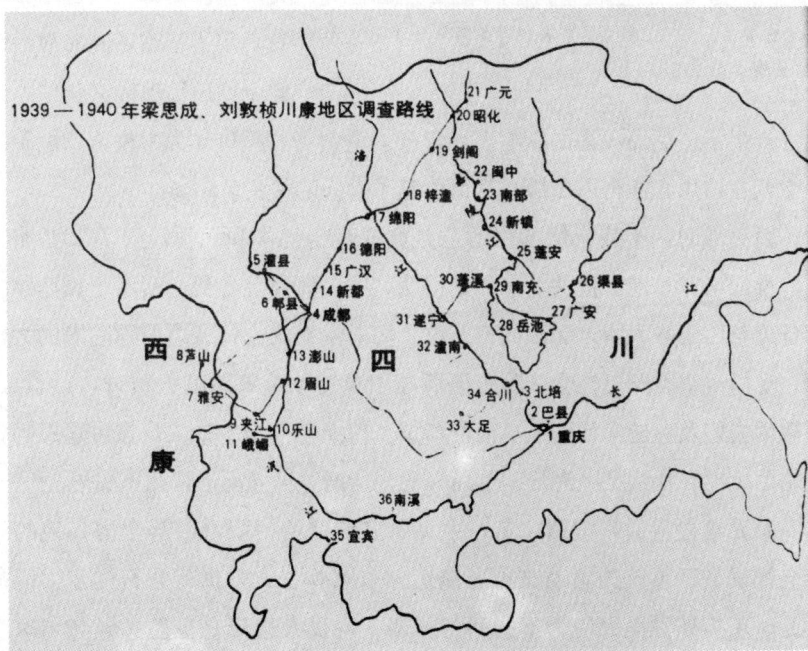

1939-1940年梁思成、刘敦桢川康调查线路图

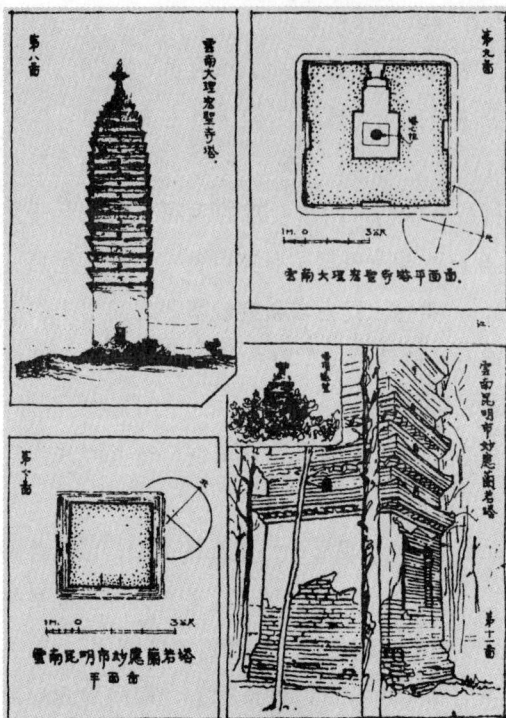

《营造学社汇刊》上刊登的刘敦桢对云南地区古塔调查时的手绘图

12 处，墓葬 10 余座。1939 年，吴金鼎、王介忱、曾昭燏等组成发掘队，开始对发现遗址进行发掘，先后发掘了马龙、清碧、佛顶甲、佛顶乙、中和、龙泉、白云等多处新石器时代遗址、古墓 17 座。经整理研究，认为这一地区的文化面貌与中原地区有很大差异，鉴于发掘遗址分布于苍山之麓和洱海之滨，故定名为"苍洱文化"。这一文化的发现和命名，开创了西南地区文化研究的先河，为中国西南部考古奠定了基础，同时对后来整个西南部地区文化体系的建立产生了广泛而深远的影响。1942 年，苍洱考古报告作为中央博物院筹备处专刊在四川李庄得以出版，从而引起了世人的关注。

身处战时，宁静无忧的生活总是显得过于奢侈和短暂，到了 1940 年 3 月，蔡元培在香港去世的消息传到昆明，中央研究院各研究所、中央博物院筹备处与西南联大同人无不同声悲泣。傅斯年在龙头村旁边的弥陀殿的大殿外，专门组织召开追悼会，除史语所与中央博物院筹备处人员外，梁思成、林徽因夫妇及营造学社同人也前往参加。傅斯年作为主持人，在讲述恩师蔡元培的生平，特别是上海沦陷前后一段经历时，泪如雨下，几不成语。

蔡元培去世后，按照规定，中央研究院院长一职由散落全国各地的评议会评议员于重庆选出翁文灏、胡适、朱家骅三人，供蒋介石圈定。因胡适此时正担任驻美大使，不能回国就职，院长人选只有在翁文灏与朱家骅之间选择。蒋介石对翁、朱二人皆不甚满意，故左右摇摆、举棋不定，直到蔡死后半年有余的 9 月 18 日，才最后下定决心弃翁而圈朱，不过蒋介石在圈定之后又加了个"代"字，朱家骅遂以中央研究院代理院长的名分被公示天下。

朱家骅本是合法选出的三位院长候补人之一，结果阴差阳错地以暂代之名充当天下儒林盟主，心中颇为不快，但事已至此，回天无术，只好屈就。

坐上中央研究院第一把交椅的朱家骅，鉴于傅斯年在中央研究院非同寻常的霸气和办事才干，根据"一朝天子一朝臣"的老规矩，上任之始便弃任鸿隽而请傅斯年出任总干事一职。傅斯年此时正身患高血压，并深受其累，不想戴这顶"闲曹"手下总干事的帽子，但因朱家骅真诚相邀，感念当年朱氏在中山大学时期对自己有知遇之恩，遂"为了朋友，欣然的答应下来"（朱家骅语）。不过傅斯年还是有言在先，认为自己既然已担任了史语所所长，不能再兼职，只是以暂时代理的身份出任总干事职。在代理之前，要先回昆明处理史语所的事务，然后回重庆就任。而这个时候，昆明的局势则又进一步恶化了。

自 1940 年 7 月起，为彻底切断中国仅存的一条国际通道，日本人利用欧洲战场上德国人胜利的有利时机，直接出兵强行占领了法属印度支那的越南，不仅切断了滇越铁路，而且由于距离缩短，使得飞机轰炸滇缅公路和终点站——昆明，更加频繁起来。到了 8 月底、9 月初，日机对昆明的轰炸更加猛烈，轰炸范围已扩大到昆明郊区，日军开始组织精锐部队向云南境内进犯，形势日趋危急。住在昆明郊外龙泉镇的史语所与中国营造学社同人，每天都在警报的鸣响中惶恐度日，其悲苦之状从林徽因给费慰梅的信中可以看到：

> 日本鬼子的轰炸或歼击机的扫射都像是一阵暴雨，你只能咬紧牙关挺过去，在头顶还是在远处都一样，有一种让人呕吐的感觉。
>
> 可怜的老金，每天早晨在城里有课，常常要在早上五点半从这个村子出发，而还没来得及上课，空袭就开始了，然后就得跟着一群人奔向另一个方向的另一座城门、另一座小山，直到下午五点半，再绕

许多路走回这个村子，一天没吃、没喝、没工作、没休息，什么都没有，这就是生活。

而梁、林的儿子梁从诫在童年的记忆里，曾留下了这样的画面：

> 有一次，日本飞机飞到了龙头村上空，低到几乎能擦到树梢，声音震耳欲聋。父亲把我们姐弟死死地按在地上不让动。我清楚地看见了敞式座舱里戴着风镜的鬼子飞行员，我很怕他会看见我，并对我们开枪，感受到了死亡的威胁。

这样的生活显然难以继续支撑下去，根据重庆国民政府的指示，西南联合大学、同济大学、中央研究院史语所、社会学所、中央博物院筹备处等驻昆明的学校和科研机构，全部向大后方转移，并指出最合适的地方是三峡以西的四川辖境。因蜀地既有千山万壑的阻隔，又有长江或岷江、金沙江、嘉陵江等支流和国民政府战时首都重庆相通，是一个可进可守的天然避难场所与积蓄力量待机反攻的后方战场。中国历史上许多王朝在大难临头之际都逃亡四川避难，天宝年间的安史之乱，在长安城陷之际，唐玄宗携带部分文臣武将出逃四川剑南，使李唐王朝在天崩地裂的摇晃震荡中最终又站了起来。鉴于这样的天然条件，驻昆明的机关、工厂及各教育单位与学术机构，纷纷派人入川考察，以尽快撤离昆明这个战火熊熊的城市。

当年10月，赴四川考察的西南联大人员已在泸州南部的叙永找到了落脚点，准备先在此地建一分校，以待将来形势演变再做全部搬迁的抉择。而史语所派出的副研究员芮逸夫，也在宜宾下游19公里处，找到了一个可供安置书桌的地点。回到昆明后，芮逸夫将赴川考察、洽谈情况向傅斯年做了详细汇报，傅与李济、梁思永、董作宾、李方桂等人交换了意见。最后决定：在没有更好的地方和去处的情况下，选择此处暂时落脚。于是，中央研究院在昆明的几个所，连同相关的中央博物院筹备处、中国营造学社等学术机构，与同济大学一道，又开始了一次大规模迁徙，目标是一个"在地图上找不到的地方"——四川南溪李庄。

第四章　雾中的印痕

滇川道上的流亡客

芮逸夫等人找到的李庄，是位于宜宾市下游 19 公里处长江南岸，下距南溪县城 24 公里一个不大的古镇。此处上扼金沙江、岷江、符江河口，下控僰溪（又名涪溪）与长江汇合点。镇区为一平坝，全坝东西长约 5 公里，南北宽 1 公里余。北临大江，隔江与雄奇壮美的桂轮山对峙，南倚天顶、铜钱诸山，自古为川南通往滇、黔两省的重要交通驿道。自西汉至南齐均属僰道县辖境。梁武帝大同六年（540 年）在李庄置南广县，并置六同郡。从大同十一年起，南广县属戎州所辖之六同郡，郡之所在地一直在李庄，延续到北周之末（580 年）。隋统一中国后，于开皇初（约 581—590 年）废六同郡，南广县直属戎州。至仁寿元年（601 年）为避太子杨广讳，南广县改名，因当时县城主要在今李庄镇北岸僰溪（今黄沙河河口段）之南，故易名为南溪县。此地作为戎州治所和南溪县治所所在，经唐末和五代时前蜀、后蜀至宋末，一直未再变动，其间历 400 余年。

长江边上的李庄古镇

北宋乾德年间（963—968年），不知因何变故，南溪县治由此地迁奋戎城（今南溪县城）。此后李庄不再作为县治所在，但经济交往一直保持强劲势头，未曾衰落。从明代起，李庄成为川南第一大场镇。明末，造反起事的农民军首领张献忠率部入川，开始大规模杀戮，未出几年便把四川人屠了个干净，天府之国遂成为一片尸骨遍地的荒野。清王朝建立并控制四川后，为重振川省的繁盛景象，自康熙王朝起，就开始有计划地诏令天下向川省移民，史称"湖广填四川"。在这股历康、雍、乾三世，持续时间长达半个多世纪的"移民填川"大潮中，作为长江上游第一古镇、川南重要的"米仓"和交通驿站——李庄，自然成为各路流民瞩目的焦点和争相占领的要地。随着人口猛增和清朝历史上著名的"康乾盛世"的来临，李庄出现了历史上最为鼎盛的经济繁荣期，与之相配套的会馆、佛寺、道观开始复修兴建，仅乾隆年间就先后修建了文武宫、桓侯宫、南华宫、文昌宫四座宫殿，以及佛光寺、万寿寺、玄坛庙、永寿寺、关圣殿、伏虎寺、常君阁、天宫庙八座规模庞大的庙宇阁楼。后陆续修建禹王宫（初称湖广会馆）、东岳庙、观音堂等建筑群。至咸丰朝末年，李庄镇内外已形成了九座宫殿十八座庙宇——号称九宫十八庙、外加两座教堂的辉煌建筑格局，其势力之盛、气派之大，威震川南，远播巴蜀，为一时所重。

南华宫：始建于清朝乾隆年间，光绪二十二年（1986年）重修，占地1500平方米。

除散落镇内外的宫殿庙宇外，李庄镇上游约 5 公里的长江边上，有一座状如犀牛的小山，山上有一株数百年的板栗树，故名板栗坳。自乾隆年间始，从湖北孝感地区迁往李庄板栗坳的一支张姓家族，便在此处落地生根，打造宅院，历经数辈人的辛勤积累，前后耗白银两万多两，用工不计其数，最终形成了由七处院落组成又相互联系贯通的栗峰山庄。山庄有一宽敞威严的大门，大门内共计 108 道中门与小门，暗合三十六天罡星、七十二地煞星之数。整个山庄按照地势起伏建有内、外两道砖石结构的高大厚实的围墙，以防兵匪盗贼的骚扰与抢劫。墙上修有防兵匪盗贼入侵的垛口，四角修有望楼与炮台，几十门威力巨大的火炮分列其上，看上去气势磅礴，蔚为壮观。近百人的家兵卫队日夜守护山庄，庄内安置打造枪炮的红炉作坊，专门制造枪炮。所造兵器除山庄兵丁自用，兼对外出售，发往全国各地，俨然一兵器制造局。与此同时，山庄内还设有铸造铜钱的模范器具，公开制造货币发放于全国。板栗坳张氏家族庄园以其雄伟的建筑、宏大的气派，如同一个独立王国，傲然耸立在川南的栗峰山上，俯视大江南北。

正是由于镇区内外有了九宫十八庙和板栗坳这样庞大规模的山庄可以租用，才使同济大学和中研院在昆明的几个研究所共一万余人，全部迁入住居成为可能。在得到李庄乡绅与国民党李庄镇支部书记罗南陔等人的积极赞成支持下，一场对中国文化具有深远影响的行动悄然开始了。

根据国民政府教育部和中央研究院总办事处的指示，中央博物院筹备处和中研院在昆明的历史语言研究所、人类体质研究所（筹）、社会科学研究所三个所，这也是中研院从事人文科研机构的全部力量，于 1940 年秋冬时节，分期分批迁往李庄。与此同时，同济大学也开始做全校大迁徙的准备，西南联大亦在四川叙永找到了地点，准备将当年招收的新生迁往该地上课。

此时史语所的傅斯年已先行回到重庆，赵元任赴美讲学，李济、董作宾、梁思永各有一摊子业务须亲自料理，史语所的搬迁事宜，由语言学组的研究员李方桂主持办理，石璋如作为总提调予以协助。在中研院十几个研究所中，史语所的物资之多是最著名的，甲骨、青铜器、陶器等出土器物，连同从各方陆续运来的共 20 多万册珍贵书籍，共有 600 余箱之巨。面对这份国宝级的庞大物资，李方桂从利国公司雇用了 20 多辆汽车，每三辆为一组，分批行动。按照计划，第一批走的车队需与第二批车队在第一个关口会合，第二批人看第一批人要办哪些手续。当第一批走后，第二批再带第三批，依次类推，直到最后一批过关。

当一切安排妥当，由三辆车组成的第一批车队于 10 月 2 日开始出发。由于中国营造学社与史语所的依附关系，梁思成、林徽因及学社的其他同人，尽管对迁往偏僻的李庄很不情愿，但要继续从事学术研究，就必须依靠史语所的图书，万般无奈中，只好随车前往。为此，梁思成在给好友费正清的信中表白道："这次迁移使我们非常沮丧。它意味着我们将要和已经有了十年以上交情的一群朋友分离。我们将要到一个除了中央研究院的研究所以外远离任何其他机关、远离任何大城市的一个全然陌生的地方。大学将留在昆明，老金、端升、奚若和别的人也将如此。不管我们逃到哪里，我们都将每月用好多天、每天用好多小时，打断日常的生活——工作、进餐和睡眠来跑警报。但是我想英国的情况还要糟得多。"

因搬迁准备工作的混乱、焦急、疲劳，梁思成在行前突发高烧，只得暂时留下休养。林徽因独自带着两个孩子和母亲，随史语所第一批车队专门为家眷空出的一辆有篷客车，于 10 月 2 日离开了昆明向四川李庄进发。据林徽因事后对费慰梅说，她们所乘的那辆特殊的客车里面装载了 30 多人，其年龄从 70 岁的老人一直到怀中的婴儿，各个年龄段的男女应有尽有。由于人多物杂，车厢拥挤不堪，每个人只好采取"骑马蹲裆式"，把两脚叉开坐在行李卷上，尽量缩小占有空间，随着车的颠簸动荡苦熬时日。

从昆明到李庄，需经滇黔公路入川，中途要翻越沟壑纵横、坡陡路险的乌蒙山脉，并需渡过著名的赤水等几十条水流湍急、险象环生的河流方能到达泸州。按照石璋如许多年后的回忆，从昆明到李庄，一路要过曲靖、宣威、黑石头、赫章、威宁、毕节、叙永、蓝田坝等地。除了其他几个地方的艰难险阻，在"黑石头、赫章、威宁一带的山区，其实都很危险，因为夜晚老虎会下山觅食，人都不敢出来。在黑石头、赫章，司机、副手会留在车内，锁上车门，不敢出来。到了威宁，地方稍微平坦一些，车子可以围在一块，司机还是留在车内，万一有老虎过来，司机可以打开车灯吓走老虎"。

当车队历尽艰险抵达泸州后，停在长江南岸的蓝田坝卸货，由史语所先遣人员潘悫、王文林负责接货，通过当地的转运站转送到大吨位轮船，再沿长江水道经南溪上行运往宜宾，最后从宜宾再返运到李庄码头上岸。根据傅斯年的指示，先遣人员潘悫、王文林等人与长江航线赫赫有名的民生公司联系，负责具体的转送航运事宜。

史语所由昆明派出的第一批车队行程并不顺利，一辆在易隆附近的山区翻车，一辆中途抛锚，只有趴在山野草莽中暂且与虎狼为伴，林徽因等人乘坐的眷属车也遇到了麻烦。据梁从诫回忆："到威宁县城，天已全黑，而车子在离城门几里处突然抛锚。人们既不能卸下行李捐进城，又怕行李留在车里被人抢劫，最后只好全车人留在卡车里过夜。而我又偏偏发起高烧，妈妈只好自己拖着一家人进城为我找医生。次晨听说，夜里狼群竟围着车厢嗥了半宿。"

包括载家眷的有篷车等三辆汽车，经过了近两个星期的风餐露宿，"一路受了颠沛之苦"（董作宾语），总算安全到达了泸州南岸的蓝田坝。在潘悫、王文林等先行人员与当地转运站的交涉下，人与物资一起转入民生公司轮船，沿江西行至宜宾，再转乘小型木船到达李庄。身在重庆的傅斯年得到消息，于 1940 年 10 月 15 日致电王子杰转呈四川省政府报告说："谢拨给南溪县李庄为迁徙所址，第一批人员物资已到达，余在途中。"

11 月 12 日，由史语所王崇武押队的第三批共 140 箱物资抵达宜宾，稍事停留后，分装几艘民生公司的小型驳船运往李庄。意想不到的是，刚驶出宜宾不远，其中一艘驳船不幸失重倾覆，船上运载的货物全部滚落于江水。众人一看大事不好，急忙上岸找人打捞抢救，宜宾专员冷寅东闻知，深感事关重大，当即下令所属水运局火速派遣潜水员下水打捞。在上下左右一番紧急抢救后，总算把落江的箱子全部打捞上来。万分遗憾的是，落水的偏偏不是出土的青铜器、陶器或甲骨，而恰恰是分装于各箱中的拓本善本书籍，尽管装箱时外部包了一层函套，但仍全部被江水浸透。

此事迅速报知了先期到达李庄的董作宾和在重庆的傅斯年，二人闻听

民生公司的货轮靠近码头后，货物由小型驳船接运的情形

大惊，董作宾向重庆的傅斯年发电商讨救治办法，傅斯年早已气急败坏，大骂王崇武成事不足、败事有余，竟眼睁睁地看着几十箱珍贵书籍翻落水中。骂过之后，一面派人和民生公司在重庆的总部联系索赔事宜，一面指示宜宾王崇武等人速把落水书箱搬到一个安全地方开启验示并设法救治。

此后，傅斯年电请董作宾由李庄赶往宜宾，亲自组织指挥对落水书籍的救治事宜，凡从江水中打捞出的箱子，全部集中到宜宾明德小学进行开箱、晾晒，并一一登记造册。于是，在重庆与宜宾之间，傅斯年与董作宾的信函你来我往，频频交换救治情况和向民生公司通报，以便处理善后事宜。

在宜宾方面，除了王崇武的一队人马外，又加派了后到的一组同人共同晾晒救治。大约到了1941年1月11日或12日，才算告一段落，所有人员乘船押运物资抵达李庄板栗坳，正如石璋如所说，这一下"等于晒了三个多月的经"。

除了王崇武的一队中途发生意外，在昆明最后一批押车启程的石璋如，途中也遇到了较大的麻烦。一辆汽车翻入赤水河桥下，所幸没有摔入水流滚滚的河心，车上的箱子大都散落在桥头，只有几个滚落于河边的浅水里。石璋如与同行的王志维等人憋着闷气到当地去找吊车求百姓帮忙拖吊，寒风呼号中，经过三天三夜的折腾，车子才被拖上来重新上路。来到泸州装船时，已是1941年1月9日。又经过了四天的装船押运，全船物资才算安全运往李庄板栗坳。至此，史语所全部人员、物资已抵达李庄，众人悬着的心才得以放下，并深深地嘘了一口长气。

1941年1月18日，傅斯年从重庆匆匆赶往李庄，主办分房事宜。

当傅氏前往李庄之时，同济大学师生也陆续翻越乌蒙山脉，渡过赤水河，溯江而来。当时人口只有 3000 的李庄古镇，突然要安置上万之众的"下江人"，尽管当地士绅和民众早有心理准备，但当一队队人群扛着箱子、背着背包、提着行李，潮水一样涌来时，还是感到震惊。在国难当头、民族危急之际，李庄士绅和民众敞开了博大胸怀，表示要克服一切困难，来者不拒，尽数接纳。

当初联系迁徙地点时，同济大学在先，且李庄乡绅发的电文也是"同大迁川，李庄欢迎，一切需要，地方供应"。中研院所属机构只是跟随而来，因而在李庄的院落房舍分配上，如同当地豪门大户分家，就形成了正房夫人与偏房二奶、三奶、四奶及小妾的主次关系。同济大学凭着所具有的开山鼻祖地位，自然拔得了头筹，凡李庄镇内最适合外来人员办公、学习场所，如"九宫十八庙"及"湖广填四川"的各种会馆、祠堂等，均被其所占。如南华宫成了同济理学院，紫云宫成了同大图书馆，曾家祠堂成了体育组驻地。镇内位置最正、规模最大、厅堂最好、院内房舍最为宽敞明亮的禹王宫，成了同济大学的校本部。在最具有代表性的建筑——东岳庙，当地士绅组织人力用滑轮和长杆起吊神像，让这些掌管着风调雨顺、五谷丰登的天神们暂时集中到一间黑屋子里。腾空的大殿、偏殿和各个大小不一的套院，支起了简易的课桌。同济大学规模最大的工学院在此敲响

李庄慧光寺（原禹王宫）大门。抗战中后期，同济大学校本部所在地。

玉佛寺，建于道光二十五年（1845 年）。抗战期间为同济大学医学院所在地。

了上课的钟声。镇内原小学校址——祖师殿，腾出后移交同济大学医学院，除平时上课，还作为学院解剖、实验场所使用。当地驻军十八师的一个团部住在东岳庙的偏殿内，经学校委婉劝说，也移迁他处，调给同大使用。同济师生在这座千年古镇找到了一片绿荫与栖息之地。

与同济大学相比，来李庄的中研院三个所和中国营造学社，则相对逊色了许多。史语所占据了离镇5公里张氏家族最庞大的住居地——板栗坳栗峰山庄。半年之后，当西南联大文学院教授罗常培来李庄时，对这座山庄的位置和形势做过如下描述：

> 历史语言研究所的所址在板栗坳，离李庄镇还有八里多……离开市镇，先穿行了一大段田埂，约有半点钟的光景，到了半山的一个地方叫木鱼石，已经汗流浃背，喘得上气不接下气。躲在一棵榕树荫下休息一会儿，等汗干了才继续登山。又拐了三个弯，已经看不见长江了，汗也把衬衫湿透了，还看不见一所像样的大房子。再往前走到了一个众峦逃拱的山洼里，才算找到板栗坳的张家大院。（《蜀道难》）

尽管板栗坳离镇中心远了点，且位居一座大山的山顶，要到那里需过田埂，穿树林，上山需爬500多级台阶。但这个当年曾经暗藏刀兵的大本营，毕竟像当年水泊梁山的水寨一样庞大，且自成一统，除有房舍存放大批

1942年梁思成在四川李庄拍摄的板栗坳民居

2004年，李庄镇摄影师王荣全拍摄的板栗坳同一地点。二者相隔62年，却风貌依旧。

物资外，还可安置研究人员和家眷住居，倒也不失为一处理想的避难之所。

傅斯年到来后，开始找人修整房舍并着手分配。因板栗坳交通相对困难，特别是要爬500多级台阶才能到达山峰顶部的山庄，来往异常辛苦，考古组的李济与梁思永两个重量级人物都不想上山，自己在李庄镇内租房住居。另一位重量级人物董作宾则不怕山高路艰，乐意上山与众人一起聚居。其余的人有的乐意上山，有些人不想顶风而上。但傅斯年有严格规定，凡是单身的研究人员与技工全部上山，并在山上成立伙食团，共同搭伙做饭，实实在在地过一段水泊梁山豪杰聚义的日子。板栗坳的住房按照等级制分配，职级较高的研究人员分配的房子相对明亮宽敞一些，职级低的自然要在小黑屋里蹲着。为便于管理，整个住房与办公场所基本以当地所命名的桂花坳、柴门口、田边上、牌坊头、戏楼院等大院落为主。

按照各机构的座次排列，中国营造学社作为一家被政府"弃之不顾"的民间学术机构和史语所的附庸，此次是被迫来到李庄，因其本身与中央研究院没有直接的隶属关系，面对安家置业这类事宜，傅斯年也无法顾及，只能在工作、生活方面给予一点道义上的照顾与支持。作为主持学社工作的梁思成因在离开昆明时突发高烧，直到一个月后才随史语所最后一批车队赶到李庄。此时，营造学社的另一位重要支柱刘敦桢和林徽因等人，已在李庄郊外约三里的上坝月亮田找到了一处农舍安居下来。这所农舍属于普通的川南民宅，原有几个当地农民住居，林徽因来后他们搬到别处，把院房全部让给了营造学社。其布局为前后两个较大的院落，院中各有平房几间，梁家与刘敦桢一家各占一部分，用于日常生活，其余的房屋作为营造学社的办公室用房。梁思成到来后，在本地找了几个木匠制

在李庄上坝月亮田的中国营造学社办公处，站立者为学社成员莫宗江。（梁思成摄）

作了几张桌子与条凳，算是办公用具，以备同人看书、绘图、写作之用。

中国营造学社总算安顿下来，条件虽苦，但毕竟有史语所的图书可参看，有过去野外考察的大批资料可供整理、编写，有一个相对安静的环境，学问可以慢慢做下去。相对这几家机构而言，陶孟和所领导的社会科学研究所就显得颇有些尴尬和狼狈了。

陶孟和是中国较早留学英国的海归派，当他在北大做教务长时，傅斯年正在北大国学门读书，算是傅的师辈人物。后来陶孟和辞别北大主持创办北平社会科学调查所。中央研究院成立后，陶氏率部由北平迁南京，成为中研院下属的一个所。1937 年抗战开始后，陶孟和带领社会科学研究所全体人员，自南京西迁，由湘至桂、滇，直到迁往四川南溪县李庄。

此前，既然陶孟和没能像同济大学或史语所那样派出人员前往李庄考察、谈判，当陶孟和一行来到李庄这块陌生的地盘后，瞻前顾后，思考再三，陶孟和不得不放下师辈的身份，向学生辈的一代霸主傅斯年乞求。1941 年 10 月 28 日，陶孟和致电傅斯年："张家大院之房，务请拨几间给社所暂用，顷社所已去十余人。"也就是说，直到社会科学所的人拖家带口，乘车在坡陡路险的乌蒙山区颠簸的时候，陶孟和都不知道这些人该在李庄的哪个地方落脚御寒。

尽管陶氏是傅斯年的师辈人物，但由于两人的性格以及处事方式大不相同，傅斯年以他"目空天下士"的傲气和颇有几分绿林色彩的霸气与豪气，并不把这个原北大教务长的师辈长者放在眼里。史语所在昆明时，与社科所相距并不远，但两所人员极少打交道，陶、傅二人更是很少来往。现在，李庄板栗坳作为一个独立王国式的庞大山庄是事实，但当地居民都在此住居，并没有太多的空房专等着中研院的人来填补空白，一个史语所加上北大文科研究所的职员与家属近百口人涌进，已显得相当拥挤，怎好再霸王硬上弓，强行塞进一个社科所。倘若社科所的所长不是陶孟和，而是陶的朋友胡适之，傅斯年就算拼了命也要在板栗坳为其找到一个安息之所的。遗憾的是陶孟和不是胡适之，傅斯年也不会为其拼命效力，庞大的板栗坳栗峰山庄之门，轰然一声无情地向陶孟和关闭了。

可怜的社会科学研究所，当大队人马全部抵达李庄后，李庄的士绅此前不知有个社会学所一同前来，故没有任何为其找院备房的准备，弄了个措手不及，陶孟和的大队人马竟一时不知自己将在何处栖身。此时已是寒冬季节，李庄的天气虽然没有北方那样冰冷，但长江的水汽弥漫天空，挡住了阳光照射，使人感到有一种阴森森的寒意。而这种气

门官田宿舍，社会科学研究所人员于1941年迁入。历史学家罗尔纲在这里最后修订完成了早年跟随胡适做"徒弟"时的自传体名著《师门五年记》。

候对刚由四季如春的昆明迁徙而来的人员更是难以适应。为此，许多社科所研究人员，特别是随所而行的老老少少的家眷，先后病倒，呈现出了一片穷困潦倒、无家可归的悲惨凄凉的景象。万般无奈中，陶孟和只得和李庄的罗南陔、张官周等士绅协商，把社科所的人员连同家眷化整为零，分散于有空房的户主家中暂住，先治病救人，恢复身体，等熬过严冬后，一切待来年春天再设法安置。直到1941年5月中旬，陶孟和等人总算在距李庄镇五里地的石崖湾与门官田（又称闷官田，以夏日酷热、不透风而闻名）两个地方找到了落脚点。尽管两处相隔四五里路程，生活、研究等极其不便，且门官田的办公室隔壁就是牛棚，中间仅有一道竹"墙"分离，整日牛喊驴鸣，臭气熏天，真可谓实实在在地入了牛马圈，但毕竟安下了一张平静的书桌，有了自己的栖身之处。在陶孟和的亲自指挥下，社科所人员分批迁入住居地和办公处。

　　至此，李庄的外来人员达到了11000人之众，这些"下江人"在抗战烽火中，随着他们就读和服务的学校与学术机构，在这块陌生的土地上生根发芽，开始了新的生命历程。

梅贻琦来到梁家

按照各自的工作计划，史语所在李庄板栗坳安营扎寨的第三组董作宾等研究人员，继续整理安阳殷墟出土的甲骨；李济整理带来的几十万块陶片；梁思永做侯家庄大墓出土资料的研究。后来增加的四组吴定良等人整理殷墟出土的人头骨（其时四组已成立人类学所筹备处，因而又以独立的名号对外宣称，但直到抗战结束也没能脱离史语所）；凌纯声、芮逸夫等则筹划着做少数民族风土人情的调查。一、二组的人员继续研究自己的业务，各项工作逐渐纳入正轨，栗峰山庄不时闪动着学者们忙碌的身影。

1941 年 6 月 27 日，西南联合大学常委梅贻琦、总务长郑天挺、中文系主任罗常培，自四川泸州码头乘船，溯江而上，朝万里长江第一古镇——李庄奔来。

梅氏一行自 5 月中旬陆续从昆明飞到战时陪都重庆，在处理了一堆繁杂公务后，向国民政府教育部汇报并商谈解决叙永分校回迁事宜。

自 1940 年始，日军飞机对昆明的轰炸愈演愈烈，处在硝烟炮火中的西南联大形势日渐严峻，总图书馆的书库和若干科学实验室，以及约三分之一的校舍被陆续炸毁。这一年的招生工作不得不推迟，7 月份统考完毕，一直拖到 10 月才发榜。

原史语所在板栗坳牌坊头的所在地，现已改为学校。

为应付日益恶化的战争局势，按照国民政府教育部的指示，西南联大校委会决定，在长江上游的僻偏小城——叙永成立联大分校，准备陆续搬迁，该年入学的新生全部迁往分校上课。于是，600 余名新生在负责分校工作的杨

李庄抗战史研究专家左照环（中）说："这就是李庄板栗坳牌坊头戏楼院，董作宾与助手屈万里、刘渊临等在此研究甲骨文。"（作者摄）

振声（分校校长）、郑华炽等教授的带领下，踏上了入川之路。经过艰难跋涉，终于在次年 1 月 6 日陆续到达叙永开始上课。此举虽比正常时间整整晚了四个月，但总算把书桌安了下来。

叙永小城坐落在川江以南，位于泸州的正南方，属于川、黔、滇三省结合部，素有"鸡鸣三省"之称。此处有永宁河通往长江，往南可入云贵高原，与西边的南溪李庄虽有一段距离，但同属于川南地区，两地在各方面多有联系，风土人情也几近相同。中研院史语所、同济大学等机构从昆明迁李庄时，叙永是必经之地。史语所的石璋如在押运物资从昆明迁往李庄的途中，曾在叙永附近翻车于河中，晚年他对叙永及西南联大分校的情况曾有片断回忆，他说："叙永算是一个关口，也不算小地方，不过查得没有蓝田坝厉害……当时很多搬迁的机构来到叙永附近，像西南联大就把招考的新生搬到叙永上课，结果有很多在昆明考上的学生，千里迢迢来到叙永上课，但是在叙永上课的地方很小，是借用一间小庙来用。我们在叙永的时候，联大正准备教室的布置，尚未正式上课。"

梅贻琦一行于 6 月 9 日由重庆到达叙永，因此处交通闭塞，地理位置偏僻，师生又窝在一座破旧荒凉的野庙中上课，条件简陋，生活极端困苦，女生宿舍设在帝王宫，食堂设在城隍庙，故师生皆愿迁回昆明校本部。鉴于前途未卜的情形，梅贻琦等三人返回泸州后，于6月19日分别致信昆明西南联大主持日常事务的常委蒋梦麟、教务长潘光旦等人，谓："详告叙永分校诸君对于取消分校之意见，正反各列五条，末附本人意见……总之无论如何以早决定为宜。如叙校迁回，同人及眷属旅费应酌予增加。"

蒋梦麟等接信后，同意叙永回迁昆明，并着手筹措旅费等事宜。梅贻琦一行继续留川按原计划行动。

因泸州方面一时无船上行，梅贻琦等人只好坐地苦等，九天之后，总算于6月27日登上长丰轮，一路颠簸来到了李庄。梅贻琦和他的同事此行的目的有二，一是赴乐山、成都一带参观考察抗战中内迁的学术机关；二是由昆明迁往李庄的北大文科研究所部分青年学子的论文需要答辩，郑天挺作为该所的副所长，罗常培身为直接授业的导师，需完成各自应负的责任。李庄古镇在泸州去乐山一线的长江边上，此行正可一举两得。当然，除了这些，三人还有一个共同的愿望，就是顺便看望一下战时流亡到李庄的老同事、老朋友。

创立于1918年的北京大学文科研究所，是以培养文、史、哲等学科研究生为主的学术机构。抗日战争爆发后，北大文科研究所停办，后在傅斯年、蒋梦麟的主持下，又得以在昆明死而复生。由于胡适此时正出任驻美大使，所长一职暂由傅斯年代理，原北大总务长郑天挺担任副所长，全所借住中研院史语所在昆明靛花巷三号租来的房子。当史语所迁往四川李庄时，北大文科研究所招收的研究生一部分离开靛花巷三号，

当年北大文科研究所在李庄板栗坳的宿舍，如今已是残垣断壁。

搬到郊外的龙头村史语所旧址继续攻读。因西南联大几乎没有图书可借阅，而史语所藏书丰厚，于是，同中国营造学社梁思成等人的情况一样，多数研究生不得不随史语所迁往李庄，以便查阅图书资料完成学业。据当时的档案显示，研究生中的马学良、刘念和、逯钦立、任继愈、杨志玖、阎文儒、张政烺等都随史语所而来，并被安排在板栗坳与史语所同人一起居住、生活，平时则各人在图书馆看书学习，着手撰写论文。为了显示这股力量的存在，傅斯年还专门让研究生们在住居的门口挂起了一块"北大文科研究所办事处"的牌子，作为一个相对独立的单位彰显于世。若干年之后，当地政府在统计李庄外来学术机构时，北大文科研究所也理所当然地被列入其中了。

按照辈分排列，梅贻琦在李庄的几个科研机构中，除陶孟和之外，几乎是所有人的前辈，尤其对清华出身的学子更是如此。声名显赫的李济、梁思成、梁思永、李方桂等名流皆是梅贻琦的学生。1889年生于天津的梅贻琦（字月涵），于1908年以第一名的成绩毕业于南开私立学校第一届师范班，当时的校长为张伯苓，助教陶孟和。1909年，梅贻琦考取了清华学校的前身——游美学务处招收的第一批直接留学生，入美国吴士脱工科大学机电工程系就读，1914年毕业并获工学学士学位后回国。1915年到清华学校任教，先后讲授数学、英文、物理等课程。据当年就读于清华学堂的李济回忆："我是他（梅贻琦）所授的三角这门课程的学生，那时候所留下来的印象，保存到现在的只有两点：他是一个很严的老师，我却算不得一个好学生。"

梅贻琦生性不爱说话，被他那些出洋的弟子们称为"寡言君子"（Gentleman of few words），若不与其太熟悉，一般看不到他的言笑。梅氏那修长的身材常配一身青布长衫，脸型如棱角分明的雕塑，

1931年在清华演讲时的梅贻琦

风度翩翩，曾被来中国访问的英国科学史家李约瑟誉为"中国学者的完美典型"和"中国学者的理想化身"。早在1909年考取第一批庚款留美学生时，梅贻琦那"从容不迫的态度"就给人留下了深刻的印象。据说在发榜那天，考生们都很活跃，考上的喜形于色，没考上的则面色沮丧。可能也有像胡适后来报考庚款留学一样，慌里慌张地雇一辆洋车，满头大汗地挑灯夜看者，且是从下往上倒着看的狼狈相。而只有瘦高的梅贻琦，始终神色自若，"不慌不忙、不喜不忧地在那里看榜"，让人觉察不出他是否考取。而实际上，在630名考生当中，他名列第六。

后来李济赴美留学，所在的美国东部麻省乌斯特城的克拉克大学，与梅贻琦早年所读的吴士脱工科大学在同一城中，这所大学已有许多中国留学生就读。有一次李济来到这所大学游玩，便有中国留学生对他说："梅月涵先生就是从这个工业学校毕业的高材生。"这一情景，给李济"留下了一个深刻的印象"。

当李济在清华研究院任导师不久，梅贻琦便接替张彭春出任清华学校教务长，负责全校的教务兼管研究院事务，开始有机会一展其治学思想与才能。1928—1931年，梅贻琦被派赴美国任清华留美学生监督。1931年冬，受南京国民政府教育部长李书华举荐，回国担任清华大学校长一职，并以"生斯长斯，吾爱吾庐"表达了他对清华的热爱。同时也留下了注定要流传久远的一句至理名言："所谓大学者，非谓有大楼之谓也，有大师之谓也。"卢沟桥事变爆发后，梅贻琦率清华师生迁长沙，再迁昆明。西南联大成立后，以常务委员的名义执掌事实上的联大事务。1940年，美国吴士脱大学鉴于梅贻琦在清华服务25年且成绩卓著，而在艰苦的抗日烽火中呕心沥血地主持西南联大的高尚人格与不屈精神，特授予他名誉工程学博士学位。此次梅贻琦等人的李庄之行，受到众位学者的普遍敬仰与尊重则是顺理成章的事情。

第二天上午，梅贻琦等三人在董作宾、梁思永、李方桂的陪同下，到吴定良等人的工作处室如戏楼院、田边上、新院等地参观，顺便到北大文科研究所青年学子们的宿舍察看，并叮嘱准备论文答辩事宜。

有朋自远方来，不亦乐乎！一天的时间在愉快的交谈与参观中很快过去，据梅贻琦日记载："晚饭为董家备办，同座有凌纯声、芮逸夫，为第四组研究员，专民族学者。饭后因饮酒稍多，更觉闷热，汗出如浆，灯下稍坐即先归房睡下。李（方桂）太太给余万金油，令涂额上，盖余显有醉态矣。"

关于饮酒，梅贻琦在学界尚以爱喝、能喝但不闹酒闻名，每遇他人在酒场敬酒，总是来者不拒，极豪爽痛快地一饮而尽，因而落了个"酒风甚好"的美名。李济曾专门著文说道："大家都知道梅先生酒量很高，但他的酒德更高。他在宴会中饮酒总保持着静穆的态度。我看见他喝醉过，但我没看见他闹过酒。在这一点我所见当代人中，只有梅月涵先生与蔡子民先生才有这种'不及乱'的记录。"

同世间万事万物一样，赢得这一连串的"美名"是需要付出代价的。对于此，在梅贻琦去世后，其子梅祖彦曾有过论述："先父在外表上给人印象严肃拘谨，非对熟人不苟言笑，实际上他对生活仍是充满热情的。例如他喜欢喝酒，酒量很大，这可能是由于当时社交的需要，另外在闲暇时他也常与三五好友品尝美酒。在日记中他承认自己喝酒太多，也有过自我批评，但似乎没有什么改变。"

人云"知子莫如父"，作为儿子的梅祖彦，看来也是颇知父亲生活况味的。从梅贻琦日记看，在许多场合，梅氏都有喝酒过多且在事后自责的记载。就在此次由昆明飞往重庆，来李庄之前的 5 月 23 日，梅贻琦在日记中写道："（晚）六点余至国货银行清华校友十六七人之饭约，食时因腹中已饿，未得进食即为主人轮流劝酒，连饮廿杯，而酒质似非甚佳，渐觉晕醉矣。原拟饭后与诸君商量募款事，遂亦未得谈。十点左右由宝弟（按：梅贻琦之弟梅贻宝）等将扶归来，颇为愧悔。"1945 年 10 月 14 日，又记载道："上午十时清华评议会，会后聚餐，共十一人。……食时饮'罗丝钉'酒甚烈，又连饮过猛，约五六杯后竟醉矣，为人送归家。以后应力戒，少饮。"两个星期后的 10 月 28 日，又有"上午十时半清华服务社委员会讨论结束事项，会后聚餐，为谢诸君努力，饮酒约廿杯。散后大睡……"的记载。

这次在李庄董作宾家中梅贻琦虽没有畅怀豪饮的"壮举"，也未当场失态，但从记载看，也多少有些悔意。据梅祖彦推测："实际上他（梅贻琦）晚年得的中风病，肯定是和饮酒过多有关。"看来梅氏博得的善饮美名，最终还是让他付出了沉重的代价。由此引出一个生活感悟：人的生活习性一旦形成，很难因外力而改变，尽管理智、刚毅坚卓如梅贻琦者，亦不例外，悲夫！

7月3日是北大文科研究所研究生答辩之日。身处战时，受各种条件限制，导师、学生皆被战争的炮火分割为几地，且有的导师如魏建功等早已与北大文科研究所分道扬镳，哪里还有师生齐聚一堂的机会？因而，在1941年这个酷热的夏季，于李庄板栗坳召开的这个答辩会，也只是一种形式而已，比不得北平时北京大学校园内的氛围。来到此处的研究生，除相互切磋，依附史语所的藏书自学，主要依靠史语所在李庄的几位大师指导。如罗常培在他的《蜀道难》中所言：此时的"马、刘两君（马学良、刘念和）受李方桂、丁梧梓（声树）两先生指导，李君（李孝定）受董彦堂（作宾）先生指导，李、董、丁三位先生对于他们都很恳切热心。据马君告诉我说，李先生常常因为和他讨论撒尼语里面的问题，竟致忘了吃饭，这真当得起'诲人不倦'四个字。任君（继愈）研究的题目是'理学探源'，他在这里虽然没有指定的导师，可是治学风气的薰陶、参考图书的方便，都使他受了很大的益处。这一天听说有空袭警报，但是史语所同人仍然照常工作并没受影响，专从这一点来说，就比住在都市里强的多。天还是照常闷热，汗不断的在淌，中午太阳晒在背上好像火烤一样"。

经过一天的忙碌，答辩会结束，对各位研究生提交的论文，郑、罗二人均感到满意，除个别地方提出需要"小修"外，全部能过，师徒双方皆感欢喜。

7月5日凌晨，史语所的李方桂夫妇忽闻外面传来枪声，立即惊起，出门察看。只见板栗坳远山近林笼罩在墨一样的黑暗中，并无异常动静。刚要返回室内，枪声再度传来，且越来越密集，越来越清晰，似是沿长江边向板栗坳推移。"土匪，是土匪，不是抢劫就是火并。"暗夜里，李方桂轻声地做出判断。

"要不要唤起梅校长？"李夫人徐樱悄声问着，此时梅贻琦就住在李方桂家中的楼上。

"他可能刚睡着，不要唤他，估计没啥大事。"李方桂回答着，夫人徐樱不再作声。

　　枪声响了一阵，渐渐稀疏起来，见板栗坳周边仍没异常动静，李氏夫妇方回室内。

　　早上6点钟，梅贻琦等即起床准备下山，于下午在李庄码头登船赴宜宾。早餐时，李方桂夫妇问道："校长，昨夜听到什么异常动静没有？"

　　梅贻琦摇摇头道："开始热得睡不着，等睡着了的时候就什么也不知道了。"

　　当李方桂讲述了昨晚外面枪声大作，并断定是土匪骚扰作乱时，梅贻琦略作惊奇状，

李方桂（右）与徐樱在清华园

叮嘱道："看来你们以后要更加小心，我在泸州和叙永分校时，就听说川南一带自抗战以来，土匪像蝗虫一样在川江两岸蹿起了。乱世出盗贼，自古亦然，只是这里别发生意外就好。"梅贻琦断断续续地说着，吃罢早餐，离开李家，同郑、罗二人一道告别了史语所与北大文科研究所诸君，在李方桂夫妇的陪同下，往山下走去。

　　至一山坡，李庄镇的风物已看得分明，梅贻琦等在一棵大树下站着向对方辞谢。李氏夫妇恋恋不舍地望着三位师友，各自眼里蕴涵着泪水，握别时，李方桂道："今日一别，何时再得一见，天南地北，在水一方，恐遥遥无期矣！"一句话引得夫人徐樱的泪水潇地落下，众人顿感怆然。梅贻琦在当天的日记中写道："乱离之世会聚为难，惜别之意，彼此共之也。"

　　8点半左右，梅氏一行来到了李庄郊外上坝月亮田，走进了中国营造学社租住的院子，看望梁思成夫妇与刘敦桢等研究人员，并借此告别。

　　四川气候潮湿，秋冬时节阴雨连绵，这对在昆明时期就一直身体欠佳，特别对曾患有肺病未得到根除的林徽因无疑雪上加霜。当1940年

秋冬，梁家从昆明赶来时，天气的阴寒加上路途的颠簸劳累，不到一个月，就致使林徽因肺病复发，连续几个星期高烧40度。此时李庄百事凋敝，医疗卫生条件极差。恰逢梁思成为了营造学社的生计，已赴重庆向国民政府教育部"乞讨"活命与学术研究的经费。当他从信中得知爱妻发病的消息后，向重庆的朋友们借钱，买了些药品匆忙回赶。尽管心急如焚，从重庆到李庄，也要在水上漂流三天三夜才能抵达。当时没有治疗肺病的特效药物，也不可能进行肺部透视检查，病人只能吃点于事无补的药物，凭体力慢慢煎熬。从此，林徽因卧床不起。尽管在稍好时还奋力持家和协助梁思成做些研究工作，但身体日益衰弱，梁思成的生活担子因而更加沉重。

按照辈分，梅贻琦与梁启超应算是同代人，梁思成夫妇自属晚辈，但平日相处做事却没有隔代之感，故双方交情颇好。此次梅贻琦等人来李庄，没有忘记这对可爱的夫妇，他们曾于6月30日专程从板栗坳下山，登门看望过梁氏一家。只见学社租了两个相连的小院做办公室和宿舍，院内还有一棵大桂圆树，在树上拴了一根竹竿。据梁思成介绍，他每天都要领着几个年轻人爬竹竿，为的是日后有条件外出测绘时，保持爬梁上柱的基本功。梅氏一行进得梁家的内房，林徽因依然卧病不能起床，几人在其病室谈约半小时便匆匆告辞，为的是"恐其太伤神也"。

此次梅贻琦等三人下山登门"再看梁夫人病"，令梁、林夫妇甚为感动，为表示礼节和礼貌，林徽因强撑着发烧的病体，令人将行军床抬到室外与来客交谈。"大家坐廊下，颇风凉。徽因卧一行床，云前日因起床过劳，又有微烧，诸人劝勿多说话，乃稍久坐"（《梅贻琦日记》）。

当梅贻琦问梁思成近来生活、工作等情况时，梁氏有些伤感地说："除徽因有病外，由于营造学社经济窘迫，到重庆政府'化缘'又没得到几个钱，大半年来未开展什么具有开拓意义的工作，也不能组织野外考察，只是猫在这房子里，整理前两年在昆明野外考察的资料，同时把抗战前在山西五台山佛光寺考察报告也找了出来，继续整理。佛光寺的研究报告在长沙和昆明时整理了一大部分，迁李庄时草稿一并带来，现在正好借这个缺少外出考察经费的机会加以整理。如这部报告能顺利完成，接下去准备写一部中国建筑史方面的著作……"

梅贻琦等人听了，一股忧伤之情弥漫心头，不知话题如何说下去。最后，主客双方又谈了一些生活方面的事务，斜躺在帆布床上的林徽因提出重返昆明，与西南联大的朋友住在一起工作、生活的想法。梅贻琦听罢，以自己所知的医学知识，深感对方的病情很难在短时间内好转，恐怕还要在眼前这张帆布床上度过一段漫长的岁月。而且由李庄迁昆明，要经过千山万水又谈何容易，故未作响应。

谈话在郁闷与压抑的气氛中结束了，梅、郑、罗三人离开营造学社，在李庄羊街六号李济家中吃过湖北做法的凉面后，至江边一茶楼饮茶，等船来。此时，董作宾、芮逸夫、杨时逢、陶孟和、李济、梁思成、梁思永等皆来送行。李济的老父亲、词人——李老太爷（郢客）也从家中颤巍巍地走来参加到送行之列，此举令梅氏等人很是不安。临别时，李老太爷与梅贻琦握手曰："江干一别。"梅氏听罢，一阵酸楚袭上心头，"言外之意，不禁凄然"（《梅贻琦日记》）。

下午3点钟，长丰轮自下游开到李庄码头，仍以地漂（蔑船）登轮，梁思成坚持独自踏"地漂"将梅贻琦一行送到轮上。望着梁思成羸弱的身体和因过度劳累而灰黄的脸庞，想起林徽因躺在病床上送自己出门时那双透着泪光、令人爱怜的眼睛，梅贻琦不禁生出了"余对此小夫妇更为系念也"的感慨。

在无尽的祝福和感念中，长丰轮载着三位学界巨子，迎着滚滚的江水向宜宾方向驶去。

徐志摩叫板梁启超

梅贻琦一行刚刚离去，成百上千的土匪就开始从四面八方向李庄云集而来，并对史语所实施抢劫。此举令史语所、社会学所、同济大学，以及中国营造学社的梁思成、林徽因等大为惊慌，急电重庆详述经过。傅、朱闻讯，同样大为震惊，立即向国民党最高当局报告，在俞大维、张群、陈布雷等高官的协助下，蒋介石亲自下达手谕，令成都行营与宜宾行署联合派兵剿匪，以保证李庄科研机关人员与同济大学师生的安全。成都与宜宾方面立即行动起来，急派一个师的兵力，由宜宾行署专员、原川康边防军副司令、陆军中将冷寅东任总指挥，乘火轮赶赴李庄，对散落于长江两岸与山林荒野中的众匪予以围剿打击。

就在宜宾至泸州长江一线枪炮声此起彼伏之时，有一个人自昆明悄然来到李庄探望梁思成夫妇。此人便是被学界朋友们亲切地称为老金的金岳霖。

老金的到来，与梅贻琦一行看望梁家有着只可意会、不可言传的不同韵味，他给予梁氏夫妇特别是病中的林徽因的慰藉，是梅氏等任何其他人所无法达到的。

因梁启超和林徽因的父亲林长民同为北洋军阀时代的高官，又是多年的挚友，梁思成与林徽因于 1919 年在北平相识。尽管梁、林两家的前辈很有结成儿女亲家之意，但梁启超并不想按传统婚俗行事——指腹为婚，或弄个娃娃亲之类的团圆媳妇（按：即童养媳）。他曾明确告诉年仅 18 岁的梁思成与年仅 15 岁的林徽因："尽管两位父亲都赞成这门亲事，但最后还是得由你们自己决定。"令梁启超意想不到的是，第二年，在林徽因的感情世界里便横生了一股狂涛巨澜。

1920 年，当时在段祺瑞内阁任司法总长的林长民受到各方排挤被迫卸任后，以中国国际联盟同志会驻欧代表的身份赴英国考察，他的女儿林徽因一同前往。其时林长民 44 岁，林徽因 16 岁。就在这年 10 月，徐志摩告别克拉克大学的同学好友李济，由美国渡海来到伦敦，入剑桥大学学习。两个月后，一个偶然的机会认识了林家父女。这个时候徐志摩在外留学已三年，在欧

1920 年林徽因与父亲林长民在伦敦

美国家的花花世界里，已蜕变为百炼成钢的情场老手。林徽因则是情窦初开、妙龄含春的美少女，徐志摩一见惊为天人，很快施出瞒天过海勾魂术向林徽因发起了爱情攻势，用情之烈完全可与水泊梁山孟州道上十字坡下孙二娘店中的蒙汗药或七步断魂散一比高下。在浪急风高的异国他乡凭空遭遇这样一个猛汉的情爱袭击，林徽因的惶恐失措就成为一种必然。好在林长民是个豁达大度之人，对有妇之夫的徐志摩夜里挑灯看剑式的豪放做派，不但不予横加指责，反

青年时代的徐志摩

而有些暧昧地为其开脱。从当年 12 月 1 日林长民给徐志摩的信中可以看到这一时期徐、林各自内心情感的波动："足下用情之烈令人感悚，徽亦惶恐不知何以为答，并无丝豪（毫）Mockery（嘲笑），想足下误解耳。"信末附言："徽音附候。"

按林徽因的儿子梁从诫的说法："当时徐是外祖父的年轻朋友，一位二十四岁的已婚者，在美国学过两年经济之后，转到剑桥学文学；而母亲则是一个还未脱离旧式大家庭的十六岁的女中学生。据当年曾同徐志摩一道去过林寓的张奚若伯伯多年以后对我们的说法：'你们的妈妈当时梳着两条小辫子，差一点把我和志摩叫做叔叔！'因此，当徐志摩以西方式诗人的热情突然对母亲表示倾心的时候，母亲无论在精神上、思想上，还是生活体验上都处在与他完全不能对等的地位上，因此也就不能产生相应的感情。母亲后来说过，那时，像她这么一个在旧伦理教育熏陶下长大的姑娘，竟会像有人传说的那样去同一个比自己大八九岁的已婚男子谈恋爱，简直是不可思议的事。母亲当然知道徐在追求自己，而且也很喜欢和敬佩这位诗人，尊重他所表露的爱情，但是正像她自己后来分析的：'徐志摩当时爱的并不是真正的我，而是他用诗人的浪漫情绪想像出来的林徽因，可我其实并不是他心目中所想的那样一个

徐志摩与张幼仪夫妇

人.'不久，母亲回国，他们便分手了。等到 1922 年徐回到国内时，母亲与父亲的关系已经十分亲密，后来又双双出国留学，和徐志摩更没有了直接联系。"（《倏忽人间四月天》，载《不重合的圈》）

事实上，林、徐之间的事情远没有梁从诫说的那样简单。

1921 年 10 月，林徽因随父回国，仍在英国读书的徐志摩于 1922 年 3 月赶到德国柏林，由中国留学生吴经雄、金岳霖作证，与从国内追随而来的结发之妻张幼仪正式离婚。在徐的表弟、著名建筑学家陈从周所编的《徐志摩年谱》1922 年徐氏离婚条下案："是年林徽音在英，与志摩有论婚嫁之意，林谓必先与夫人张幼仪离婚后始可，故志摩出是举。他对于徽音倾到（倒）之极，即此可见。而宗孟（林长民）曾说：论中西文学及品貌，当世女子舍其女莫属，后以小误会，两人暂告不欢，志摩就转舵追求陆小曼，非初衷也。"

同年秋，徐志摩匆匆结束学业，由伦敦归国。在南方家乡和上海等地稍事停顿后，于 12 月来到北平。徐之所以匆忙离开欧洲回到国内，一个重要原因就是他听到了林徽因已许配给梁思成的消息。而回国的目的，除了弄清虚实，还想以自己的实力和手腕，赢得林氏的芳心，使其抛却旧情，与己共结百年之好。

然而，徐志摩一到北平，便发现事情已没有他想的那样简单了。当他尚未见到林徽因，更未能倾诉久积在心中的离别之苦、相思之情时，却意外收到了自己的导师梁启超一封言词颇为凌厉的长信。信曰：

……其一，万不容以他人之苦痛，易自己之快乐。弟之此举，其于弟将来之快乐能得与否，殆茫如捕风，然先己予多数人以无量之苦痛。其二，恋爱神圣为今之少年所乐道……兹事盖可遇而不可求。……况多情多感之人，其幻想起落鹘突，而满足得宁贴也极难，所梦想之神圣境界终不可得，徒以烦恼终生已耳。

呜呼志摩！天下岂有圆满之宇宙？……当知吾侪以不求圆满为生活态度，斯可以领略生之妙味矣。……若沉迷于不可必得之梦境，挫折数次，生意尽矣。郁邑侘傺以死，死为无名。死犹可也，最可畏者，不死不生而堕落至不复能自拔。呜呼志摩，可无惧耶！可无惧耶！
（见陈从周《徐志摩年谱》）

梁启超其信，表面上看是站在徐志摩之妻张幼仪与张氏家族的角度，同时又出于呵护弟子的考虑所发出的慷慨激昂、饱蘸感情的训谕。此谕令徐志摩大为惊诧，犹如劈头挨了一记闷棍，被打得晕头转向，眼冒金星，茫然不知所措。待慢慢苏醒过来，回味再三，蓦地意识到表面之下另有深意，这是自己的导师亲自动手所埋设的一道防线，意在阻挡自己威猛前行的脚步，以时间换空间，成就儿子梁思成与林徽因的好事。一旦认清了导师的这一真正意图，徐志摩怒火攻心，决定不再顾及师生的名分，不畏"庸俗忌之嫉之"之痛责，誓与这位显然已站到情敌队伍中的恩师公开叫板儿，以彰显自身的"独立之精神，自由之思想"。徐在给梁启超的回信中，慨然答道：

我之甘冒世之不韪，竭全力以斗者，非特求免凶惨之苦痛，实求良心之安顿，求人格之确立，求灵魂之救度耳。

人谁不求庸福？人谁不安现成？人谁不畏艰险？然且有突围而出者，夫岂得已而然哉？嗟夫吾师！我尝奋我灵魂之精髓，以凝成一理想之明珠，涵之以热情之心血，朗照我深奥之灵府。而庸俗忌之嫉之，辄欲麻木其灵魂，捣碎其理想，杀灭其希望，污毁其纯洁！我之不流入堕落，流入庸懦，流入卑污，其几入微矣！

我将于茫茫人海中访我唯一灵魂之伴侣，得之，我幸；不得，我命。如此而已！（同上）

梁启超见这位弟子不但不吃自己那一套，看样子还狗坐轿子——不识

1906年梁思成（左）与父亲梁启超、姐、弟在日本东京

抬举，并有揭竿造反，势要把自己的儿媳活生生地劫走之狂妄野心。面对如此严峻情势，梁启超加紧了与林家的攻守联盟，很快又筑起了一道坚不可摧的"马其诺防线"。就在徐志摩声称要拉杆子造反，寻求"唯一灵魂之伴侣"的几天之后，梁启超于1923年1月7日在给女儿梁思顺的信中披露道："思成和徽因已互订终身。"接着谈到了各方面的意见："我告诉他们，订了婚就要赶快结婚。不过，我希望他们在订婚之前一定要先完成学业。可是林家主张他们马上订婚，他们的朋友也多半这么想。你认为呢？"

随着这一消息在亲朋故旧中广为流传，梁思成与林徽因缔结百年之好的大局已定。仍蒙在鼓里并痴心不改的徐志摩，尽管热血满腔，激情荡漾，咬牙切齿地要"如此而已"，无奈前路已被斩断，回天乏术，眼看着梁家在这场爱情角逐中公然拔得头筹，自己只好强忍悲痛，暂时偃旗息鼓，蛰伏下来，暗中等待时机，准备做新一轮的绝地反攻。

梁思成乃清华出身，毕业于1923年，亦称癸亥级，这一级的清华学生曾产生了陈植、顾毓琇、梁实秋、施嘉炀、孙立人、王化成、吴文藻、吴景超等后来闻名于世的著名人物。梁思成本欲在这一年出国留学，但一次意外的车祸，使他不得不推迟一年。

关于这次事故，有一个版本是这样的：当时在北平西山养病的林徽因，和"她的追求者们定下了一个赌赛：谁能以最快的速度从城内买到刚上市的苹果给她，就证明谁对她最忠心耿耿。有目击者称曾见到梁思成先生的摩托自西山驶出"，于是在北平街头发生了车祸，梁氏被撞翻在地。这个版本的作者援引了一段当年的"本报讯"并附加了一个证据："本文资料由陈从周先生书面提供。交代一句：陈从周先生为著名建筑学家，是梁思成先生和林徽因女士的同行，也是著名诗人徐志摩先生的表弟"云云。

就读于清华大学时的梁思成

另外一个版本是：1923年5月7日，梁思成骑摩托车带着弟弟梁思永参加北平学生举行的"国耻日"纪念活动（按：1915年5月7日是日本向袁世凯政府提出企图灭亡中国的"二十一条"的日子）。刚出南长街，就被北洋军阀交通次长金永炎的汽车撞倒在地。梁思成当场血流满面，昏迷不醒，尚清醒的梁思永飞跑回家说："快去救二哥吧，二哥碰坏了。"等梁家的听差曹五将梁思成从出事地点背回家时，梁的脸上一点血色都没有。经送协和医院紧急检查，梁思成左腿骨折加脊椎受伤。而梁思永只是嘴唇碰裂了一处，流血很多但无大碍。因是当世名人梁启超的两位公子被撞伤，北京各报都做了报道并借机大加渲染。梁启超夫人见肇事者金永炎不前来赔礼道歉，便直奔总统府大闹了一场。

有好事者考证，第二个版本当更可信一些。极其不幸的是，这次车祸导致梁思成骨折的左腿没能接好，后来发现左腿比右腿短了约一厘米，落下残疾，走起路来有些微跛。更为严重的是，梁思成的脊椎受到了严重损伤，影响了他一生的健康，后来不得不穿上一件特制的厚重钢背心，以此来支撑上半身的体重。因这次意外事故，梁思成只好决定推迟一年出国。

梁思成、林徽因游欧洲（1928 年春夏之交）

1924 年，在梁启超的精心安排下，梁思成与林徽因同去美国宾夕法尼亚大学建筑系学习。许多年后，当梁思成谈起自己为何进入建筑专业，并成为中国建筑史权威时，毫不讳言地说是得益于林徽因的提示。梁说："当我第一次去拜访林徽因时，她刚从英国回来，在交谈中，她谈到以后要学建筑。我当时连建筑是什么还不知道，徽因告诉我，那是包括艺术和工程技术为一体的一门学科。因为我喜爱绘画，所以我也选择了建筑这个专业。"爱屋及乌，梁思成先是被林徽因的个人魅力所吸引，尔后才走上建筑这门学术道路的。当然，这一抉择得到了梁启超的大力支持，颇具学术眼光的梁启超也很想让自己的儿子到国外学习这些在俗世看来极其偏僻的专业，并对这一学科在中国的发展前途充满期待。这对年轻的情侣结伴抵达美国后，因宾夕法尼亚大学建筑系不收女生，林徽因只好入该校美术学院学习，但仍选修建筑系的课程。

梁、林赴美入学刚一个月，梁思成的母亲李夫人病逝，梁启超再三阻止梁思成回国奔丧。第二年，林徽因的父亲林长民因参与郭松龄倒戈反对奉系军阀张作霖，不幸被流弹击中身亡。梁启超亲自写信给梁思成，通知这一不幸的消息，给予林徽因极大的精神安慰。1927 年，林徽因于宾夕法尼亚大学美术学院毕业后，又进耶鲁大学戏剧专业学习了半年舞台美术设计，成为中国向西方学习舞台美术的第一位留学生。同年 2 月，梁思成获宾大建筑系学士学位，后又在哈佛大学获建筑学硕士学位。根据梁启超的安排，1928 年 3 月 21 日，梁思成、林徽因在加拿大温哥华梁思成的姐姐家中举行了婚礼。

梁思成、林徽因的人生抉择

1928 年 8 月，梁启超在国内为梁思成夫妇联系好了工作——去沈阳东北大学创办的建筑系任教。这是中国大学最早设立的一个建筑系，梁思成担任教授兼系主任，月薪 800 元；林徽因担任教授，月薪 400 元。此前，梁启超曾为梁、林夫妇联系了在清华的工作，但后来又改变主意，力主这对小夫妻去沈阳，理由是："（东北）那边建筑事业将来有大发展的机会，比温柔乡的清华园强多了。但现在总比不上在北平舒服……我想有志气的孩子，总应该往吃苦路上走。"对梁启超的良苦用心，梁思成夫妇深以为然，表示完全听从父亲的指教。东北大学方面要求梁、林尽快到职，梁、林这对周身散发着温热，正沉浸在甜蜜幸福中的重量级留学生，不得不中断了婚后欧洲的考察和旅行，于这年 9 月匆匆赶回国内赴东北大学就职。

1928 年梁思成与林徽因在温哥华结婚

而这个时候梁启超的肾病日趋严重，已病入膏肓，将不久于人世。1929 年 1 月 19 日，梁启超溘然长逝，与前些年去世的李夫人合葬于北平西山脚下。梁、林夫妇专程从沈阳赶回北平奔丧，并设计了造型简洁、古朴庄重的墓碑。梁思成没有想到，自己一生中所设计的第一件建筑作品，竟是父亲的墓碑。

四十年后，梁思成在生命的晚年，终于从协和医院得知梁启超冤死手术刀一事的真相。当年梁任公躺在手术台上，值班护士用碘酒在梁氏的肚皮上标错了位置，执刀的院长刘瑞恒在动手术前，又没有核对挂在手术台旁的 X 光照片，结果割去的是一只好肾。此事当时即发现，但顾及梁氏的知名度与协和的名声，这一错误被当成"最高机密"保护起来，结果不少传媒把此事炒得沸沸扬扬，且成为一件秘闻流传于坊间。其实，梁启超出院不久协和医院就已默认了，梁启超也已确切地得知自己的好肾被割掉，但为何割掉仍是雾中看花，不甚明了。梁氏在 1926 年九月十四日给孩子们的信中曾这样写道："……伍连德（大夫）到津，拿小便给他看，他说'这病绝对不能不理会'，他入京当向协和及克礼等详细探索实情云云。五日前在京会着他，他已探听明白了……他已证明手术是协和孟浪错误了，割掉的右肾，他已看过，并没有丝毫病态，他很责备协和粗忽，以人命为儿戏，协和已自承认了。这病根本是内科，不是外科。在手术前，克礼、力舒东、山本乃至协和都从外科方面研究，实是误入歧途。但据连德的诊断，也不是所谓'无理由出血'，乃是一种轻微肾炎。西药并不是不能医，但很难求速效……他对于手术善后问题，向我下很严重的警告。他说割掉一个肾，情节很是重大，必须俟左肾慢慢生长，长到大能完全兼代右肾的权能，才算复原。"又说："当这内部生理大变化时期中，左肾极吃力、极辛苦、极娇嫩，易出毛病，非十分小心保护不可。唯一的戒令，是节劳一切工作，最多只能做从前一半，吃东西要清淡些。……我屡次探协和确实消息，他们为护短起见，总说右肾是有病（部分腐坏），现在连德才证明他们的谎话了。我却真放心了。所以连德忠告我的话，我总努力自己节制自己，一切依他而行。"

有研究者分析认为，对梁启超而言，协和误割好肾是致命的一个重要原因。但他若切实地按照伍连德医生提出的要求进行疗养，还是有可能多活一些岁月的。而不良生活习惯，也是导致梁启超患病和屡医无效的重要原因之一。加上后来夫人李蕙仙病故等刺激，又成为他发病的一个诱因。再有就是梁氏的写作欲过于旺盛，夜以继日地写作，不愿过"享清福"的疗养生活，"家人苦谏节劳"而不听，没有认真考虑劳累为病体带来的恶劣后果，是他早逝的第三个重要的甚至是最主要的原因。梁思成在追述父亲得病逝世的经过时说："先君子曾谓：'战士死于沙场，学者死于讲座。'方在清华、燕京讲学，未尝辞劳，乃至病笃仍不忘著述，身验斯言，悲哉！"（《梁任公先生年谱长编》）

就在梁启超去世的这年 8 月，林徽因在沈阳生下了一个女儿。为纪念晚年自号"饮冰室主人"的父亲梁启超，为这个女孩取名"再冰"。

梁、林夫妇在东北大学如鱼得水，工作极其顺利，遗憾的是东北地区严酷的气候损害了林徽因的健康。第二年，林徽因那原本有些孱弱的身体受到损伤，导致肺病复发，不得不返回北平去香山双清别墅长期疗养。自沈阳的回返，标志着林徽因肺病再度发作，自此之后，这个被时人视为像癌症一样不可治愈的病症，一直与她形影相

1930 年林徽因与女儿

随、纠缠不休，直至把这位才华横溢的美丽女人拖向死亡的深渊。

由于林徽因的身体状况已不允许她重返沈阳东北大学工作和生活，梁思成不得不重新考虑以后的生活方向。恰在这时，一个新的机会出现在面前，这便是中国营造学社的聘请。

中国营造学社最早设在北平天安门里西庑旧朝房，属于民办学术团体的科研机构（按：后该地址成为中山公园的一部分），主要从事研究中国古代建筑，堪称中国历史上第一家建筑学研究机构。学社的发起人是朱启钤，字桂莘，人称朱桂老。此大佬 1872 年生于河南信阳，民国三年（1914 年）10 月出任北洋政府的内务总长，后又出任国务总理，1915 年奉袁世凯之命修缮皇宫时，对营造学产生了浓厚的兴趣。1917 年，朱启钤在江南图书馆偶然发现了一部湮没日久、由宋代建筑学家李诫（明仲）创作的《营造法式》抄本（按：此书编成于宋哲宗元符三年，即 1100 年，镂版印刷于宋徽宗崇宁二年，即 1103 年），惊为秘籍，遂将此书借出馆外两次出资刊行，引起了学术界的瞩目。兴致所至，他自筹资金，索性发起成立了一所专门研究中国古建筑工程学的学术团体——中国营造学社，朱氏自任社长。最

1929 年梁思成（右）、林徽因测绘沈阳北陵

初学社设在朱启钤家中，初邀入社的成员大都是一些国学名家。

对于朱启钤为何拿出钱来兴办一个学术团体的问题，按后来营造学社工作人员罗哲文的说法，自有一些因缘巧合的复杂成因：其一，朱氏早期就从事过工程的实践活动，对中国古代建筑和工程有着浓厚的兴趣；其二，他在军阀政治生涯中受挫之后，倦于从政，欲把心力贡献于自己爱好的事业。罗哲文在叙述这一历史渊源时，只是说了个大概轮廓，外人仍迷迷糊糊不知其所云。其实，对朱启钤的经历完全可说得再明白一点。那就是，朱启钤在袁世凯政府任上，曾逆历史潮流而动，竭力攘助老袁重登皇帝大位，弄了一些"洪宪帝制"之类的东西，搞得乌烟瘴气、天怒人怨。袁世凯死后，喧腾一时的"洪宪"也随之烟消云散，朱启钤和赵秉钧、陈宧、梁士诒四大臣被新一轮当权者北洋政府同列"四凶"予以通缉。朱是个颇能搞钱之人，在台上台下结交了一大批巨贾名宦，事发后在徐世昌等当朝权贵的庇护下，朱氏隐匿于津门租界，家眷仍在北平，偶然轻装回平，也安然无恙。如此这般过了两年，奉令特赦，朱的罪状一扫而光，并很快当选为安福系国会参议院副议长。在此期间，朱启钤即全力经营中山公园的修建工程，如来今雨轩、水榭、唐花坞、长廊、假山等等，无一不是他亲手经营。在实际工程中，朱氏深入研究了中国古建筑、中国园林艺术，由"票友"而渐渐成了这方面的专家学者。

1930 年春，朱启钤为筹措学社的经费，向支配美国退还"庚子赔款"的中华教育基金会申请补助。当时中基会的大权已从周诒春手中落入任鸿隽的掌心，朱启钤虑及学社没有专门人才，要钱的理由不充分，便让做过自己幕僚的周诒春（按：周于 1913—1918 年任清华学校校长、中基会原干事长，时为董事、营造学社名誉社员），专程到沈阳鼓动梁思成、林徽因加入学社。此时东大建筑系刚刚筹办，梁思成不便离开。另外，鉴于当年朱氏为老袁当皇帝吹喇叭抬轿子，吹吹打打，吆五喝六地出尽了风头，被国人所诟病，梁、林二人亦有所忌讳，不愿与其合作，此事便搁置下来。

朱启钤晚年在家中

1930 年秋，林徽因回北平养病不久，梁思成的清华同学、留美归国并在东北大学建筑系任教的陈植离开东大，到上海开了一家建筑事务所谋生。

1931 年"九·一八"事变前夕，东北地区弥漫着浓重的火药味，驻沈阳的日本关东军不断以演习为名进行挑衅，经常闯入校园横冲直撞。为了强行修建沈阳至铁岭的铁路，日本人竟把东北大学通往沈阳城里的一条大路截断，竖起路障，上书"随意通行者，格杀勿论"。

政治形势日趋紧张，战争一触即发，东大建筑系的"弦歌"正处在存亡绝续之秋。中国营造学社的朱启钤探知此消息后，再次托人捎信，希望梁思成夫妇能加入该社工作。此时东北大学校园内已呈老鼠动刀——窝里反之势，几位院长之间的派系斗争到了剑拔弩张、不是你死就是我活的地步。梁思成看不惯日本人的横行和校内诸类"老鼠"的刀枪相向，加上林徽因身体不适，已不能回东大工作，于是决定离开他亲手创建的建筑系，一切事务交给当地人童寯料理，放弃了刚刚在沈阳安下的家，毅然回到北平应聘到营造学社，担任了法式部主任，林徽因继之被聘为营造学社校理。

当年梁思成夫妇在美国留学时，梁启超就曾给他寄去过由朱启钤重印的《营造法式》，梁思成作为建筑系的学生却对书中的术语不知所云，视为"天书"。对于中国古建筑的科学研究，在当时的学术界还是一块尚未开拓的荒原，这部《营造法式》更是一个未解之谜。而这个时候，西方学者对

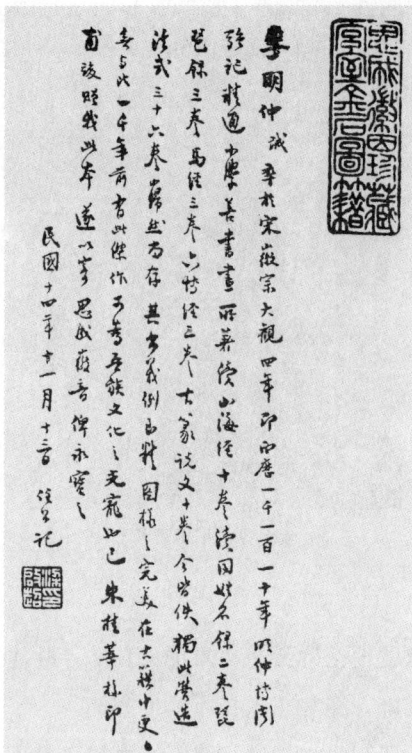

1925年梁启超赠梁思成、林徽因《营造法式》一书，在扉页上题字

于欧洲古建筑，几乎每一处都做了精确的记录、测绘，并有深入而透彻的研究。这对于梁、林既是一种启发，又是一种鼓励，两位海外学子似乎突然看到了光辉前景，一下找到了为之奋斗的目标。梁思成怀着激动之情专门写信给梁启超，谈了自己日后要写成一部《中国宫室史》这类书籍的志向。梁启超接信后大为惊喜，立即回信鼓励说："这诚然是一件大事。"正因为梁思成心目中始终怀揣着这样一件"大事"，忽明忽暗的希望之火跳跃不息，才使他最终决定离开东北大学，为这件"大事"而来，转入民办的中国营造学社工作。后来梁、林夫妇有了一个儿子，取名梁从诫，有"跟从李诫"，并以此纪念《营造法式》的作者、宋代大建筑学家李诫之寓意。

"九·一八"事变后，东北大学建筑系的毕业生刘致平、莫宗江、陈明达等人，一起到北平投奔老师梁思成夫妇，从而成为营造学社的骨干。不久，曾毕业于东京高等工业学校建筑科的著名建筑学家刘敦桢，从南京国立中央大学转赴北平，参加营造学社的工作并出任文献部主任。自此，梁思成、刘敦桢这两位建筑学界的健将，构成了营造学社两根"宏大架构"的顶梁柱，并作为发起人朱启钤的左膀右臂，发挥着举足轻重的作用。

梁思成和林徽因加入中国营造学社，标志着他们古建筑研究学术生涯的开始。而这个学社由于梁、林以及刘敦桢等精英的加入和卓有成效的工作，逐渐成为在中国乃至世界享有声誉的学术组织。当然，营造学社本身也为梁、林等人提供了施展才华、实现抱负的舞台。梁思成后来之所以能成为著名的建筑学家、中国古建筑史学的开拓者、文物建筑和历史名城保护的先驱，与他在中国营造学社的这段生活经历有极大关系。

梁、林从海外归国时，家中已为他们准备了新房，即梁启超在东四十四条北沟沿胡同的住宅（按：即今北沟沿胡同二十三号），但这对新婚的小夫妻在此住了不长时间即赴东北大学任教，当他们从沈阳回来后，全家搬入东城区米粮胡同二号住居。当时米粮胡同一带住着大批清华、北大的名流，如陈垣、傅斯年住在米粮胡同一号，胡适住在

梁思成、林徽因新婚后于北平

四号。后来，梁、林认为米粮胡同住宅过于狭窄，又搬到北总布胡同三号住居。同米粮胡同相比，这是一个颇具特色的四合院，宽敞明亮，是难得的住处。梁、林的挚友、美国学者费慰梅对这所院落曾做过这样的描述：

> 1930 年秋天，梁思成把林徽因、他们的小女儿梁再冰和徽因的妈妈都搬到靠近东城墙的北总布胡同三号，一座典型的北京四合院里。这里将是梁家今后七年里的住房。在高墙里面是一座封闭但宽敞的庭院，里面有个美丽的垂花门，一株海棠，两株马缨花……梁氏夫妇把窗户下层糊的纸换成了玻璃，以使他们可以看见院子里的树木花草，并在北京寒冷的冬天放进一些温暖的阳光来。但在每一块玻璃上面都有一卷纸，晚上可以放下来，使室内和外面隔绝。在前面入口处有一个小院子，周围的房子是仆人们的住房和工作区。

据费正清（John King Fairbank）回忆说，他与费慰梅（Wilma Fairbank）初识梁思成夫妇是在 1932 年，那时"我们刚刚来到北平要进行四年

梁思成、林徽因与费正清夫人费慰梅（右）在一起。从 20 世纪 30 年代起，中美两对夫妇成为至交。费正清、费慰梅夫妇知道梁、林的真正价值，几十年后，费慰梅撰写了第一部关于梁、林夫妇的书《梁思成与林徽因》。

研究生的学习，而他们刚从沈阳迁回到这里，开始在中国营造学社的工作"。费慰梅后来在《梁思成与林徽因》中，对此做了更加详细的说明："在我们婚礼后的两个月，我们遇见了梁思成和林徽因。当时我们都不曾想过这段友谊日后会持续那么多年，但一开始彼此就互相吸引住了。他们很年轻，彼此深爱对方，同时又很乐意我们常找他们作伴。……他俩都会说两国语言，通晓东西文化。徽以她的健谈和开朗的笑声来平衡丈夫的拘谨。谈话间，各自提到美国大学生活趣味之事，她很快就知道我们夫妇俩都在哈佛念过书，而正清是在牛津大学读研究所时来到北平。"又说："我们离去时，她向我们要了地址。这时才惊讶地发现，原来我们两家的房子离得很近，他们就在大街的尽头东城墙下。……从那时开始，两家的友谊与日俱增。"林徽因还专门为这对年轻的美国小夫妻起了极具中国特色的名字，这就是后来中国知识界多有所知的大名鼎鼎的"中国问题专家"费正清、费慰梅。

抗战爆发前，梁思成夫妇与费正清夫妇曾共同赴山西一带进行田野考

梁思成、林徽因夫妇与费氏夫妇同赴山西调查古建筑

察古建筑艺术的活动。战争期间及战后，费正清夫妇又作为美国政府的雇员两次来华工作，费正清本人曾一度出任过美国驻华使馆新闻处处长等职，历史的机遇与所处的政治地位，使费氏夫妇在中国有着广泛的交往。正如加拿大传记作家保罗·埃文斯在《费正清看中国》一书中所说："费正清夫妇十分幸运地使他们的朋友圈超出了西方人团体的界限，他们与一些中国人建立了深厚、持久的联系，特别是与著名的政论作家和改革者梁启超的儿子梁思成及他的妻子菲利斯（按：林徽因）关系更为密切。……梁思成夫妇向他们的新朋友介绍了其他一些学者，其中有哲学家金岳霖、政治学家钱端升，还有章士钊、陶孟和、陈岱孙，以及物理学家周培源——他是从事原子能计划的负责人。这是一个对自己国家的未来、在费正清与这个国家的关系中起了重要作用的杰出群体。费正清与他们所进行的无目的的非正式交谈，为他与中国的开明学术精英的长期联系打下了基础。费正清不只是把他们当作透镜，通过他们去观察中国的过去和现在，在他与他们的联系中还体现了他对充满生气的中国的深情依恋之情。"

费正清携妻返国后，长期在哈佛大学任教，毕生研究中国及中国文化圈（包括日本、朝鲜、越南等国家）以及中国与西方关系等问题。历任美国的远东协会副主席、亚洲协会主席、历史协会主席、东亚研究理事会主席等重要职务，对美国乃至整个西方的中国学界产生了重大影响，并在一定程度上影响着美国的对华政策。后来费慰梅还本着对梁家的了解，写出了传记文学《梁思成与林徽因》一书，并在美国出版。当然，在创作这部传记的时候，费慰梅已到了即将油干灯尽的生命晚年，在描写梁家院落的时候，时间上出现了一个误差。那就是梁、林夫妇是 1931 年 4 月才辞去东北大学教职，夏秋期间陆续到中国营造学社工作的，因而不太可能在此前一年便在北总布胡同租下这个美妙的院子并且住了进去。

第五章　林徽因的情感世界

冰心小说中的太太客厅

　　梁、林一家搬到北总布胡同的四合院后，由于夫妇二人所具有的人格与学识魅力，很快围聚了一批当时中国知识界的文化精英，如名满天下的诗人徐志摩、在学界颇具声望的哲学家金岳霖、政治学家张奚若、哲学家邓叔存、经济学家陈岱孙、国际政治问题专家钱端升、物理学家周培源、社会学家陶孟和、考古学家李济、文化领袖胡适、美学家朱光潜、作家沈从文和萧乾等等。这些学者与文化精英常常在星期六下午，陆续来到梁家，品茗坐论天下事。据说每逢相聚，风华绝代、才情横溢的林徽因思维敏锐，擅长提出和捕捉话题，具有超人的亲和力和调动客人情绪的本领，使众学者谈论的话题既有思想深度，又有社会广度，既有学术理论高度，又有强烈的现实针对性，可谓谈古论今，皆成学问。随着时间的推移，梁家的交往圈子影响越来越大，渐成气候，形成了 20 世纪 30 年代北平最有名的文化沙龙，时人称之为"太太的客厅"。对

20 世纪 30 年代初的林徽因

于这个备受世人瞩目，具有国际俱乐部特色的"客厅"，曾引起过许多知识分子特别是文学青年的心驰神往。当时正在燕京大学读书的文学青年萧乾，通过时任《大公报》文艺版编辑、青年作家沈从文，在该报发表了一篇叫做《蚕》的短篇处女作小说，心中颇为高兴，"滋味和感觉仿佛都很异样"。而令这位文学青年更加高兴甚至感动的事接着出现了，对于当时的场景，多年后萧乾本人做过这样的描述：

> 几天后，接到沈先生的信（这信连同所有我心爱的一切，一直保存到一九六六年八月），大意是说：一位绝顶聪明的小姐看上了你那篇《蚕》，要请你去她家吃茶。星期六下午你可来我这里，咱们一道去。那几天我喜得真是有些坐立不安，老早就把我那件蓝布大褂洗得干干净净，把一双旧皮鞋擦了又擦。星期六吃过午饭我蹬上脚踏车，斜穿过大钟寺进城了。两小时后，我就羞怯怯地随着沈先生从达子营跨进了总布胡同那间有名的"太太的客厅"。那是我第一次见到林徽因。如今回忆起自己那份窘促而又激动的心境和拘谨的神态，仍觉得十分可笑。然而那次茶会就像在刚起步的马驹子后腿上，亲切地抽了那么一鞭。……一九三五年七月，我去天津《大公报》编刊物了。每个月我都到北平来，在来今雨轩举行个二三十人的茶会，一半为了组稿，一半也为了听取《文艺》支持者们的意见。（林徽因）小姐几乎每次必到，而且席间必有一番宏论。（《一代才女林徽因》，载《读书》1984 年第 10 期）

当然，这个时期和林徽因打交道的不只是像萧乾这样的傻小子兼文学青年，一旦承蒙召见便受宠若惊、感激涕零。有一些在文学创作上成就赫然者，特别是一些女性，不但不把林氏放在眼里，还对此予以嘲讽。与林徽因过从甚密的作家李健吾曾对林徽因的为人做过这样的描述："绝顶聪明，又是一副赤热的心肠，口快，性子直，好强，几乎妇女全把她当做仇敌。"为此，李健吾还加以举例说明："我记起她（林徽因）亲口讲起一个得意的趣事。冰心写了一篇小说《太太的客厅》讽刺她，因为每星期六下午，便有若干朋友以她为中心谈论时代应有的种种现象和问题。她恰好由山西调查庙宇回到北平，带了一坛又陈又香的山西醋，立即叫人送给冰心吃用。"对于这一趣事，李健吾得出的结论是：林徽因与冰心之间"她们是朋友，同时又是仇敌"。导致这种情形的原因，则是"她（林）缺乏妇女的幽娴的品德。她对于任何问题（都）感到兴趣，特别是文学和艺术，具有本能的、直接的感悟。生长富贵，命运坎坷，修养让她把热情藏在里面，热情却是她生活的支柱。喜好和人辩论——因为她热爱真理，但是孤独、寂寞、抑郁，永远用诗句表达她的哀愁"。

与萧乾不同，据可考的资料显示，李健吾与林徽因相识是在 1934 年年初，当时林读到《文学季刊》上李氏关于《包法利夫人》的论文后，极为赞赏，随即写信致李健吾，并约来"太太的客厅"晤面。与文学青年不同的是，李在年龄上只比林小两岁，而且差不多在十年前就发表作品、组织社团，在文坛上已经算是个人物了，因而双方见面后，李没有像萧乾那样一副诚惶诚恐的傻小子兼土老帽相，而是在平起平坐的位置上把林引为知己的。这也是后来李对林的性格分析较之萧乾等文学青年更趋公正、切实、深刻的一个重要原因。后来梁思成的外甥女吴荔明在她所著的《梁启超和他的儿女们》一书中，也毫不避讳地说，林徽因和亲戚里众多女性相处不谐，只与吴荔明本人的母亲梁思庄（梁思成胞妹）没有芥蒂。至于李健吾提到林的"仇敌"冰心，颇有些令人耳目一新的感觉，但冰心写过讽刺文章倒是真的，确切的标题是《我们太太的客厅》，此文写毕于 1933 年 10 月 17 日夜，而从 10 月 27 日天津《大公报》文艺副刊开始连载。这年的 10 月，林徽因与梁思成、刘敦桢、莫宗江等人赴山西大同调查研究古建筑及云冈石窟结束，刚刚回到北平。从时间上看，李健吾的记载似有一定的根据，送醋之事当不是虚妄，此举的确刺痛了冰心的自尊心。冰心的文章一开头就单刀直入地描述道：

> 时间是一个最理想的北平的春天下午，温煦而光明。地点是我们太太的客厅。所谓太太的客厅，当然指着我们的先生也有他的客厅，不过客人们少在那里聚会，从略。
>
> 我们的太太自己以为，她的客人们也以为她是当时当地的一个

1935 年，林徽因在北总布胡同三号居所"太太的客厅"中

"沙龙"的主人。当时当地的艺术家、诗人，以及一切人等，每逢清闲的下午，想喝一杯浓茶，或咖啡，想抽几根好烟，想坐坐温软的沙发，想见见朋友，想有一个明眸皓齿能说会道的人儿，陪着他们谈笑，便不须思索的拿起帽子和手杖，走路或坐车，把自己送到我们太太的客厅里来。在这里，各自都能够得到他们所想往的一切。

按冰心小说中的描述："我们的太太是当时社交界的一朵名花，十六七岁时候尤其嫩艳……我们的先生（的照片）自然不能同太太摆在一起，他在客人的眼中，至少是猥琐，是市俗。谁能看见我们的太太不叹一口惊慕的气，谁又能看见我们的先生不抽一口厌烦的气？""我们的太太自己虽是个女性，却并不喜欢女人。她觉得中国的女人特别的守旧，特别的琐碎，特别的小方。"又说：在我们太太那"软艳"的客厅里，除了玉树临风的太太，还有一个被改为英文名字的中国佣人和女儿彬彬，另外则云集着科学家陶先生、哲学教授、文学教授，一个"所谓艺术家"名叫柯露西的美国女人，还有一位"白袷临风，天然瘦削"的诗人。此诗人"头发光溜溜的两边平分着，白净的脸，高高的鼻子，薄薄的嘴唇，态度潇洒，顾盼含情，是天生的一个'女人的男子'"。只见：

　　诗人微俯着身，捧着我们太太指尖，轻轻的亲了一下，说："太太，无论哪时看见你，都如同一片光明的云彩……"我们的太太微微的一笑，抽出手来，又和后面一位文学教授把握。

　　教授约有四十上下年纪，两道短须，春风满面，连连的说："好久不见了，太太，你好！"

　　哲学家背着手，俯身细看书架上的书，抽出叔本华《妇女论》的译本来，正在翻着，诗人悄悄过去，把他肩膀猛然一拍，他才笑着合上卷，回过身来。他是一个瘦瘦高高的人，深目高额，两肩下垂，脸色微黄，不认得他的人，总以为是个烟鬼。

　　……诗人笑了，走到太太椅旁坐下，抚着太太的肩，说："美，让我今晚跟你听戏去！"我们的太太推着诗人的手，站了起来，说："这可不能，那边还有人等我吃饭，而且——而且六国饭店也有人等你吃饭，——还有西班牙跳舞，多么曼妙的西班牙跳舞！"诗人也站了起来，挨到太太跟前说："美，你晓得，她是约着大家，我怎好说一个人不去，当时只是含糊答应而已，我不去他们也未必会想到我。还是你带我去听戏罢，你娘那边我又不是第一次去，那些等你的人，不过是你那班表姊妹们，我也不是第一次会见。——美，你知道我只愿意永远在你的左右。"

　　我们的太太不言语，只用纤指托着桌上瓶中的黄寿丹，轻轻的举到脸上闻着，眉梢渐有笑意。

　　……

　　这帮名流鸿儒在"我们太太的客厅"指点江山，激扬文字，尽情挥洒各自的情感之后星散而去。那位一直等到最后渴望与"我们的太太"携手并肩外出看戏的白脸薄唇高鼻子诗人，随着太太那个满身疲惫、神情萎靡并有些窝囊的先生的归来与太太临阵退缩，只好无趣地告别"客厅"，悄然消失在门外逼人的夜色中。整个太太客厅的故事到此结束。

　　冰心的这篇小说发表后，引起平津乃至全国文化界的高度关注。作品中，无论是"我们的太太"，还是诗人、哲学家、画家、科学家、外国的风

冰心

流寡妇，都有一种明显的虚伪、虚荣与虚幻的鲜明色彩，这"三虚"人物的出现，对社会、对爱情、对己、对人都是一股颓废情调和萎缩的浊流。冰心以温婉伴着调侃的笔调，对此做了深刻的讽刺与抨击。金岳霖后来曾说过：这篇小说"也有别的意思，这个别的意思好像是30年代的中国少奶奶们似乎有一种'不知亡国恨'的毛病"。

当时尚是一名中学生，后来成为萧乾夫人的翻译家文洁若在《林徽因印象》一文中说："我上初中后，有一次大姐拿一本北新书局出版的冰心短篇小说集《冬儿姑娘》给我看，说书里那篇《我们太太的客厅》的女主人公和诗人是以林徽因和徐志摩为原型写的。徐志摩因飞机失事而不幸遇难后，家里更是经常谈起他，也提到他和陆小曼之间的风流韵事。"

冰心的夫君吴文藻与梁思成同为清华学校1923级毕业生，且二人在清华同一寝室，属于古义中真正的"同窗"。林徽因与冰心皆福建同乡，两对夫妻先后在美国留学，只是归国后的吴文藻、冰心夫妇服务于燕京大学，梁、林夫妇服务于东北大学和中国营造学社。这期间两对夫妇至少在美国的绮色佳，也就是当年陈衡哲与任鸿隽谈情说爱的地方相识并愉快地交往过。只是时间过于短暂，至少在1933年晚秋这篇明显带有影射意味的小说完成并发表，林徽因派人送给冰心一坛子山西陈醋之后，二人便很难再作为"朋友"相处了。无独有偶的是，就在冰心发表《我们太太的客厅》的这一年，林徽因曾竭力提携过的文学青年、后任教于青岛大学的沈从文也发表了一篇叫做《八骏图》的讽刺小说，作品以青岛大学若干同事为生活原型，塑造了八位教授不同的生活态度与生活方式。小说一发表，就引起了圈内几位人士的不快，曾在青岛大学担任过文学院长的闻一多更是勃然大怒。因小说中有这样的一段描写："教授甲把达士先生请到他房里去喝茶谈天，房中布置在达士先生脑中留下那么一些印象：房中小桌上放了一张全家福的照片，六个胖孩子围绕了夫妇两人。太太似乎很肥胖。白麻布蚊帐里有个白布枕头，上面绣着一点蓝花。枕旁放了一个旧式扣花抱兜。一部《疑雨集》，一部《五百家香艳诗》。大白麻布蚊帐里挂一幅半裸体的香烟广告美女画。窗台上放了个红色保肾丸小瓶子，一个鱼肝油瓶子，一贴头痛膏。"

沈从文

　　有好事者考证出沈从文"把闻一多写成物理学家教授甲，说他是性生活并不如意的人，因为他娶的是乡妻子"云云。闻一多大怒之后与沈从文绝交，形同陌路。后来二人共同到了昆明西南联大，尽管朝夕相处，但"关系仍不融洽"。此点得到了沈从文的证实，小说发表十年后，沈在《水云——我怎么创造故事，故事怎么创造我》一文中说："两年后，《八骏图》和《月下小景》结束了我的教书生活，也结束了我海边孤寂中的那种情绪生活。而年前偶然写成的小说，损害了他人的尊严，使我无从和甲乙丙丁专家同在一处共事下去。"

　　抗战后期，早年曾"站在革命对立面的闻一多"之所以后来在思想言论上来了个180度的大转弯，由最初的反共急先锋转变为反对当朝政府，据罗家伦说，这与他的家庭生活不幸福有很大的关系。

　　1938年之后，林徽因与冰心同在昆明住居了近三年，且早期的住处相隔很近（冰心先后住螺蜂街与维新街，林住巡津街），步行只需十几分钟，但从双方留下的文字和他人的耳闻口传中，从未发现二人有交往的经历。倒是围绕冰心的这篇小说与徐志摩之死又滋生了一些是非恩怨，且波及后辈，这可能是冰心与林徽因当时没有想到的。

林徽因与冰心是朋友还是仇敌

冰心的这篇小说在知识阶层与坊间热闹了一阵子之后，随着 1949 年江山易主，大地改色，加上一连串的政治运动和林徽因、梁思成相继去世而被人们忘却。直到新千年的世纪之交，20 世纪的知识分子又被重新定位和展开讨论，梁、林夫妇的名字也从早已被人们遗忘的泥沙中再度浮出水面，并引起社会知识界的普遍关注，他们对文化学术的贡献伴着当年那些扯不断、理还乱的逸闻趣事也一并跃入大众的眼帘。2001 年 12 月 6 日，南通地区有学者名陈学勇者，在《文汇报》发表了《林徽因与李健吾》一文，文中抄录了李健吾抗战胜利后写的《林徽因》一文，冰心写讽刺小说与林徽因送山西陈醋给冰心享用之事，皆来自于李健吾的这篇回忆文章。据抄录者陈学勇说，他是从"不为世人所知"的多人合集的《作家笔会》（沪上"春秋文库"）中查找到李健吾这篇已被世人遗忘了的文章的，陈转抄后属于第一次重新公开发表。看来这位转抄者陈学勇是比较佩服李健吾之才识的，他评价道："这是一篇十分真实、传神的人物素描。近年来记述、描写林徽因的作品很多，但或浮光掠影、有形无神，泛泛的才和貌而已；或无中生有、面目全非，电视剧《人间四月天》中的林徽因去历史人物之远尤给群众很大负面影响。唯林徽因生前挚友费慰梅所著《梁思成与林徽因》呈现了一个可信的历史人物。不过费慰梅花了十几万言的篇幅，而李健吾只用了千余字。赤热、口快、性直、好强，这一组词不足十个字，却简练、准确勾勒了林徽因的性格特征。这些性格特征往往被许多文章忽略。李健吾说热情是林徽因生活的支柱，实在属知己之言。"又说："李健吾非常敬重女作家，然而他并不像一些文章那样，把林徽因说成人人怜爱的社会宠儿。如李健吾说，林徽因有她的孤独、寂寞、忧郁。李健吾甚至直言，几乎妇女全把她当作仇敌。我听吴荔明女士说过，确实林徽因和亲戚里众多女性相处不谐，只与吴女士母亲梁思庄没有芥蒂。林徽因在女性中不合群的事实，李健吾以林徽因'高傲'解释个中原因，怕未必契中症结，我看

'《太太的客厅》那篇，萧乾认为写的是林徽因，其实是陆小曼，客厅里挂的全是她的照片'"。根据冰心的这句话，王炳根认为："《我们太太的客厅》写谁与不是写谁，虽然在 60 多年后说出，它出于作者本人，应是无误了。"（王炳根《她将她视作仇敌吗?》，载《文学自由谈》2002 年第 3 期）

王氏的批驳文章刊出后，本次"事件"的始作俑者陈学勇可能也感到"不舒服"，于是很快进行了回击。对于王炳根提出的第一条，陈学勇未能回应，应是当初所言确有些过分之故，让人抓住辫子竟有些鸭子吞筷子——无法回脖儿之势，只有装作没看见避而不答。

1938 年夏，冰心全家在燕南园富所前留影。此后，冰心全家离开北平，前往昆明、重庆等地。

对于第二条，陈氏的回击是：王炳根只列了"背景"，并没有举出独立的直接证据，因而并不能服人。如同乡、同学以至对方与林徽因的友善，并不能说明冰心与林徽因二人之间就不能"结怨"，进一步的反目成仇也不是不可能。至于二人在美国绮色佳的留影，没有看出有多么亲密，只不过是一般青年的聚会场景而已。即使亲密，那也只能证明当时，不能代表以后的其他岁月仍是如此，鲁迅、周作人兄弟就是很好的例证。冰心与林徽因"结怨"的公开化，当是自美返国后的事情。

对于第三条，陈氏认为，所谓冰心赞美林徽因的文章仅限于林的美貌与文才，所涉人际关系，只是我的—男朋友的—好友的—未婚妻，如此而已。但在介绍其他女作家时，有的却溢满情感。冰心在文章中为什么不干脆不提林徽因？不行，因为该文是应《人民日报·海外版》之约而写，面向包括美国读者在内的大批海外读者，冰心不能不顾及林徽因当年在文坛

和海外的影响。何况文中列举女作家数十位（按：文中冰心列举了前辈的袁昌英、陈衡哲等，后辈说到了舒婷、王安忆、铁凝等女作家），岂能置林徽因而不顾，这是在哪方面都说不过去的。面上不得不如此，但私下里就不一定了。陈学勇结合自己的亲身经历说："我曾陪同澳大利亚墨尔本大学汉学家孟华玲（Diane Manwanring）走访冰心，顺便问到林徽因，我满心希冀得悉珍贵史料，不料冰心冷冷地回答：'我不了解她。'话题便难以为继。我立即想起访问冰心前萧乾说的，为了《我们太太的客厅》，林徽因与冰心生了嫌隙，恍悟冰心此时不便也不愿说什么的。"

对于第四条，陈学勇认为要研究一位作家，仅听信作家自白是不够的，必须经过分析并结合其他材料深入调查研究，并举例说，冰心本人曾写过一篇纪念胡适百年诞辰的文章《回忆胡适先生》（《新文学史料》1991年第4期），文中说："我和胡适先生没有个人的接触，也没有通过信函。"但在《胡适来往书信选》中册和下册，就各载一封冰心致胡氏的书信，且从信的内容看出，不仅冰心本人与胡适有所接触，而且两家都有来往。可见仅凭记忆与当事人自白是靠不住的。至于冰心说"太太的客厅"是指陆小曼尤显荒唐。小说写作的背景是北平，而陆小曼当时远住上海，陆的客厅多是名媛戏迷，与小说描述的客厅人物互不搭界。只要看一下客厅里的那位诗人捧着太太的指尖，亲了一下说："太太，无论哪时看见你，都如同一片光明的云彩……"就知道冰心笔下的太太影射的是谁，因为徐志摩在《偶然》一诗中关于云彩的意象是众所周知的。还有，陆小曼并无子女，倒是林徽因有一个学名叫再冰、小名叫冰冰的女儿，而小说中的女儿名曰"彬彬"，想来"彬"与"冰"的谐音安排不会是偶然的巧合。

由以上剖析，陈学勇认为冰心以小说公开讥讽"太太"，这令孤傲气盛的林徽因绝对不容，"结怨"势在必然，而且波及后代。陈氏举例说："林徽因之子梁从诫曾对我谈论冰心，怨气溢于言表。柯灵极为赞赏林徽因，他主编一套'民国女作家小说经典'丛书，计划收入林徽因一卷。但多时不得如愿，原因就在出版社聘了冰心为丛书的名誉主编，梁从诫为此不肯授予版权。"

最后，陈学勇得出结论是：林徽因与冰心结怨几乎是必定的，除非她俩毫无交往、毫不相识，越是朋友、越是同乡，"结怨"的概率越高。她俩均为杰出女性，但属于性格、气质乃至处世态度、人生哲学都很不相同的两类，二人都看对方不顺眼且又不把对方放在眼里则是意料中的事。陈学勇还引用了梁实秋在《忆冰心》一文中，冰心对徐志摩罹难后与林徽因截然不同的态度以证明二人性格与处世哲学的不同，意思是林对徐敬重、爱护有加，而冰心"对浪漫诗人的微词是十分鲜明"的。（《林徽因与冰心——答王炳根先生》，载《林徽因寻真》，陈学勇著，中华书局 2004 年版）

陆小曼

　　王、陈论战一时无果，而作为读者的大众自有不同于二人的看法。就陈学勇的最后一段话而言，怕是对冰心的"意指"没有琢磨透彻。徐志摩遇难后，冰心给梁实秋的信中关于徐的部分是这样说的："志摩死了，利用聪明，在一场不人道、不光明的行为之下，仍得到社会一班人的欢迎的人，得到一个归宿了！我仍是这么一句话，上天生一个天才，真是万难，而聪明人自己的糟蹋，看了使我心痛。志摩的诗，魄力甚好，而情调则处处趋向一个毁灭的结局。看他《自剖》时的散文，《飞》等等，仿佛就是他将死未绝时的情感，诗中尤其看得出，我不是信预兆，是说他十年来心理的蕴酿，与无形中心灵的绝望与寂寥，所形成的必然的结果！人死了什么话都太晚，他生前我对着他没有说过一句好话，最后一句话，他对我说的：'我的心肝五脏都坏了，要到你那里圣洁的地方去忏悔！'我没说什么，我和他从来就不是朋友，如今倒怜惜他了，他真辜负了他的一股子劲！谈到女人，究竟是'女人误他？''他误女人？'也很难说。志摩是蝴蝶，而不是蜜蜂，女人的好处就得不着，女人的坏处就使他牺牲了。——到这里，我打住不说了！"（《忆冰心》，载《梁实秋散文》第三集，中国广播电视出版社1989年版）

信中可以看出，冰心对徐志摩的"微词"是透着一种恨铁不成钢式的怜悯与冷颜之爱的，而这些"微词"只不过是一个表达她思想的铺垫，真正的爆发点则落在"女人的坏处就使他牺牲"上面，这是一句颇有些意气用事且很重的话，冰心所暗示的"女人"是谁呢？从文字上看似泛指，实为特指，想来冰心与梁实秋心里都心照不宣，不过世人也不糊涂。在徐志摩"于茫茫人海中访我唯一灵魂之伴侣"的鼎盛时期，与他走得最近的有三个女人，即陆小曼、林徽因、凌叔华。而最终的结局是，陆小曼嫁给了徐志摩，林徽因嫁给了梁思成，凌叔华嫁给了北大教授陈西滢。

关于徐志摩与凌叔华的关系，当年在圈内和坊间并未传出有与情爱相关的桃色新闻，直到许多年后的1982年，定居英国伦敦的凌叔华在给陈从周的信中再次做过如下说明："至于志摩同我的感情，真是如同手足之亲，而我对文艺的心得，大半都是由他的培植。"（《谈徐志摩遗文——致陈从周的信》，载《新文学史料》1983年第1期）在次年给陈的信中，凌叔华再度表白道："说真话，我对志摩向来没有动过感情，我的原因是很简单，我已计划同陈西滢结婚，小曼又是我的知己朋友。况且当年我自视甚高，志摩等既已抬举我的文艺成就甚高，有此种原因，我只知我既应允了志摩为他保守他的遗稿等物，只能交与他的家属如小曼，别人是无权过问的。"（《再谈徐志摩遗文——致陈从周的信》，载《新文学史料》1985年第3期）凌叔华的表白，除了向陈从周说明她与徐志

林徽因小说《九十九度中》封面

摩没有情爱关系外，还透露了文学史与徐志摩研究者几十年来苦苦追寻和破而未解的一个悬案，即徐志摩遗稿和日记到底流落何处的问题，也就是圈内人士通常所说的"八宝箱之谜"。为了"八宝箱"中的遗物，凌叔华与林徽因、胡适等人之间曾发生过不愉快，但与已死去的徐志摩已经没有关系了。因凌叔华与徐志摩生前只是一般意义上的接触与友情，徐对凌有所帮助，凌尽管没有给徐多少"好处"，似乎也未从可考的资料中发现给徐多少"坏处"，因而凌叔华应排除在冰心所说的"女人"之外。那么冰心所指就只能是林徽因与陆小曼。

凌叔华说："可惜小曼也被友人忽视了，她有的错处，是一般青年女人常犯的，但是大家对她，多不原谅。"（《谈徐志摩遗文——致陈从周信》）而梁从诫则说："徐志摩遇难后，舆论对林徽因有过不小的压力。"（《空谷回音》，载《林徽因文集·文学卷》）如果冰心不是专指林徽因，至少是把林与陆同等相视，而指林徽因的可能性当更大。联想梁从诫一提到冰心就"怨气溢于言表"，应该不仅仅是为了一篇《我们太太的客厅》的小说，其间必另有痛苦而又难以言传的隐情。假如同王炳根所说的那样，冰心与林徽因之间不但没有结怨，反而是很要好的朋友，而朋友的后代却又以德报怨，对与自己母亲友好的这位阿姨心怀"怨气"，那么不是梁从诫脑子有毛病，就是这个世界出了毛病，而作为全国政协委员的梁从诫还不至于如此糊涂吧。

冰心可谓人寿多福，一直活到 1999 年，以 99 岁中国文坛祖母的身份与声誉撒手人寰，差一点横跨三纪，益寿齐彭。林徽因比冰心小四岁，然而命运多舛，天不假年，却早早地于 1955 年 51 岁时乘鹤西去，徒给世间留下了一串悲叹。

徐志摩之死

冰心与林徽因交恶并结怨，当是一个没有问题的问题，《客厅》小说讥讽的那帮学界名流，并未因一个女人的"讥讽"或吃醋就成了缩头乌龟，或对着镜子喊王八——自骂自，而是义无反顾地仍在"太太的客厅"高谈阔论，尽情发挥自己的才能与演技，并作为梁思成、林徽因夫妇共同的挚友和知音，于时间的长河中交往如故，绵延不绝。而"太太的客厅"最忠实的参与者乃属当时著名的哲学家金岳霖。

老金在"太太的客厅"中是一位特别显眼的人物，因研究逻辑学名声显赫，江湖上人送外号"金逻辑"。或许是满肚子哲学的缘故，老金的思维与行事方式也显得格外与众不同。就冰心的小说《客厅》而言，此前的李健吾、沈从文以及萧乾等辈与众多学界名流，皆认为是指梁家的客厅。而林徽因也认为小说中的"太太"影射的就是她本人，故有请人给冰心送山西陈醋品尝之说。但老金却不这样看，他晚年在《要说说"湖南饭店"，也就是我的客厅》一文中说："这里要说说湖南饭店。所谓湖南饭店就是我的客厅，也就是我的活动场所，写作除外。房子长方形，北边八架书架子。我那时是有书的人，书并且相当多，主要是英文的。院子很小，但是还是有养花的余地。七七事变时，我还有一棵姚黄，种在一个八人才抬得起的特制的木盆里。一个光棍住在那样几间房子确实舒服。到了晚上，特别是上床后，问题就不同了。只要灯一灭，纸糊的顶棚上就好像万马奔腾起来，小耗子就开始它们的运动会了。好在那时候我正在壮年，床上一倒，几分钟之后就睡着了。三十年代，我们一些朋友每到星期六有个聚会，称为'星六聚会'。碰头时，我们总要问问张奚若和陶孟和关于政治的情况……有人写了一篇文章，题目是《少奶奶的客厅》。……少奶奶究竟是谁呢？我有客厅，并且每个星期六有集会。湖南饭店就是我的客厅，我的活动场所。很明显批判的对象就是我。不过批判者没有掌握具体的情况，没有打听清楚我是什么样的人，以为星期六的社会活动一定像教会人士那样以女性为表面中心，因此我的客厅主人一定是少奶奶。哪里知道我这个客厅的主人是一个单身的男子汉呢？"（《金岳霖的回忆与回忆金岳霖》）

从金氏的叙述看，他的"湖南饭店"是真实存在的，但不是"批判者没有掌握他的具体情况"。恰恰相反，是他对批判者的具体情况不够了解，没有亲自读到这篇文章，甚至没有打听清楚冰心是什么样的人，或读到了文章也知道冰心其人，但只当作耳旁风倏忽而过，事后回忆，便把《我们太太的客厅》中的太太，硬给变成了一位"少奶奶"，并误认为别人说的这位"少奶奶"就是自己。就当时的冰心而言，纵是没有亲自到过北总布胡同三号，对梁家的客厅以及客厅的故事，通过学界朋友的口耳相传，想来是不陌生的。假如在这个客厅出尽风头的主人是老金所说的"男子汉"，想来冰心是不太会做这篇小说的，即使做出来，林徽因也不会派人送山西老陈醋给对方享用的。其实一坛子山西陈醋，是完全可以概括事情的备料、发酵、酝酿、成品等全套程序的，岂容老金横生枝节、自作多情乎？

为此，有人说林徽因之所以成为林徽因，离不开梁思成，少不了徐志摩，更不能没有金岳霖，一语道出了这三位各具特色的男儿对林徽因一生所产生的重要影响与人格塑造。但从排序上看，金岳霖介入林徽因的生活较晚，他是通过徐的介绍才认识林徽因的。

当林徽因从英国归来，再与梁思成赴美留学归国这段时间，徐志摩完成了与发妻张幼仪离婚，再娶毕业于美国西点军校的中国军官王赓夫人、京城名媛——陆小曼为妻的感情历程。对这一曲折变故，梁从诫曾说："徐志摩的离婚和再娶，成了当时国内文化圈子里几乎人人皆知的事。可惜他的再婚生活后来带给他的痛苦多于欢乐。"不管痛苦还是欢乐，徐志摩与林徽因之间，看上去好像已没有情爱方面的关系了。不料"事情正在起变化"。

1931年初，为了照顾新婚不久的陆小曼的生活并陪其开心取乐，徐志摩舍弃北平同事朋友而跑到上海光华大学和南京中央大学任教。当他闻知正任

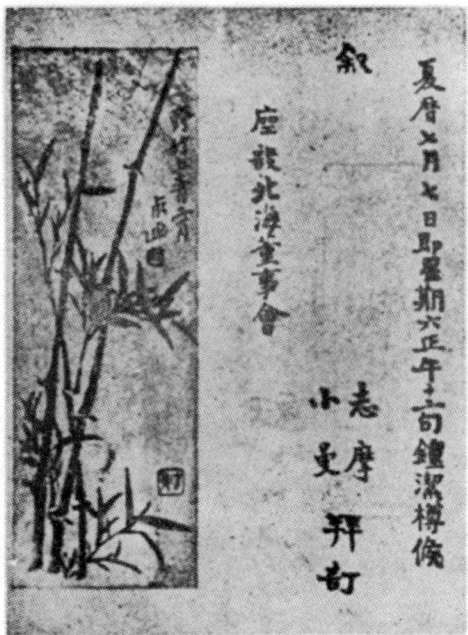

徐志摩和陆小曼的婚柬

徐志摩
T. M. Hsu
美國哥倫比亞大學碩士
英國劍橋大學研究院修業
M. A. Columbia, Graduate
Student, Cambridge.
英文教授
Professor of English Literature

徐志摩任上海光华大学教授
时的工作照

教于东北大学的林徽因旧病复发后，心中陈封日久的感情像一个庞大的五味罐突然被捣毁了盖子，一股酸甜苦辣香的混合气体轰地喷射而出。在这股冲天之气的激荡中，徐志摩经不住诱惑，当即把陆小曼从怀中推开，翻身下床走出家门直奔沈阳而去。在寒风凛冽、雪花飘荡的北国，徐、林的两颗心渐渐消除了寒气，大有"面朝大海，春暖花开"之意。因有了这股暖意，徐志摩就无心在上海与南京教书而图谋北归了。

这年春季开学后，徐志摩受胡适聘请，到北京大学英文系任教授并兼北平女子大学教授，自此得以经常到沈阳与林徽因相会。当林徽因旧病复发时，"众人商议着，不知该怎么办，他（徐）主张她（林）搬到北平来，这儿的医疗条件较好，而气候也较温和"。在徐志摩的力主下，林徽因携女儿再冰回到北平香山双清别墅疗养。天助佳人才子，徐志摩借此机会不断地跑到香山探访林徽因，二人的接触更加频繁，感情再度升温，此时的徐志摩与新婚不久的妻子陆小曼之间已出现了裂痕，徐、林之间的感情大有春风化雨、旧树发新枝之势。有了这样一种不可遏止的情势，"（梁家）北总布胡同的房子（就）成了徐志摩的第二个家"。除了平时吟诗作赋，大摆"龙门阵"，徐志摩还经常要在此留宿过夜。据林徽因的美国女友费慰梅说："徽因和思成待他如上宾，一见了他们，志摩就迸发出机智和热情。他乐意把那些气味相投的朋友介绍给他们……无疑地，徐志摩此时对梁家最大和持久的贡献是引见了金岳霖——他最挚爱的友人之一、清华大学哲学系教授、'老金'。"

老金的加入使"太太的客厅"更加热闹起来，但这种气氛未能持续多久，一个不祥的重大事件出现了。

1931年11月19日早8时，徐志摩搭乘中国航空公司"济南号"邮政飞机由南京北上，他要参加当天晚上林徽因在北平协和小礼堂为外国使者举办的中国建筑艺术的演讲会。当飞机抵达济南南部党家庄一带时，忽然大雾弥漫，难辨航向。机师为寻觅准确航线，只得降低飞行高度，不料飞机撞上白马山（又称开山），当即坠入山谷，机身起火，机上人员——两位机师与徐志摩全部遇难。

在"济南号"起飞之前，徐志摩曾给梁思成、林徽因发电报，嘱下午3时到北平南苑机场接他。梁思成驱车在南苑机场直等到下午4点半仍无飞机的踪影，只好返回。林徽因预感事情不妙，立即打电话告知胡适，请胡设法打听飞机动向。第二天，当胡适看到《晨报》登载了中国航空公司飞机遇难的消息后，断定徐志摩可能已遇难身亡，遂立即借中基会任鸿隽的汽车至中国航空公司询问，没有得到死者的姓名。直到12点多钟，打电报给山东省教育厅厅长何思源，才得到了确切消息——徐志摩驾鹤西去。噩耗传来，林徽因当场昏倒在地。下午，梁思成、林徽因、张奚若、陈雪屏、钱端升、张慰慈、陶孟和、傅斯年等相聚胡适家中，众人相对凄婉，张奚若恸哭失声，林徽因潸然泪下。22日下午，受北平学界同人委派的梁思成、张奚若、沈从文等人于不同地点赶到济南白马山，收殓徐志摩的遗骸。梁思成带去了他与林徽因专门赶制的小花圈以示哀悼。

按照沈从文后来的说法，徐志摩是他走上文学之路的导引者兼"恩人"，徐遇难时，沈正在青岛大学任教，他是从青岛直接赶赴济南与梁思成等人会合料理善后的。对徐之死因，沈在给好友赵家璧的信中说道："徐南去，主要因小曼

1935年在北平香山养病期间的林徽因

徐志摩乘坐飞机失事的报道

不乐意去北平，在上海开支大，即或徐先生把南京中央大学和北大教书所得薪金全寄上海，自己只留下 30 元花销，上海还不够用，因乘蒋百里先生卖上海遇园路房子时，搞个中介名义，签了点字，得一笔款给小曼，来申多留了几天，急于搭邮件运输机返北平，则因为当天晚上林徽因在协和小礼堂为外国使节讲中国建筑艺术，急于参加这次讲演，才忙匆匆地搭这次邮件运输机回北平。到山东时（白马山只隔济南 25 里）因大雾，飞机下降触及山腰，失事致祸，一切都这样凑巧，而成此悲剧。"（陈从周《记徐志摩》，载《陈从周散文》，同济大学出版社 1999 年版）

沈的说法大致不差，更具体的细节他可能不太明了，据山西作家韩石山对这段历史事实研究后说：徐离北平是搭乘张学良专机飞南京的，当时张以全国陆海空军副总司令的身份驻北平，顾维钧帮张学良办外交，常乘坐张的专机在南京与北平之间飞行。此次是南京政府要顾维钧代理外交部长，顾仍乘张学良专机赴宁，徐志摩与顾友善，借机一道前行。而"从南京返回北平，徐志摩原打算仍乘坐张学良的专机，但顾维钧一时还不能回去，他便决定不搭乘了。正好离开上海时，他顺便将去年保君健（航空公司财务科长）赠给他的免费机票带在了身上，经联系后获准第二天一早可搭乘航空公司的邮政飞机。徐志摩之所以要匆匆赶回北平，前面说了，是因为北大的教员有活动，要一起表示抗日的精神，但也不能说，与林徽因当天下午要在协和小礼堂作报告，给外国人讲中国的建筑艺术无关。11 月 19 日早八时，徐志摩乘'济南号'飞机从南京明故宫机场起飞。十时十分，飞机抵达徐州，徐志摩在机场发信给陆小曼，说头痛不欲再行，但最终还是又走了。十时二十分，飞机继续北上，及飞抵济南附近党家庄时遇大雾，触开山山头，机身着火坠毁，徐志摩遇难身亡，终年三十五岁"。（《悲情徐志摩》，韩石山著，同心出版社 2005 年版）

关于徐志摩坠机事件，11月 20 日的《晨报》以《京平北上机肇祸，昨在济南坠落机身全焚，乘客司机均烧死，天雨雾大误触开山》为题，做了如下报道：

徐志摩（左）与陆小曼（中）在野外，身后少年为陆的表弟。

［济南十九日专电］十九日午后二时中国航空公司飞机由京飞平，飞行至济南城南三十里党家庄，因天雨雾大，误触开山山顶，当即坠落山下，本报记者亲往调查，见机身焚毁，仅余空架，乘客一人、司机二人，全被烧死，血肉焦黑，莫可辨认。邮政被焚后，钞票灰仿佛可见，惨状不忍睹……

徐志摩遇难后，社会议论蜂起，哀悼者有之，慨叹者有之，作为各种佐料添油加醋以供饭后谈资者有之。学人雅士有兴文追祭者，丝竹之辈有为之作诗吟赋缅怀者，有谓"徐先生之死，等于除东三省以外，我们又失去了一省"者（见邓云乡《文化古城旧事》，中华书局 1995 年版），有大谈徐志摩与林徽因、陆小曼之"三角关系"者。如此这般吵吵嚷嚷，谈来说去，直到国民党败退台湾，新中国成立，随着政治运动接踵而至，亿万人卷入政治漩涡不能自拔，这个老幼皆宜的消遣话题才算偃旗息鼓，暂时沉

徐志摩写给林徽因的信

寂。想不到几十年之后，随着政治解冻，思想开禁，文化复昌，徐志摩又"死而复活"，重新成为大众明星和巷里坊间的热门话题，尤其与此相关的电视剧《人间四月天》的出笼与热播，如同火上浇油，吊起了亿万观众的胃口，从而引起了一场围绕主人公是是非非的论争。媒体与网友的评论自不待言，围绕着主人公林徽因、梁思成、徐志摩等人的故事，徐家和梁家后人都卷了进来，并给予激烈抨击。各色人等在这条看不见的战线上奋力角逐，从而演绎了一场现代版的纷争诉讼大战。

第六章　往事俱没烟尘中

梁从诚：徐、林之间没有爱情

由中国内地与中国台湾合资拍摄的电视剧《人间四月天》于2000年首先在大陆播出后，徐志摩的堂侄徐炎从上海回到老家做客时，在徐志摩故居对陪同参观的乡亲说："《人间四月天》违背历史事实，歪曲了徐志摩的形象，他在上海的亲属看了都感到很失望。"报载，徐炎是徐志摩伯父徐蓉初的孙子，当时72岁，退休前是上海同济大学教授。据说他小时候就生活在海宁硖石镇徐府的大家庭中，熟知诗人和家庭中的许多事情。他说，徐志摩是五四新文化运动的一员干将，是一位才华横溢的诗人。那时候，他办刊物，创《新月》，倡导新格律诗，对文学很热情、很努力，在短短十年中，写下了几百首新诗和上百万字的散文，他是一个有很大抱负的人。然而，在电视剧中，这些都被淡化了，抽掉了在当时时代背景下他的文学活动，剧中的徐志摩不像一个诗人，而成了一个只会成天追逐女孩的"花花公子"。最后，徐炎对《人间四月天》的评价是"不真实"，"诗人怎么成了泡妞郎"？又说："对陆小曼也不公平，她的才情到哪儿去了？在戏里她只是一个交际花，这样的人徐志摩怎么会爱上她？"20世纪60年代陆小曼在

徐志摩在家乡硖石镇的故居

上海去世时，徐炎曾前去凭吊，至今还珍藏着她的一副遗照，并为她保存了《志摩全集》的纸版等等。（《羊城晚报》2000 年 5 月 4 日）

就在徐炎发表评论第三天的 5 月 7 日，梁思成、林徽因夫妇的长女梁再冰向媒体发表声明，与徐炎南北呼应，明确表示林与徐中间只有友谊没有恋情。梁再冰说："徐志摩去世时我年纪还小，但作为林徽因和梁思成的女儿，我很了解徐志摩同我父母之间关系的性质。徐志摩是我家两代人的朋友。他曾经追求过年轻时的母亲，但她对他的追求没有做出回应。他们之间只有友谊，没有爱情。徐志摩是在母亲随外祖父旅居伦敦时认识她的，那时她只有 16 岁，还是一个中学生。当时对她来说，已结婚成家的徐志摩只是一个兄长式的朋友，不是婚恋对象。破坏另外一个家庭而建立的婚姻是她感情上和心理上绝对无法接受的，因为她自己的母亲就是一个在没有爱情的婚姻中受到伤害的妇女。"又说："母亲在世时从不避讳徐志摩曾追求过她，但她也曾明确地告诉过我，她无法接受这种追求，因为她当时并没有对徐志摩产生爱情。她曾在一篇散文中披露过 16 岁时的心情：不是初恋，是未恋。当时她同徐志摩之间的接触也很有限，她只是在父亲的客厅中听过徐志摩谈论英国文学作品等，因而敬重他的学识，但这并不是爱情。

16 岁的林徽因

她曾说过，徐志摩当时并不了解她，他所追求的与其说是真实的她，不如说是他自己心目中一个理想化和诗化了的人物。"

梁再冰对该电视剧的看法是："为了渲染林徐'爱情故事'，这部电视剧还对我父母的关系进行了歪曲描写，暗示他们的结合是家庭操纵的，林徽因是迫于家庭压力才选择了梁思成。但我父母之间真实的'爱情故事'并非如此。……该剧还把我的祖父梁启超、外祖父林长民以及我的祖母和外祖母等也都扯进了'故事'，这种做法实在是太恶劣，不能不引起我们这些后代的强烈反感。在此，我必须指出，梁启超、林长民、梁思成、林徽因等不仅是我的父母和长辈，他们也是中国近代史上和知识界有影响的人物，在涉及他们的电视片中，应当根据事实，采取对历史和观众负责的态度，反映他们之间关系的真实性质，而不应利用名人效应，虚构'故事'，进行商业炒作，误导观众。"

最后，梁再冰态度强硬地表示："该剧播放后，已在社会上造成了很坏的影响。我在此对该剧的编导和摄制方提出强烈抗议，他们必须向受到严重伤害的家属公开道歉。"（见当日新浪网《梁再冰：徐志摩与其母"爱情故事"纯属虚构》）

梁再冰的"声明"最终没能让该剧编创人员为之道歉，反而提升了收视率与传播面。随着媒体的热炒与电视剧在社会广泛的传播，徐、林相爱一时成了坊间最热门的话题与谈资。林徽因和梁思成之子梁从诫在沉默了一阵后，终于坐不住了，他在媒体上多次指出《人间四月天》多处失实，并称该电视剧是对"历史事实和文化精神的双重歪曲"。梁从诫认为林徽因对徐志摩是亲密的友谊，但不是爱情。在接受媒体采访时，梁从诫说："林徽因很坦然承认她与徐志摩之间的友谊与感情，但不是那种爱，不是谈婚论嫁的那种爱。可是那个编剧就是不承认这一点。他们都非常懂得，爱一个人，首先是尊重一个人，宽容一个人，给对方留有余地，这才是它的魅力所在，所以我们才说它崇高。可在电视剧中，徐志摩恰恰是不尊重林徽因的，我这么爱你你为什么不爱我？我徐志摩难道还不够可爱吗？你不爱我徐志摩还想爱谁？——徐志摩是这样的人吗？电视剧里甚至还有这样的台词：'梁思成可不是我的对手。'怎么会浅薄到如此地步呢？当然林徽因也知道徐志摩爱她，她虽然没有接受徐的感情，但是也没有说：'我不爱你，你给我滚开。'费正清的夫人费慰梅在回忆林徽因的时候说，林徽因在谈到徐志摩的时候，总是把他和英国的诗人、大文豪联系在一起。可见林徽因对徐志摩更多的是待之以文学上的师友，其实这才是他们之间的真实关系。"

梁从诫举例说当年父亲梁思成亲口对他讲，林徽因《人间四月天》这

1924年，林徽因、徐志摩与印度诗人泰戈尔（中）留影

首诗是写给自己的，"但他们还是非要说这是写给徐志摩的。——看来林徽因刚生的儿子确实不如徐志摩更有戏剧性，更有卖点。编剧如此霸道、如此不顾事实，真是岂有此理。我要说的第二点是，你要表现男女之间的爱情，特别是表现文化人之间的感情，就要体现出时代背景，体现出这些人物自身的文化内涵，否则把不同时代、不同的性格的人的关系都弄成那种很浅俗的男女关系，那不是什么意思都没有吗？……可以说，电视剧不仅把林徽因歪曲了，也把徐志摩歪曲了。徐志摩并不是一个成天哭哭啼啼、只知道追女孩子的人，如果是那样的话，泰戈尔访问中国，他的邀请者梁启超和林长民也不会选徐志摩去陪同。徐志摩其实是个很有抱负的人。1924年，他曾在给金岳霖的信中表示要办一个英文杂志，邀金回来一同做事。他要办这个杂志，是为了让世界了解当时的中国新一代知识分子的思想。像电视剧里这样只知道追女人的'徐志摩'，哪里都可以找得到，不过那也就不是徐志摩了"。

梁从诫还特别提到："电视剧里还把徐志摩和梁思成描写成情敌，其中有这样的台词，徐志摩对林徽因说：'我回去告诉梁思成，让他好好待你，因为我还没有放弃。'（大意如此）——意思是说，你梁思成要小心，你要一松劲，我徐志摩就要抢过来了。可实际情况如何呢？梁思成、林徽因夫妇和徐志摩三个人是很好的朋友。……后来徐志摩遇空难，也是梁思成和沈从文赶到济南去收的尸。他们之间的友谊的确不寻常，怎么会是那种低俗的'三角恋爱'中'情敌'的关系呢？……其实问题远不止于此。剧中我所了解的几个重要人物，梁启超、林长民、梁思成等都被庸俗化、丑化了。可见编导从未认真读过那一段历史，没有读过与主题相关的原始作品和文献，只能凭那种低俗、市侩心理编出这么一部廉价产品来。"（祝晓风《林徽因〈人间四月天〉是写给徐志摩的吗?》，《中华读书报》2004 年 6 月 7 日）

梁从诫在答《文艺报》记者问时，同样提及了上述观点，并反问道："为什么徐爱林，林就非得爱徐呢?"

此话一出，引出了不少是非，一个叫陈子善的人对此著文反唇相讥道："梁先生话说得如此斩钉截铁，我却疑窦顿生。林徽因与徐志摩泛舟剑桥、情迷英伦时，梁先生在哪里呢? 不要说梁先生尚未出生，就是他父亲梁思成与林徽因的恋情也尚未开始，梁先生何以断定他母亲与徐志摩之间什么事也没有发生过?"按陈子善的观点，林与徐发生过爱情故事是正常的，否则便是不可思议的。陈说："尽管徐志摩的有关日记至今下落不明，尽管徐、林之间的通信仅有两封幸存于世，但根据现存史料，还是不难梳理两人之间的情感历程。徐志摩在剑桥留学时对林徽因一见钟情，决心'于茫茫人海中访我唯一灵魂之伴侣'，而林徽因虽然与徐志摩相差七岁，同样也爱上了徐志摩。"（《文艺报》2004 年 6 月 1 日）

陈子善之说的基础和理由，很大一部分是建立在陈从周撰写的《徐志摩年谱》与凌叔华给陈的信上。陈从周与徐志摩两家自他们的祖父辈就相识并友善，陈的二嫂是徐志摩的堂妹，徐的表妹蒋定是陈从周的夫人，故有"三代相交，双重姻亲"之称。不过徐志摩去世那年陈只有 14 岁，因感念诗人的才华和命运，立志为徐志摩撰写一部年谱，使诗人史料不致湮没于世，后终于撰成《徐志摩年谱》一书。这部书自 1949 年出版后，几乎成为所有研究者案头必备的参考书目。陈在《徐志摩年谱》1922 年志摩离婚条下特加按语说："是年林徽音在英，与志摩有论婚嫁之意，林谓必先与夫人张幼仪离婚后始可，故志摩出是举，他对于徽音倾到（倒）之极，即此可见。而宗孟曾说：论中西文学及品貌，当世女子舍其女莫属。后以小误会，两人暂告不欢，志摩就转舵追求陆小曼，非初衷也。"这是徐、林恋情关系的最早记载。

神秘的"八宝箱"之谜

与梁思成结婚后，林徽因仍与徐保持着亲密的朋友关系。徐志摩活着时，林徽因即便知道徐的日记中记载有彼此恋情，也不会或者无法刻意提防，她相信徐不会做出对不起她的事来。但随着徐志摩突然罹难，事情就变得复杂而诡谲起来了。令林徽因感到最紧迫、最不放心的就是徐志摩生前在号称"八宝箱"中存放的日记。因而围绕这个神秘的箱子，各色人物展开了一场明争暗斗的激烈角逐。

据梁从诫说："1931年11月，徐志摩突遇空难。生前，他曾将一箱日记及书信存放在朋友（一位女士）处，其中包括他初识林徽因时的康桥日记。徐遇难后不几天，叶公超（按：清华外文系教授）告诉林徽因，他刚（梁自注：准确地说，是1931年11月26日晚）在这位女士处看过这份日记。于是林去向保存者要求借来一看，这位女士先是几次声称'遍找不得'，后来，在她手里保存的这份日记中，与林有关的一部分又神秘地被裁去，以致林徽因本人始终未能看到这件与她的生活有过密切关系的材料。"又说："徐志摩遇难后，舆论对林徽因有过不小的压力，更有原来被她视为朋友的人，显然是出于嫉妒，对她施以欺骗和侮弄。虽然她在私事上从不轻易与人计较，这次却被这事'气糊涂了'，于是写下了平时难得吐露的心声。"

梁从诫所说的这位收藏"八宝箱"的"女士"，就是北大外文系教授、文学理论家陈西滢的夫人、时与林徽因处于同一个层面上的小说家凌叔华。所谓林徽因遭到了朋友的嫉妒与侮弄，这个"朋友"不能全指凌叔华，但指凌的成分极大。"难得吐露的心声"，是指林徽因给胡适的信中所说的言辞激烈的话。当时林徽因除了向胡适诉苦，还力主胡应在这一事件中挺身而出，拿凌叔华是问，并让对方无条件地一件都不能少地交出"八宝箱"中的所有资料。后来胡适果然按林徽因的意思办了，开始招集学术界的名将大腕一齐向凌叔华夹击。凌在四面挤压中，终于被"降服"，无条件地把神秘的"八宝箱"拱手让给了胡适。本来事情就此解决，双方鸣锣收兵，各不相干。但事情又突起波澜，据胡适与林徽因对外声称，"八宝箱"中《康桥日记》中最重要的一部分，却不翼而飞，因而外界有了被凌叔华裁掉或中途截留的说法——梁从诚此说即指其人其事。

关于这件事的来龙去脉，林徽因曾在1932年1月1日下午与晚上，于匆忙中连致胡适两封信，报告《康桥日记》最重要的一部分，也就是徐志摩与林徽因从相识到离开那一时期的记载，神秘失踪，去向不明，剑锋直指凌叔华。信曰：

陈西滢、凌叔华夫妇

胡适先生：

志摩刚刚离开我们，遗集事尚觉毫无头绪，为他的文件就有了些纠纷，真是不幸到万分，令人想着难过之极。

我觉得甚对不起您为我受了许多麻烦，又累了许多朋友也受了些许牵扰，更是不应该。

事情已经如此，现在只得听之，不过我求您相信我不是个多疑的人，这一桩事的蹊跷曲折，全在叔华一开头便不痛快——便说瞎话——所致。

我这方面的事情很简单：

（一）大半年前志摩和我谈到我们英国一段事，说到他的《康桥日记》仍存在，回硖石时可找出给我看。如果我肯要，他要给我，因为他知道我留有他当时的旧信，他觉得可收藏在一起。

注：整三年前，他北来时，他向我诉说他订婚结婚经过，讲到小曼看到他的"雪池时代日记"不高兴极了，把它烧了的话，当时也说过：不过我尚存下我的《康桥日记》。

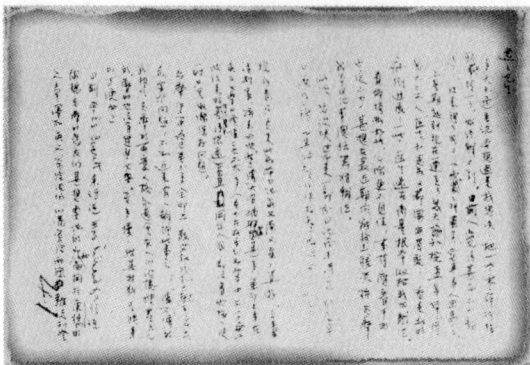

林徽因 1932 年春致胡适信函

（二）志摩死后，我对您说了这段话——还当着好几个人说的——在欧美同学会，奚若、思成从渭南回来那天。

（三）十一月廿八日星期六晨，由您处拿到一堆日记簿（有满的一本，有几行的数本，皆中文，有小曼的两本，一大一小，后交叔华由您负责取回的），有两本英文日记，即所谓 Cambridge（按：康桥）日记者一本，乃从 July（按：七月）31，1921 起。次本从 Dec. 2nd（按：十二月二日）（同年）起始，至回国止者，又有一小本英文为志摩一九二五在意大利写的。此外几包晨副（按：晨报副刊）原稿，两包晨副零张杂纸，空本子小相片，两把扇面，零零星星纸片，住址本。

注：那天在您处仅留一小时，理诗刊稿子，无暇细看箱内零本，所以一起将箱带回细看，此箱内物是您放入的，我丝毫未动，我更知道此箱装的不是志摩平日原来的那些东西，而是在您将所有信件分人分类捡出后，单单将以上那些本子纸包聚成这一箱的。

（四）由您处取出日记箱后约三四日或四五日听到奚若说：公超（按：叶公超）在叔华处看到志摩的《康桥日记》，叔华预备约公超共同为志摩作传的。

注：据公超后来告我，叔华是在十一月廿六日开会（讨论，悼志摩）的那一晚上约他去看日记的。

（五）追悼志摩的第二天（十二月七号）叔华来到我家向我要点志摩给我的信，由她编辑，成一种《志摩信札》之类的东西，我告诉她旧信全在天津，百分之九十为英文，怕一时拿不出来，拿出来也不能印，我告诉她我拿到有好几本日记，并请她看一遍大概是些什么，并告诉她，当时您有要交给大雨（按：孙大雨）的意思，我有点儿不赞成。您竟然将全堆"日记类的东西"都交我，我又 embarrassed（按：不好意思）却又不敢负您的那种 trust（按：信任）——您要我看一遍编个目录——所以我看东西绝对的 impersonal（非个人化的）带上历史考据眼光。Interesting only in（只有兴趣于）事实的辗进变化，忘却谁是谁。

最后我向她要公超所看到的志摩日记——我自然作为她不会说"没有"的可能说法，公超既已看到。我说：听说你有志摩的《康桥日记》在你处，可否让我看看等等。她停了一停说可以。

我问她："你处有几本？两本么？"

她说："两——本"，声音拖慢，说后极不高兴。

我问："两本是一对么？"未待答，"是否与这两本（指我处《康桥日记》两本）相同的封皮？"

她含糊应了些话，似乎说"是！不是，说不清"等，"似乎一本是——"，现在我是绝对记不清这个答案（这句话待考）。因为当时问此话时，她的神色极不高兴，我大窘。

（六）我说要去她家取，她说她下午不在，我想同她回去，却未敢开口。后约定星三（十二月九号）遣人到她处去取。

（七）星三九号晨十一时半，我自己去取，叔华不在家，留一信备给我的，信差带复我的。

此函您已看过，她说（原文）："昨归遍找志摩日记不得，后捡自己当年日记，乃知志摩交我乃三本：两小，一大，小者即在君处箱内，阅完放入的。大的一本（满写的）未阅完，想来在字画箱内（因友人物多，加意保全），因三四年中四方奔走，家中书物皆堆叠成山，甚少机缘重为整理，日间得闲当细捡一下，必可找出来阅。此两日内，人事烦扰，大约须此星期底才有空翻寻也。"

注：这一篇信内有几处瞎说不必再论，即是"阅完放入"、"未阅完全"两句亦有语病，既说志摩交她三本日记，何来"阅完放入"君处箱内。可见非志摩交出，乃从箱内取出阅，而"阅完放入"，而有一

本未阅完而未放入。

此箱偏偏又是当日志摩曾寄存她处的一个箱子，曾被她私开过的。（此句话志摩曾亲语我。他自叔华老太太处取回箱时，亦大喊"我锁的，如何开了，这是我最要紧的文件箱，如何开锁，怪事——"又"太奇怪，许多东西不见了，missing〔按：不见了〕"，旁有思成，Lilian Tailor 及我三人。）

（八）我留字，请她务必找出借我一读。说那是个不幸事的留痕，我欲一读，想她可以原谅我。

（九）我觉得事情有些周折，气得通宵没有睡着，可是，我猜她推到"星期底"，必是要抄留一份底子，故或需要时间（她许怕我以后不还她那日记）。我未想到她不给我。更想不到以后收到半册，而这半册日记正巧断在刚要遇到我的前一两日。

（十）十二月十四日（星期一）

half a book with 128 pages received (dated from Nov. 17, 1920 ended with sentence "it was badly planned".)（按：收到半本共 128 页，始自 1920 年 11 月 17 日，以"计划得很糟"一句告终。）叔华送到我家来，我不在家，她留了个 note（按：便条）说"怕我急，赶早送来"的话。

（十一）事后知道里边有古（故）事，却也未胡猜，后奚若来说叔华跑到性仁（按：陶孟和夫人沈性仁）家说她处有志摩日记（未说清几本），徽音要，她不想给（不愿意给）的话，又说小曼日记两本她拿去也不想还等等，大家都替我生气，觉得叔华这样，实在有些古怪。

（十二）我到底全盘说给公超听了（也说给您听了）。公超看了日记说，这本正是他那天（离十一月廿八日最近的那星期）看到了的，不过当时未注意底下是如何，是否只是半册未注意到，她告诉他是两本，而他看到的只是一本，但他告诉您（适之）"refuse to be quoted"（按：我拒绝被引用），底下事不必再讲了。

二十一年元旦

此信发出后，林徽因觉得气愤难平、意犹未尽，于当天晚上再次修书向胡适倾诉哀怨，特别强调性地表白"我也不会以诗人的美谀为荣，也不会以被人恋爱为辱"，"有过一段不幸的曲折的旧历史也没有什么可羞惭"。信中说：

适之先生：

下午写了一信，今附上寄呈，想历史家必不以我这种信为怪，我为人直爽性急，最恨人家小气曲折说瞎话。此次因为叔华瞎说，简直气糊涂了。

我要不是因为知道公超看到志摩日记，就不知道叔华处会有的。谁料过了多日，向她要借看时，她倒说"遍找不得"、"在书画箱内多年未检"的话，真叫人不寒而栗！我从前不认得她，对她无感情，无理由的，没有看得起她过。后来因她嫁通伯（按：陈西滢），又有《送车》等作品，觉得也许我狗眼看低了人，始大大谦让真诚的招呼她，万料不到她是这样一个人！真令人寒心。

志摩常说："叔华这人小气极了。"我总说："是么？小心点吧，别得罪了她。"

女人小气虽常有事，像她这种有相当学问知名的人也该学点大方才好。

现在无论日记是谁裁去的，当中一段缺了是事实，她没有坦白地说明以前，对那几句瞎话没有相当解释以前，她永有嫌疑的。（志摩自己不会撕的，小曼尚在可问。）

关于我想着那段日记，想也是女人小气处或好奇处多事处，不过这心理太 human（按：人情）了，我也不觉得惭愧。

实说，我也不会以诗人的美谀为荣，也不会以被人恋爱为辱。我永是"我"，被诗人恭维了也不会增美增能，有过一段不幸的曲折的旧历史也没有什么可羞惭（我只是要读读那日记，给我是种满足，好奇心满足，回味这古怪的世事，纪念老朋友而已）。

我觉得这桩事人事方面看来真不幸，精神方面看来这桩事或为造成志摩为诗人的原因，而也给我不少人格上知识上磨练修养的帮助，志摩 in a way（按：意为从某方面）不悔他有这一段苦痛历史，我觉得我的一生至少没有太堕入凡俗的满足，也不算一桩坏事。志摩警醒了我，他变成一种 Stimulant（按：激励）在我生命中，或恨，或怒，或 happy 或 sorry（按：或幸运或遗憾）或难过，或苦痛，我也不悔的，我也不 proud（按：得意）我自己的倔强，我也不惭愧。

我的教育是旧的，我变不出什么新的人来，我只要"对得起"人——爹娘、丈夫（一个爱我的人，待我极好的人）、儿子、家族等等，后来更要对得起另一个爱我的人，我自己有时的心，我的性情便弄得十分为难。前几年不管对得起他不，倒容易——现在结果，也许我谁都没有对得起，您看多冤！

我自己也到了相当年纪，也没有什么成就，眼看得机会愈少——我是个兴奋 type accomplish things by sudden inspiration and master stroke（按：兴奋型，靠突然的灵感和神来之笔做事）。不是能用功慢慢修炼的人。现在身体也不好，家常的负担也繁重，真是怕从此平庸处世，做妻生仔的过一世！我禁不住伤心起来。想到志摩今夏的 inspiring friendship and love（按：富于启迪性的友谊和爱）对于我，我难过极了。

这几天思念他得很，但是他如果活着，恐怕我待他仍不能改的。事实上太不可能。也许那就是我不够爱他的缘故，也就是我爱我现在的家在一切之上的确证。志摩也承认过这话。

徽音二十年正月一日

（按：应为二十一年，此系作者笔误）

从林徽因的信中可以看出，"八宝箱"中的《康桥日记》之下落不明，就是凌叔华的阴谋与捣蛋的结果，凌叔华可谓是真小人。凌叔华又是一种什么态度呢？

1982 年与 1983 年，在海外的凌叔华分别由伦敦寄给陈从周两封信，就当年纷纷扬扬的"八宝箱之谜"作过解释，此说与胡说、林说，甚至梁说大不相同。按凌叔华的辩解，事件的来龙去脉是这样的：

在徐志摩遇难的前两年，也就是"他去欧找太戈尔那年，他诚恳的把一支（只）小提箱提来交我保管，他半开玩笑的说：你得给我写一传，若是不能回来的话（他说是意外），这箱里到（倒）有你所需的证件（日记文稿等）。他的生活与恋史一切早已不厌其烦的讲与不少朋友知道了，他和林徽音、陆小曼等恋爱也一点不隐藏的坦白的告诉我多次了（按：林徽因原名林徽音，因与一位男作家同名，后改为林徽因，但凌叔华等人仍以徽音相称），本来在他的噩信传来，我还想到如何找一二个值得为他写传的朋友，把这个担子托付了，也算了掉我对志摩的心思。（那时他虽与小曼结婚，住到上海去，但他从来不取箱子！）不意在他飞行丧生的后几日，在胡适家有一些他的朋友，闹着要求把他的箱子取出来公开，我说可以交给小曼保管，但胡帮着林徽音一群人要求我交出来（大约是林和他的友人怕志摩恋爱日记公开了，对他不便，故格外逼胡适向我要求交出来），我说我应交小曼，但胡适说不必。他们人多势众，我没法拒绝，只好原封交与胡适。可惜里面不少稿子及日记，世人没见过面的，都埋没或遗失了。"（《新文学史料》1983年第1期）又说："我因想到箱内有小曼私人日记二本，也有志摩英文日记二三本，他既然说过不要随便给人看，他信托我，所以交我代存，并且重托过我为他写'传记'，为了这些原因，同时我知道如我交胡适，他那边天天有朋友去谈志摩的事，这些日记恐将滋事生非了。因为小曼日记内（二本）也常记一些是是非非，且对人名一点不包含，想到这一点（彼时小曼对我十分亲热，她常说人家叔华就不那样想法，里面当然也褒贬徽音的日记）我

20世纪50年代的凌叔华

回信给胡适，说我只能把八宝箱交给他，要求他送给陆小曼。以后他真的拿走了，但在适之日记上，仍写志摩日记有二本存凌叔华处。他的（胡的）日记在梁实秋编的徐志摩传上也提到。赵家璧也看到胡的日记上如此写。这冤枉足足放在我身上，四五十年，至今方发现。"（《新文学史料》1985年第3期）

据精明的凌叔华推断，胡适派人取走"八宝箱"后，没有把全部日记交出，"小曼只收回她的二部日记（她未同志摩结婚前的日记，已印出来了！但许多人还以为另有日记）。那时林徽音大约是最着急的一个，她也来同我谈过，我说已交适之了"。1947年2月，为纪念徐志摩五十周岁生日，陆小曼搜罗家中的旧日记，勉强编起了一本薄薄

凌叔华为《晨报》设计的刊头画。为这幅画，曾引起徐志摩、陈西滢与鲁迅之间的一段纠纷。

的《志摩日记》，显得很是孤单凋零。对此，陆小曼在序中无奈地说："其他日记倒还有几本，可惜不在我处，别人不肯拿出来，我也没有办法。"这个时候，陆小曼已经探知胡适已把徐的二三本英文日记全部交于林徽因，而林是不可能让这一涉及自己隐私的日记面世了。

对于凌叔华在信中的说法，陈从周并不怀疑，当年他在编写《徐志摩年谱》中，通过各种信息透出的蛛丝马迹，就曾怀疑胡适把徐的日记没有交给陆小曼，而是交给了林徽因，而林把徐在英国剑桥向其求爱时的二三本日记藏而不露，才有了后来陈子善等人力主徐、林相爱者所说的"徐志摩的有关日记至今下落不明"之事。陈从周读了凌叔华给他的信后如释重负地说道："这个疑案，总算可以澄清了。另一方面证实了当年林徽音和我所说的她藏有二本志摩英文日记的来源了。胡适日记所写志摩日记有二本存凌叔华处之事非真实也。"

1947 年 3 月由上海晨光出版公司出版印行的《志摩日记》和 2003 年 1 月由北京图书馆
出版社出版印行的《徐志摩未刊日记》都没有编入林徽因致胡适信内反复念及的徐志摩
《康桥日记》。

胡适

　　胡适深信他的日记最终是要出版的，因而在他把徐志摩英文日记悄悄交于林徽因处理的同时，又放了一颗烟幕弹，于自己的日记中故意写下"志摩日记有二本存凌叔华处"的文字，以达到掩护林徽因的目的。至于凌叔华这边在得知后是否会喊冤叫屈，在一时无法两全的情形下，胡就顾不得那么多了。"八宝箱"中的日记最终结果如何，大多研究者认为胡适送给林徽因之后，林在晚年自知将不久于人世时一把火烧掉了。但也有的学者认为此事不那么简单，最大的可能是，向来对资料颇为重视的胡适，当年将有关林的部分给了林，与林无关的自己偷偷收藏了起来，如果销毁，也只销毁了于自己不利的那一部分，而不会是全部。据说胡适还有一部分文献由于涉及面太广，仍封存于一个保险箱中未能开启。或许这部分文献中就有"八宝箱"中的日记，究竟结果如何，也只有等胡适的保险箱起封之日，再听下回分解了。

正如陈子善所云，"尽管徐志摩的有关日记至今下落不明……"，但仍有一大批研究者相信徐、林之间确实有过爱情。韩石山以陈从周《年谱》和著名的"八宝箱"为线索，结合徐与张幼仪、林徽因、陆小曼等人的传记、书信、日记和口述实录等，进行研究、考证之后，对于相互之间的感情纠葛，曾肯定地说："（张）幼仪不记恨陆小曼，她记恨的是林徽因。她的记恨并非是为自己，倒有一半是为了志摩。她恨林答应了他，却没有嫁给他。……两人的恋情，肯定是有的。徐志摩是为了赶听林在协和小礼堂的报告，才匆匆坐飞机殒命的。"（《徐志摩和他爱过的女人》，载《南方周末》2000 年 5 月 12 日）

对"坐实了这段爱情"之说，梁从诫不予承认，并对徐志摩的人格进行了鞭伐。1993 年 4 月，梁从诫在为某出版社出版的《徐志摩林徽因诗集》而写的序文《空谷回音：关于这本诗集的作者——林徽因》中说道："关于林、徐之间的感情关系，几十年来都是社会上一些人喜欢议论的话题。但也可以说，这是一个带有悲剧色彩的故事。其悲剧性就在于：作为诗人，他们在志趣上是那样投合，徐对林又是那样地一往情深，但两人却不仅始终无缘，而且事实表明，他们本来就不可能走上同一条生活道路。可以说，徐志摩的精神追求，林徽因后来是完全理解的，而反过来，林徽因所追求的，却未必都能得到徐的理解，更谈不到专业性的支持。从古建筑研究和美术创作的角度看，林徽因和梁思成是天生的搭档。虽然梁思成不搞文学，但抗战前那几年，林徽因在古建研究方面的成就不仅没有妨碍她的文学活动，而且实际上两者相得益彰，使她在两个方面都取得了相当辉煌的成绩。但如果真是徐志摩和林徽因生活到了一起，那么，我们就肯定不会有——如最后她的墓碑所铭刻的——'建筑师林徽因'了；而生活里没有了建筑和美术活动，又会有我们所认识的这个"诗人林徽因"吗？回顾徐志摩的一生，可以看出，他是一个易受情绪支配，充满幻想，有时甚至放荡形骸之外的浪漫主义者；而林徽因在精神上却比他保守，比他更重务实。她在少年时代就一心要以'把美术创作与日常生活需要结合起来'的'建筑学为自己的终身事业'。说明了她气质上和徐诗人之不同。"又说："徐志摩的诗人生涯，可以说是伦敦邂逅林徽因之后开始的，在随之经历了巨大的感情波澜和生活挫折之后，他生命之路的终结，竟又是为了赶去听林徽因关于古建筑的一场学术报告。这是不幸的巧合呢还是天意？"（此文后来收入梁从诫所著《不重合的圈》一书）

文中的语气透出，梁从诫相信徐志摩被烧死是冥冥之中有一只上帝之手在操纵的，徐之死就是上苍的旨意。这股具有强烈个人色彩的情绪到了十年之后，随着电视剧《人间四月天》的播出，异常激烈地喷射而出，一时引得众人侧目，纷纷驻足观望。梁从诫在答媒体记者提问时愤然说道："我一直替徐想，他在1931年飞机坠毁中失事身亡，对他来说是件好事，若多活几年，对他来说更是个悲剧，和陆小曼肯定过不下去。若同陆离婚，徐从感情上肯定要回到林这里，将来就搅不清楚，大家都将会很难办的。林也很心疼他，不忍心伤害他，徐又陷得很深。因而我一直觉得，徐的生命突然结束，也算是上天的安排。"（《文艺报》2000年5月6日）

梁从诫的愤慨之言，立即招来了徐志摩粉丝们的反"愤慨"，并很快做出了回击，韩石山在《梁从诫不该这样说》一文中，对梁指责道："当晚辈的说这样的话，实在太不应该了。为了自己的家声，竟说他人烧死是好事，不像个有文化的人说的话。……不看这些话，人们还不知道1931年在北平，徐、林之间的感情已发展到这样危险的地步。"（韩石山《林情徐爱有多深》，载《寻访林徽因》，人民文学出版社2002年版）

在旁观者的眼里，梁从诫与韩石山的话看起来各有道理，但似乎又缺失了点什么。当年海涅在他的名作《两个波兰人》中曾写过这样的诗句："为祖国牺牲是很好的，可要是活着那就更好了。"或许处于各种考虑，或许一时情绪失控，梁从诫的言论显然有些过激了。而韩石山辈这些徐志摩的超级粉丝们，在梁从诫一再否定徐、林之爱的情况下，非要把"徐林爱情"进行到底。再加上电视剧的火上浇油，整个社会舆论就变得硝烟弥漫、烽火连天了。假如不存偏见,对这段历史和历史人物是不是可以这样看待,不管徐与林之间是有爱还是无爱,如套用海涅的诗句,不妨理解成"为了避免双方日后更大的苦痛,徐志摩适时被烧死是很好的,可要是活着那就更好了"。

除了围绕徐志摩该不该被烧死,是烧死好,还是活着更好的论争外,梁从诫对电视剧《人间四月天》的公开批评中,还说把梁思成演得窝囊了一些。韩石山则针锋相对地认为:"这是做儿子的还没完全了解父亲。正因为梁思成深爱着林徽因,也正因梁思成是当时新旧交替之际接受西方文明的君子代表式人物,所以他对徐志摩表现得特别宽厚仁慈,包括后来同样地对待金岳霖先生,他的得体的言行绝非窝囊,而是知识文明在身上的崇高体现,是海阔胸怀。"梁从诫则坚持认为,若是林当年真的从了徐,那么林徽因只是一个诗人的林徽因。而从了梁思成,结果是林徽因既是诗人的林徽因,又是建筑学家的林徽因,可谓一举两得矣!对这一说法,社会舆论各有不同的看法,赞成与否定各有各的理由。否定者说,若按以成什么名与什么家为坐标的逻辑去推理,似乎离"爱"与"爱情"偏远了一些。有赞成者说当年的逻辑大师金岳霖曾公开表达过此意,认为梁思成是林氏最佳的人选,徐志摩只是个不自量力的丑八怪而已。

金岳霖是说过林与梁结合比林与徐结合好的话,但要说把徐描绘成一个丑八怪,似乎是后人添油加醋的结果。

许多年后,有研究者陈宇与陈钟英二人,曾于1983年对金岳霖进行过一次有针对性的访问,从当时的谈话记录,可知金氏晚年对徐志摩的人格学问的评价:

> 我们(按:指采访者陈宇与陈钟英等人)取出另一张林徽因相片问他。他(按:金岳霖)看了一会儿回忆道:"那是在伦敦照的,那时徐志摩也在伦敦。——哦,忘了告诉你们,我认识林徽因还是通过徐志摩的。"于是,话题转到了徐志摩。徐志摩在伦敦邂逅了才貌双全的林徽因,不禁为之倾倒,竟然下决心跟发妻离婚,后来追林徽因不成,

失意之下又掉头追求陆小曼。金岳霖谈了自己的感触："徐志摩是我的老朋友，但我总感到他滑油，油油油，滑滑滑——"又说："当然不是说他滑头。"经他解释，我们才领会，他是指徐志摩感情放纵，没遮没拦。他接着说："林徽因被他父亲带回国后，徐志摩又追到北平。临离伦敦时他说了两句话，前面那句忘了，后面是'销魂今日进燕京'。看，他满脑子林徽因，我觉得他不自量啊。林徽因、梁思成早就认识，他们是两小无猜，两小无猜啊。两家又是世交，连政治上也算世交。两人父亲都是研究系的。（按：是一个政治派别，非某学院某系。）徐志摩总是跟着要钻进去，钻也没用！徐志摩不知趣，我很可惜徐志摩这个朋友。"（陈宇《金岳霖忆林徽因》，载《传记文学》1999 年第 4 期）

说这话时，金岳霖已 88 岁高龄（翌年去世），和梁从诫一家住在一起，梁家后人以尊父之礼相待，呼曰"金爸"。为此，金岳霖颇感欣慰。关于金晚年对徐的这段评价，若记录无误，显然带有抑徐扬梁的感情色彩。

却说当年林徽因、凌叔华、胡适等名流，经过一阵拉锯式的"八宝箱"的争夺战，各方均感精疲力竭，无力再较劲对垒了，随着时间的推移渐渐消停下来，大家又各自朝着自己的目标奋进，只有给徐志摩生前带来爱情与烦恼的陆小曼，一改过去吸食大烟的颓废习气，立志将徐志摩的著述编辑出版。在陆与众多亲朋好友的帮助下，在徐志摩去世后的

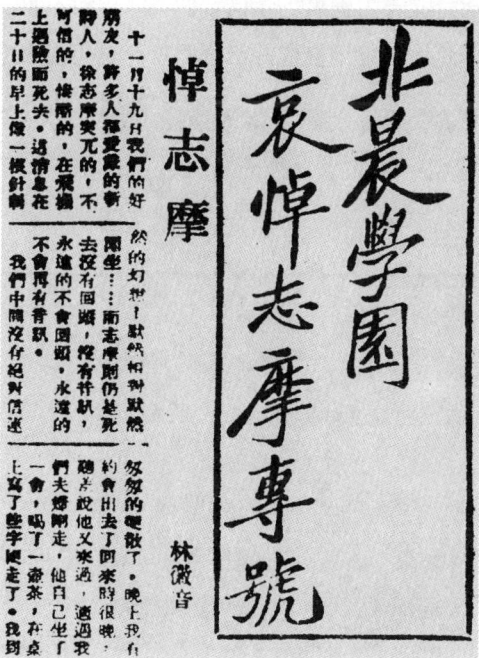

林徽因发表的悼念徐志摩的文章

1931 年 11 月 27 日，上海良友图书印刷公司出版徐志摩遗作《秋》（第四部散文集）。翌年 7 月，新月书店出版徐志摩遗作《云游》（第四部诗集）。徐志摩、陆小曼合著的《爱眉小札》（收有信札、日记等），于 1936 年 3 月，由上海良友图书印刷公司出版。为悼念"一手奠定中国诗坛的诗人"，《新月》月刊第 4 卷第 1 期、第 5 期和《诗刊》第 4 卷出特大号定名为《志摩纪念号》专刊。计有陆小曼、胡适、周作人、郁达夫、梁实秋、杨振声、韩湘君、方令孺、储安平、何家槐、赵景深、张若谷、陈梦家、方玮德、梁镇、朱湘、程鼎鑫、虞岫云、陆费逵、舒新城等发表悼念文章、哀辞挽联，继后还出版了徐志摩文选、评传以及专著等，以不同方式纪念这位"新月派"开山人物徐志摩。

1932 年春，徐志摩的灵柩被迎回家乡硖石安葬，当时与徐志摩同乡，只有十几岁的查良镛（金庸）曾随母前往吊唁这位诗人表兄，后来查氏曾有纪念文字表达了对这位才子加情爱大师的感怀之情。

徐志摩罹难之时，徐的另一位姻亲表弟陈从周为感念诗人的才华和命运，立志为徐修一年谱，使诗人史料不致湮没于世。经过数年努力，《徐志摩年谱》终于修成并出版问世。也正因为这部《年谱》，陈从周后被诬"为反动文人树碑宣传"而横遭批斗。未久，相濡以沫四十年的妻子（徐志摩表妹）撒手人寰。继而，远在美国读书的独子死于非命……天耶，命耶，对陈从周而言，只有仰天一叹了。

徐志摩原被葬在其家乡海宁硖石乡东山，墓是徐志摩父亲徐申如请当地工匠制作。该墓在 1966 年秋被造反的红卫兵小将们砸毁。墓碑折断，石墩砸毁，诗人的骸骨和衣服扬撒了一地。幸有徐的同乡、东山中学的教师许逸云，出于对诗人的敬重，在"文革"风潮退却之后，利用课余时间走

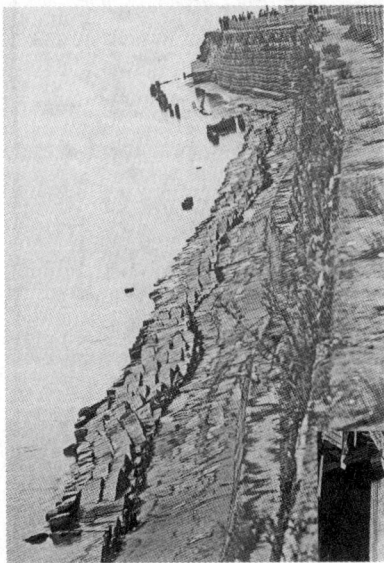

海宁古海塘

村串户，辗转打听，终于在硖石镇东南三里多一个僻静处发现了墓碑。当时"残碑已埋入土中，碑面扑地，浑身泥泞，几乎不能辨认。经当地群众协助挖出，一经翻身，几个大字赫然入目。'张宗祥题'一行小字也清晰可见。同时发现的还有后土碑及祭石台。自此墓碑得过且过以保存"（《徐志摩年谱》）。

"文革"结束后，一些有识之士开始向当地政府反映要重新筑徐志摩坟茔，许逸云更是积极上下奔波，终于得到了当地政府的支持，并邀请已成为著名建筑学家、同济大学教授的陈从周到硖石主其事，徐志摩墓乃得以重建。重建后的徐墓为陈从周设计，改建在西山。形制、规模与原墓稍有出入，只是徐的尸骸早已荡然无存，仅埋有一书一石：书是《徐志摩年谱》；石为陈从周参加庐山风景区规划时所得金星之石，上有刻文，载墓葬由东山迁西山事。此墓 1983 年清明节正式开放。徐志摩与张幼仪之子徐积锴曾于 1985 年、1990 年及 1997 年，三次回海宁祭扫父亲坟墓，其情其景令人唏嘘感叹。

林徽因与金岳霖的一世情缘

徐志摩乘风西去，世间与林徽因最为相知相爱的男儿，只有梁思成和老金了。

生长于三湘大地的老金，比梁思成大六岁，比林徽因大九岁，在梁、林面前是名副其实的老大哥。金岳霖 1914 年毕业于清华学校，后留学美国、英国，又游学欧洲诸国近十年，所学专业由经济转为许多人看来枯燥无味的哲学。他按照当时风行的清华—放洋—清华的人生模式，于欧洲归国后执教于清华大学，转了一圈又回到了起点。但此点非彼"点"，不一样就是不一样，已经受欧美文化的熏陶，生活已相当西化的金岳霖，重返清华后总是西装革履、打扮入时，加上一米八几的高个头，可谓仪表堂堂，极富绅士风度。自清朝同治年间老金的家乡出了一个曾文正公之后，湖南人的雄心壮志就空前地膨胀起来。据老金说，他少年读书时，就跟着学长们齐声高唱："中国若是古希腊，湖南定是斯巴达；中国若是德意志，湖南

留学美国时的金岳霖

定是普鲁士；若谓中华国果亡，除非湖南人尽死"等等。这种"舍我其谁"的豪气、霸气和"与天斗，与地斗，与阶级敌人斗"的"斗争哲学"，似乎没有引起金岳霖的兴趣，他的血脉中流淌的是浪漫、天真、风流、率性、淳朴的因子，他作为三湘大地的一个异数，抛弃了湖南人叫得最起劲的"斗争哲学"，而渐渐转向"形式逻辑"的研究。超然物外，视名利金钱如粪土，则是金岳霖的典型特性，他的身上没有像多数知识分子那样有不可摆脱的杂质。老金曾有一句常挂在嘴边的名言："与其做官，不如开剃头店；与其在部里拍马，不如在水果摊子上唱歌。"著名哲学家冯友兰对金岳霖这位多年的同事和旧友，曾做过如此的评价："金先生的风度很像魏晋大玄学家嵇康。"冯氏的比喻未见得完全妥帖，但在老金身上看到人们想象中嵇康的影子当是不差的。

在所有关于金岳霖的轶闻趣事中，最引人注目的一件事是他终生未娶。好事者们阐释的版本相当一致：他一直恋着建筑学家、诗人林徽因。据说，老金在英国读书时，曾得到很多妙龄少女的青睐，其中有一风流俊美的整天高喊着"哈喽"、"OK"的金发女子，还神神道道地追随老金来到北平，并同居了一段时期。自与林徽因相识后，这位风流美女便被老金打发到美国娘家去了，再也没有回来。

据好事者研究考证，跟金岳霖同来中国的是中文名字叫丽琳（莉莲）的美国女人。此女与老金何时相识相恋记载不详，外界所知的是，该女子与老金同于 1924 年赴法国游历，后又去意大利转了一圈，于 1925 年 11 月来中国同居。在当时看来，丽琳属于妇女界的另类，她倡导不结婚，但对中国的家庭生活又极感兴趣，表示以同居的方式体验中国家庭内部的生活与爱情真谛，于是便和老金在北平悄然蛰住下来。对于这段生活，当时北平学界许多人都知此事并识其人。徐志摩与丽琳同样相识，他在1928年12月13日由上海到北平后，给陆小曼写的信中对此事有所披露："老金他们已迁入（凌）叔华的私产那所小洋房，和她娘分住两厢，中间公用一个客厅。……丽琳还是那旧精神……"至于这位来自美国的丽琳，因何事、何时离开了老金回归家乡，并黄鹤一去不复返，在已发现的文字中少有记载，而当时的学界中人又为爱护老金的面子计，对此事大多讳莫如深，后人也就无从知晓了。人们所看到的是，随着老金与梁、林夫妇相识并成为朋友，思维与处事方式颇为另类的他一高兴，干脆卷起床上那张狗皮褥子，提了锅碗瓢盆，搬到北总布胡同三号"择林而居"了（金岳霖语）。

据可考的资料显示，老金是1932年搬到北总布胡同与梁家同住一处的，只是按老金的说法："他们住前院，大院；我住后院，小院。前后院都单门独户。三十年代，一些朋友每个星期六有集会，这些集会都是在我的小院里进行的。因为我是单身汉，我那时吃洋菜。除了请了一个拉东洋车的外，还请了一个西式厨师。'星六碰头会'吃的咖啡冰激凌和喝的咖啡都是我的厨师按我要求的浓度做出来的。除早饭在我自己家吃外，我的中饭、晚饭大都搬到前院和梁家一起吃。这样的生活一直维持到七七事变为止。抗战以后，一有机会，我就住在他们家。"这段话是老金晚年的回忆，并自称"一离开梁家，就像丢了魂似的"。

金岳霖孑然一身，无牵无挂，始终是梁家沙龙中的座上常客。梁家与老金之间，文化背景相同，志趣相投，交情也就自然地非寻常人可比。金岳霖对林徽因的人品才华赞羡至极，十分呵护，而林对老金亦十分钦佩敬爱，他们之间的心灵沟通达到了只可意会、不可言传的境界。徐志摩死后，金与林之间的感情越来越深，最后到了心心相印，难舍难离，甚至干柴烈火加草木灰搅在一起不可收拾的程度。

关于金与林之间的这段情缘，许多年后梁思成曾有所披露。据梁的后续夫人林洙说："我曾经问起过梁公关于金岳霖为林徽因而终身不娶的事。梁公笑了笑说：'我们住在总布胡同的时间，老金就住在我们家后院，但另有旁门出入。可能是在1931年，我从宝坻调查回来，徽因见到我哭丧着脸

林徽因1936年夏在北京家中

说，她苦恼极了，因为她同时爱上了两个人，不知怎么办才好。她和我谈话时一点不像妻子对丈夫谈话，却像个小妹妹在请哥哥拿主意。听到这事我半天说不出话，一种无法形容的痛苦紧紧地抓住了我，我感到血液也凝固了，连呼吸都困难。但我感谢徽因，她没有把我当一个傻丈夫，她对我是坦白和信任的。我想了一夜该怎么办。我问自己，徽因到底和我幸福还是和老金一起幸福？我把自己、老金和徽因三个人反复放在天平上衡量。我觉得尽管自己在文学艺术各方面有一定的修养，但我缺少老金那哲学家的头脑，我认为自己不如老金，于是第二天，我把想了一夜的结论告诉徽因。我说她是自由的，如果她选择了老金，祝愿他们永远幸福。我们都哭了。当徽因把我的话告诉老金时，老金的回答是：'看来思成是真正爱你的，我不能去伤害一个真正爱你的人。我应该退出。'从那次谈话以后，我再没有和徽因谈过这件事。因为我知道老金是个说到做到的人。徽因也是个诚实的人。后来，事实也证明了这一点，我们三个人始终是好朋友。我自己在工作上遇到的难题也常去请教老金，甚至连我和徽因吵架也常要老金来'仲裁'，因为他总是那么理性，把我们因为情绪激动而搞糊涂的问题分析得一清二楚。"

梁思成进一步解释说："林徽因是个很特别的人，她的才华是多方面的。不管是文学、艺术、建筑乃至哲学，她都有很深的修养。她能作为一个严谨的科学工作者，和我一同到村野僻壤去调查古建筑，又能和徐志摩一起，用英语探讨英国古典文学或我国新诗创作。她具有哲学家的思维和高度概括事物的能力。所以做她的丈夫很不容易。中国有句俗话，'文章是自己的好，老婆是人家的好'。可是对我来说是，老婆是自己的好，文章是老婆的好。我不否认和林徽因在一起有时很累，因为她的思想太活跃，和她在一起必须和她同样地反应敏捷才行，不然就跟不上她。"

从口传与残存的文字看，这三人间的关系颇有点像西洋小说里的故事，这个故事的结局是：金和林一直相爱、相依、相存，但又不能结成夫妻，金终生未娶，以待徽因，只是命运多舛，徽因英年早逝，只留得老金继续孤独的爱情行旅了。

当欲望之火熄灭，只存温热的灰烬之后，金岳霖理智地看待自己所处的位置并理性地掌控着他的处世哲学，许多时候用"打发日子"来形容自己长期不成家的寂寞。他在后来著述的文章中，把自己与梁、林三人间的亲密关系做了简单的、纯粹外表上的描述，并发挥了对"爱"和"喜欢"这种感情与感觉的分析。按老金的逻辑推理："爱与喜欢是两种不同的感情或感觉。这二者经常是统一的，不统一的时候也不少，就人说可能还非常之多。爱，说的是父母、夫妇、姐妹、兄弟之间比较自然的感情，他们彼此之间也许很喜欢。"而"喜欢，说的是朋友之间的喜悦，它是朋友之间的感情。我的生活差不多完全是朋友之间的生活"。看得出，此时的老金已真的把爱藏在心底，与梁、林夫妇以纯粹的朋友相互"喜欢"了。

由于老金在日常生活中名士气或曰书呆子气太重，在当时的北平学术界流传着许多令人为之捧腹的故事。老金闲来无事，平时迷恋养鸡、养蛐蛐等小动物，想不到这养鸡斗蛐蛐竟闹出了奇事。据赵元任的妻子杨步伟晚年在回忆录《赵家杂忆》中说：赵家在北平时，有一天，金岳霖忽然给赵元任家打了一个电话，说是家里出了事，请赵太太赶快过来帮帮忙（按：杨原在日本学医，专业是妇产科）。杨步伟认为大概老金那时正跟一位莉莲·泰勒（Lilian Taylor）小姐做朋友，可能出了什么男女私情方面的事，跑去一看，原来是金家的一只老母鸡生不出蛋，卡在后窗的半当中，情急之下老金忙请杨医生前来帮忙助产。

就在杨步伟"助产"不久，又发生了这样一件奇事。据当代作家黄集伟说："某日，伏天，数位友人同往金先生舍下闲坐。一进门，便见金先生愁容满面，拱手称难：'这个忙诸位一定要帮啦！'友人既不知何事，又不便细问，但念及'金老头儿'独身一人，不便诸多，便做英雄状慷慨允诺。

俄顷，厨师为来宾每人盛上一碗滚沸的牛奶……英雄言辞尚余音缭绕，无奈，只得冒溽暑之苦，置大汗淋漓于不顾将碗碗热奶一饮而尽。谁知几位不几日再次光顾，重又承蒙此等礼遇，且金先生口气坚定，有如军令。事隔旬日，好事者向金先生问及此事，方知原来金先生冬日喜饮奶，故订奶较多；时至盛夏，饮量大减，却又弃之可惜，故有'暑日令友人饮奶'一举。也许金先生以为订奶有如'订亲'，要'从一而终'，不得变故。殊不知奶之定量增减尽由主人之便的通例。当友人指点迷津甫毕，金先生照例回赠四个字的赞许：'你真聪明！'"

除上述所列，还有更令人拍案叫绝者。据金岳霖自己回忆：陶孟和在北平时与老金是好朋友，陶也是介绍金在北平较早吃西餐的引路人。当时陶住在北平的北新桥，电话是东局五十六号，金岳霖平时记得很牢，可有一天给陶孟和打电话，突然发生了意外。老金拨通后，电话那头的小保姆问："您哪儿？"意思是你是谁。老金一听，竟一时忘了自己是谁，但又不好意思说自己忘了，即使说，对方也不会相信，一定认为是搞恶作剧，但是老金真的是忘了。憋了半天，急中生智，说："你甭管我，请陶先生说话就行了。"可那位小保姆仍不依不饶地说："不行。"老金好言相劝了半天，对方还是说不行。万般无奈中，老金只好求教于自己雇来的洋车夫王喜，说："王喜呵，你说我是谁？"王喜听罢，将头一摇，有些不耐烦地答道："你是谁我哪里知道。"老金着急地说："你就没听见别人说过我是谁？"王喜头一扭说："只听见人家叫金博士。"一个"金"字才使老金从迷糊中回过神来，急忙答道："呵，我老金呵！"电话那头早已挂断了。

以上故事是说老金的"痴"与"愚"，下面两例则是老金的"直"与"憨"。

留美才子、当年清华研究院的实际负责人吴宓是老金的好友。一次，吴按捺不住爱情对他的折磨，公然在报纸上发表了自己的情诗，其中有"吴宓苦爱毛彦文，九州四海共惊闻"之句（吴与自己的发妻陈心一生下三个女儿后离婚，转而追求一代才女毛彦文，但终生未果）。众人闻见，大哗，认为吴有失师道尊严，不成体统，便推举老金去劝劝吴，希望对方以后多加收敛，不要锋芒毕露，刺痛了别人，也伤及自身。于是，老金便稀里糊涂地找到吴说："你的诗如何，我们不懂，但是内容是你的爱情，并涉及毛彦文，这就不是公开发表的事情。这是私事情。私事情是不应该在报纸宣传的。我们天天早晨上厕所，可是我们并不为此宣传。"话音刚落，吴宓勃然大怒，拍着桌子高声呵斥道："你休在这里胡言乱语，我的爱情不是上厕所，厕所更不是毛彦文！"老金听罢，不知如何是好，只有木头

清华时代的吴宓

一样呆呆地站着听吴骂了半天。后来老金曾自我检讨说："我把爱情和上厕所说到一块儿，虽然都是私事情，确实不伦不类。"

　　"七七"事变后，金岳霖与梁家一起离开北平，转道天津赴长沙。后来，又先后抵达昆明。梁、林夫妇继续经营中国营造学社，老金则任教于西南联大哲学系，但多数时间仍与梁家住在一起。据当时就读于西南联大，受业于金岳霖，后成为知名作家的汪曾祺说："金先生的样子有点怪。他常年戴着一顶呢帽，进教室也不脱下。每一学年开始，给新的一班学生上课，他的第一句话总是：'我的眼睛有毛病，不能摘帽子，并不是对你们不尊重，请原谅。'他的眼睛有什么病，我不知道，只知道怕阳光。因此他的呢帽的前檐压得比较低，脑袋总是微微地仰着。他后来配了一副眼镜，这副眼镜一只的镜片是白的，另一只是黑的。这就更怪了。后来在美国讲学期间把眼睛治好了，——好一些，眼镜也换了，但那微微仰着脑袋的姿态一直还没有改变。他身材相当高大，经常穿一件烟草黄色的麂皮夹克，天冷了就在里面围一条很长的驼色的羊绒围巾……除了体育教员，教授里穿夹克的，好像只有金先生一个人。他的眼神即使是到美国治了后也还是不大好，走起路来有点深一脚浅一脚。他就这样穿着黄夹克，微仰着脑袋，深一脚浅一脚地在联大新校舍的一条土路上走着。"老金这一颇具特色的鲜明形象，给整个西南联大师生留下了深刻印象。作为国文系出身的汪曾祺还回忆道："金先生是研究哲学的，但是他看了很多小说。从普鲁斯特到福尔

摩斯，都看。听说他很爱看平江不肖生的《江湖奇侠传》。有几个联大同学住在金鸡巷……沈先生（从文）有时拉一个熟人去给少数爱好文学、写写东西的同学讲一点什么。金先生有一次也被拉了去。他讲的题目是《小说和哲学》。题目是沈先生给他出的。大家以为金先生一定会讲出一番道理。不料金先生讲了半天，结论却是：小说和哲学没有关系。有人问：那么《红楼梦》呢？金先生说：'红楼梦里的哲学不是哲学。'他讲着讲着，忽然停下来：'对不起，我这里有个小动物。'他把右手伸进后脖颈，捉出了一个跳蚤，捏在手指里看看，甚为得意。"

汪曾祺讲的只是生活中几个逗人的片断，就金岳霖而言，当然还有他生活严谨和忧国忧民的一面，否则金岳霖将不再是金岳霖，而成为王岳霖或张岳霖了。

金岳霖和他同时代的许多著名学者一样，基本上都是早年清华，然后留美，回国做大学教授，属于名重一时的欧美"海归"派。虽然各自的专业不同，但整体教育背景决定了他们对政治的态度，即"参政意识"。老金的专业真正懂得的人不多，但他在自己的专业领域则是首屈一指的大师级人物。老金年轻的时候，虽然对中国社会的利弊有清醒的认识，但并没有失去信心，他在1922年28岁的时候，曾经对知识分子改良社会充满了信心和希望。他说："有这种人去监督政治，才有大力量，才有大进步。他们自身本来不是政客，所以不至于被政府利用，他们本来是独立的，所以能使社会慢慢地就他们的范围。有这样一种优秀分子，或一个团体，费几十年的工夫，监督政府，改造社会，中国的事，或者不至于无望。"他不止一次说过他一生对政治不感兴趣，却又不知不觉地对政治投入了热情，与当时许多清华、北大"海归"派一样，在许多公开发表的宣言中签过名，对学生运动，也和其他教授一样，有自己的一贯看法和一套为人处世的道德哲学。

为此，金氏的学生殷福生（后改名海光，1949年赴台湾在台大任教多年）曾这样描述金岳霖对他的影响："在这样的氛围里，我忽然碰见业师金岳霖先生。真像浓雾里看见太阳！这对我一辈子在思想上的影响太具决定作用了。他不仅是一位教逻辑和英国经验论的教授，并且是一位道德感极

强烈的知识分子。昆明七年教诲，
严峻的论断，以及道德意识的呼唤，
现在回想起来实在铸造了我的性格
和思想生命。透过我的老师，我接
触到西洋文明最厉害的东西——符
号逻辑。它日后成了我的利器。论
他本人，他是那么质实、谨严、和
易、幽默、格调高，从来不拿恭维
话送人情，在是非真妄之际一点也
不含糊。"正是得益于金岳霖的言传
身教，殷海光才有了后来在思想与
学术上的发扬光大。尤其到台湾之
后，殷氏成为中国台湾地区 20 世纪
五六十年代最具影响力的学者、政
论家、哲学家和逻辑学家，并成为
中国现代最重要的思想家之一、中
国现代自由主义思潮的重要代表
人物。

殷海光与夫人、女儿在台北留影

　　殷海光去世后，由台湾远景出版社出版记录殷氏临终前话语的《春蚕
吐丝》（陈鼓应编）一书，书中多处谈到殷海光与金的交往及其对金的评
价。其中有一段讲到抗战前北平的逻辑研究会。在一次聚会时，有人提起
哥德尔（K. Goedel）工作的重要，老金说"要买一本看看"，他的一个叫
沈有鼎的学生当场对金说道："老实说，你看不懂的。"老金闻言，先是
"哦，哦"了两声，然后说："那就算了。"当时殷海光在一边看到他们师生
两人的对话大为吃惊，认为"学生毫不客气的批评，老师立刻接受他的建
议，这在内地是从来没有的"。后来，老金在西南联大的一位叫王浩的高
徒，在美国读到这个故事后，认为此事"大致不假"，而且觉得"大家都该
有金先生这种'雅量'，如果在一个社会里，这样合理的反应被认为是奇
迹，才真是可悲的"。所言是也。

　　或许，正是由于有了这样的学生，金岳霖精神的血脉得以延续，薪火代代相传。而他来李庄的故事，因其作为一代哲学大师的地位，以及非凡的人格魅力与道德坐标，成为整个中国抗战文化中不可或缺的组成部分，并长期存活、绵延于一代又一代学人的记忆里，成为一道亮丽、永恒的风景，镌刻在滚滚东逝的扬子江头。

第七章　回首长安远

鸿雁在云鱼在水

老金来到李庄，无论是林徽因的病情还是梁家的生活环境，都比他想象的还要糟糕。林徽因旧病复发他早已从通信中得知，只是想不到病得如此厉害。林旧病复发的原因，老金来到之后，才真正体会到与当地气候、环境有极大关系。抗战时期曾在重庆工作、生活的德国人王安娜博士在她的回忆录《中国——我的第二故乡》中，曾描述过重庆一带的环境："从飞机上俯瞰重庆，但见迷茫一片。每年10月至第二年4月末，全市都覆罩着浓雾。风平浪静时，长江及其支流嘉陵江这两条大川的水蒸气，与含硫量很高的煤块烧出来的煤烟混在一起，便成了烟雾。无数的烟囱冒出滚滚浓烟，使得重庆到处都弥漫着硫黄的气味。因此，重庆自不待说，河岸的各个村庄的空气对健康都很有损害，肺结核病蔓延得很广。"尽管李庄离重庆几百公里，但上游的泸州、宜宾等中等城市的情形与重庆极为相近，硫黄的气味并未消减，林徽因与后来梁思永，还有陶孟和的夫人——民国时期一代名媛沈性仁相继发病，且皆是肺病，与气候和环境污染有着极大的关联。

老金看到，梁家唯一能给林徽因养病用的"软床"是一张摇摇晃晃的帆布行军床。自晚清至抗战前的几十年，川南军阀混战不断，战祸连绵，李庄已衰落凋零，整个镇子没有一所医院，也没有一位正式医生，更没有任何药品。林徽因告诉老金，家中唯一的一支体温计已被儿子从诫失手摔碎，搞得她大半年竟无法测量体温，只有靠自己的感觉来估计发烧的度数。在这种条件下，林的病情日渐加重，眼窝深陷，面色苍白，晶莹的双眸也

在四川李庄生病时的林徽因，睡的是一张老式的帆布行军床。

失去了往日的神采，成了一个憔悴、苍老、不停咳喘的衰弱病人。此前林徽因在写给西南联大沈从文的一封信中，曾这样表露过自己痛苦、无奈的心情："如果有天，天又有旨意，我真想他明白点告诉我一点事，好比说我这种人需不需要活着，不需要的话，这种悬着的日子也不都是奢侈？好比说一个非常有精神喜欢挣扎着生存的人，为什么需要肺病，如果是需要，许多希望着健康的想念在我也就很奢侈，是不是最好没有？"每当看到爱妻躺在病床上痛苦地挣扎时，束手无策的梁思成便在心底呼喊着："神啊！假使你真的存在，请把我的生命给她吧！"

好在随着天气转暖，林徽因发了几个月的烧有点消退，只是时退时烧，无法稳定，身体仍然十分虚弱，大多数时间都躺在行军床上，不能随意行动。这对好动惯了的林徽因而言，无疑是一件莫大的痛苦。自林徽因病倒后，梁思成毫无怨言地承担起所有家务，并尽心竭力地照顾病妻的一切。由于李庄没有任何医疗条件，梁思成只好自己学着给林徽因打针，并学会了肌肉注射和静脉注射。经过大半年的治疗和静养，人总算挣扎着活过来了，梁思成对妻子的坚强和上帝的惠顾心怀感激。

林徽因的病情，对本来生活就极其困难的梁家，可谓雪上加霜。在李庄镇读小学的梁再冰与梁从诫，也开始同父母一道经历生活的艰辛痛苦，此时的梁家穷得连一双普通的鞋子都买不起了。据梁从诫回忆，他几乎长年穿着草鞋或赤脚，只有到了最冷的冬天，才穿上外婆给他亲自缝制的布鞋。偶尔有朋友从重庆或昆明带来一小罐奶粉，就算是林徽因难得的高级营养品。有时梁从诫经不住这高级营养品的诱惑，偷偷吃一点，被父亲发现后，往往要挨一顿揍。梁思成有爱吃甜食的习惯，但李庄除了土制红糖之外没有别的甜食可吃。梁氏只好开动脑筋，把土糖蒸熟消毒，当成果酱抹在馒头上食用，戏称之为"甘蔗酱"。为了保证不间断林徽因用药，梁思成经常把家中的衣物拿到宜宾城中变卖，以购买药物和必需的生活用品。关于这段生活，梁再冰在许多年后曾有一段令人心酸的回忆：

梁再冰（后排右一）、梁从诫（后排右三）与伙伴们在一起

　　四川气候潮湿，冬季常阴雨绵绵，夏季酷热，对父亲和母亲的身体都很不利。我们的生活条件比在昆明时更差了。两间陋室低矮、阴暗、潮湿，竹篾抹泥为墙，顶上席棚是蛇鼠经常出没的地方，床上又常出现成群结队的臭虫。没有自来水和电灯，煤油也须节约使用，夜间只能靠一两盏菜油灯照明。

　　我们入川后不到一个月，母亲肺结核症复发，病势来得极猛，一开始就连续几周高烧至四十度不退。李庄没有任何医疗条件，不可能进行肺部透视检查，当时也没有肺病特效药，病人只能凭体力慢慢煎熬。从此，母亲就卧床不起了。尽管她稍好时还奋力持家和协助父亲做研究工作，但身体日益衰弱，父亲的生活担子因而加重。

　　更使父亲伤脑筋的是，此时营造学社没有固定经费来源。他无奈只得年年到重庆向教育部请求资助，但"乞讨"所得无几，很快地就会被通货膨胀所抵消。抗战后期物价上涨如脱缰之马，父亲每月薪金到手后如不立即去买油买米，则会迅速化为废纸一堆。食品愈来愈贵，我们的饭食也就愈来愈差，母亲吃得很少，身体日渐消瘦，后来几乎不成人形。为了略微变换伙食花样，父亲在工作之余不得不学习蒸馒头、煮饭、做菜、腌菜和用橘皮做果酱等等。家中实在无钱可用时，父亲只得到宜宾委托商行去当卖衣物，把帕克钢笔、手表等"贵重物品"都"吃"掉了。父亲还常开玩笑地说：把这只表"红烧"了吧！这件衣服可以"清炖"吗？（转引《困惑的大匠》，林洙著）

梁思成在给费慰梅的信中，也毫不掩饰地提到了李庄的生活。费慰梅说："从来信中看，那大大小小和形形色色的信纸，多半是薄薄的、泛黄发脆的，可能是从街上带回来，包过肉或菜的。有时候，也有朋友给的宝贵蓝色信纸。但共同的特征是，每一小块空间都填满了密密麻麻的字，天头地脚和分段都不留空，而最后一页常常只有半页或三分之一页，其余的裁下来做别的用途。那用过了的信封，上面贴的邮票一望即知，当时即使是国内邮件，邮资也令人咋舌。我们终于明白，为什么一个信封里装了好几封信，这样一次寄出去，可以在邮资上避免一次挥霍。"

1935 年，金岳霖（左一）、梁再冰（左二）、林徽因（左三）与费正清（右一）、费慰梅（右二）及费氏夫妇的朋友在北京天坛

林徽因床头上的飞机残片

除疾病的折磨和生活的艰难，对林徽因的另一个重大打击就是她弟弟林恒与其他飞行员朋友们的不断罹难。

自林徽因与梁思成结婚后，因父亲林长民已去世，林徽因的母亲与三弟林恒便跟梁家一起生活。"七七事变"时，已考取了清华的林恒受抗日爱国风潮影响，毅然决定退学，转而报考了空军军官学校，成为中国空军航空学校第十期学员。

1937 年 11 月，梁家在雨雪交加中由长沙赶往昆明，在湘黔交界的晃县，林徽因突患肺炎病倒。梁思成携妻抱子，在那只有一条泥泞街道的小县城里到处寻找投宿的客栈。几次联系未果，于走投无路之际，幸亏偶然遇上了一批同样往昆明撤退，暂时在此地住宿的中国空军杭州笕桥航校的第七期学员。看到林徽因的病情，年轻的学员们腾出一个房间让发烧已 40 度的林徽因和孩子、老母躺下。旅途中的这次重病，对林徽因的身体造成了严重损害，埋下了几年后于李庄肺病复发的祸根。也正是这次重病，使梁家与这批飞行员相识相知并结下了深厚的友谊。

事后得知，这是一批抗战前夕来自沿海大城市投笔从戎的爱国青年，后来大多数家乡沦陷。当他们在昆明集训时，每当休息日，总是三五成群结伴来到梁家，并把梁、林当作长兄长姐看待，对他们诉说自己的乡愁和种种苦闷。有些巧合的是，作为空军航校第十期学员的林恒，不久也奉命撤往昆明。因这层关系，梁家与这批航校学员的友谊更加密切。又因为梁、林的关系，航校的学员们和西南联大的一些教授，如张奚若、钱端升、金岳霖等也有了交往，一身戎装的青年军人与长衫布褂

1940 年在成都阵亡的林恒

的知识分子，在昆明共同度过了一段快乐时光。

大约一年之后，这批学员从航校毕业，并作为驱逐机驾驶员编入对日作战部队。由于学员们没有任何一位有亲属在昆明，当这批学员毕业时，梁、林夫妇被邀请做他们全期（第七期）的"名誉家长"出席毕业典礼并致词。

据梁从诫回忆，当时国民政府只用一些破破烂烂的老式飞机来装备自己的空军，结果是抗战没有结束，这批学员便全都在一次次与日寇力量悬殊的空战中牺牲了，没有一人幸存。因为多数学员家在敌占区，他们阵亡后，部队便把一封公函和一个小小包裹——一般是一份阵亡通知书、几个日记本、一些信件和照片等私人遗物寄到梁家。每一次接到遗物，作为"名誉家长"的林徽因睹物思人，都要哭上一场。当时梁、林没有想到，此种做法后来竟成为这支部队的惯例。当梁家迁往四川李庄后，双方只靠通信联系，但部队仍按原有的惯例向梁家不断寄阵亡飞行员的遗物。此时林徽因已重病在身，难以承受一次次感情上的打击。梁思成为了保护妻子，每有阵亡飞行员的遗物寄来，便默默藏起来，不再声张。未过多久，刚刚从航校毕业的第十期学员林恒，也在成都上空阵亡了。

梁思成得知噩耗，没敢立刻告诉爱妻，自己借到重庆出差的机会，匆匆赶往成都（林恒的训练基地此时已由昆明迁往成都）收殓了林恒的遗体，掩埋在一处无名墓地里。为了向林徽因的母亲（与梁家同居李庄）隐瞒这一不幸的消息，梁思成归来后，把林恒的遗物——一套军礼服和一把毕业时由部队配发的"中正剑"，小心翼翼地包在一个黑色包袱里，悄悄藏到衣箱最底层。

林徽因的妈妈（右一）与梁思成、林徽因、梁再冰合影

后来老人还是从邻居口中得知了真情，悲痛欲绝，当场晕厥。与自己的母亲相比，林徽因得此消息，尚能直面惨淡的人生，承受住了感情打击。据说，梁思成还专门在林恒的遇难地找到了一块飞机残骸，带回了李庄。后来，林徽因把这一块残骸挂在自己的床头，以示永久纪念。梁思成在给他的好友费正清、费慰梅夫妇的信中写道："刚到李庄不久我就到重庆去为营造学社筹点款，而后徽因就病倒了，一病不起，到现在已有三个月。3月14日，她的小弟林恒，就是我们在北总布胡同时叫'三爷'的那个孩子，在成都上空的一次空战中牺牲成仁。我只好到成都去帮他料理后事，直到4月14日才返家，我发现徽因的病比她在信里告诉我的要严重得多。尽管是在病中，她勇敢地面对了这一悲惨的消息。"

在寄费正清夫妇的同一个信封里，林徽因加补了一张字条："我的小弟，他是一个出色的飞行员，在一次空战中击落一架日寇飞机，可怜的孩子，他自己也被击中头部而坠机牺牲了。"这句话后来被费慰梅记录于她所著的《梁思成与林徽因》一书中。

与费的记录不同的是，梁从诚在谈到林恒阵亡情形时说："那一次，由于后方防空警戒系统的无能，大批日机已经飞临成都上空，我方仅有的几架驱逐机才得到命令，仓促起飞迎战，却已经太迟了。三舅（林恒）的座机刚刚离开跑道，没有拉起来就被敌人居高临下地击落在离跑道尽头只有几百米的地方。他甚至没有来得及参加一次像样的战斗，就献出了自己年轻的生命。"（梁从诚《长空祭》，载《中华英烈》1986年第3期）

尽管林徽因与梁从诚母子说法不同，但林恒在抗战中为国捐躯当是铁的事实，后世有好事者也没有就林恒是否打下敌机与在什么状态下牺牲一事进行争论，倒是围绕梁思成捡回的一块飞机残骸，旧事重提，开始了喋喋不休的唇枪舌战。

当年徐志摩在济南白马山坠机身亡时，按照林徽因的叮嘱，前去收尸的梁思成专门带回一小块失事的飞机残骸。此后的岁月，这块飞机残骸一直挂在林徽因卧室的墙壁上，以表达对徐志摩的永久怀念。就是这块飞机残骸，令好事者视为林爱徐的"铁证"。有一名叫苗雪原者，在《书屋》2001年第11期上，发表了《伤感的旅途——徐志摩情爱剖析》一文，内中

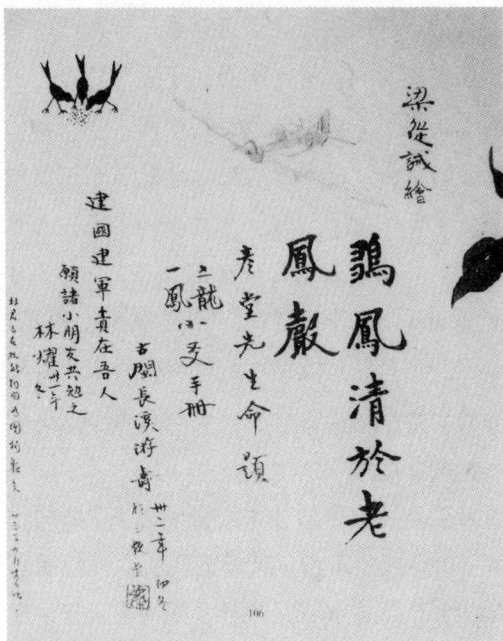

梁从诚画的飞机作战图。林恒的战友林耀与当时在中央研究院史语所工作的福建人游寿分别加了题款。林耀的题款是："建国建军责在吾人，愿诸小朋友共勉之。"

着重提出梁思成是否真正爱着自己的妻子林徽因的问题。经过苗氏的一番论证，认为："日后成为中国第一流建筑大师的梁思成与林徽因看起来郎才女貌十分般配，实际上梁与林的婚姻本质上极为不幸。梁在徐生前一直与之保持着良好的朋友关系。徐飞机失事后，亲赴出事地点参与料理善后事宜，并给林带回失事飞机残骸上烧焦木片一块。但林徽因的反应一定令梁始料不及，林竟将此木片悬挂于卧室正中央，并一直挂了二十四年，直至辞别人世。梁深知徐、林过去的交往，对其也并非没有一点本能的戒心，但既然能够主动带回存留着诗人印迹的遗物，说明梁此举是在信任徐、林朋友关系的基础上，出于尊重和理解妻子的感情而为之的。但梁在徐死后才惊觉林与徐之间的关系绝非友谊所能包容——诗人是林心中永远的痛，占据着任何人都无法占据的位置——而这在徐死前，一直超出梁的理解力。至于梁是否真正爱着自己的妻子林徽因呢？由于缺乏足够的史料，难以下断语。也许在徐死前是爱的，由于父荫而得到林的梁或许出于对林所承受的痛苦而心怀内疚，对林的举动加以迁就包容，但这并不成为永恒的爱的充分证明。几十年如一日悬挂于卧室墙壁中央的焦木片所包蕴的含义远远超出梁最初的定义——它以迟到的勇气寄托了始而柔弱终而刚强的女诗人对不幸婚姻的无言控诉和对意中人无限的深情。在它面前，梁作为一个男人，一个丈夫的尊严，及其对妻子的感情直至整个婚姻，在每一天每一晚都将受到挑战、考验和折磨。"

　　为了证明梁、林之间没有爱情，苗氏举例加以说明："林徽因于1955年辞世后仅一年梁就有了新夫人林洙的事实或许能够说明一切。就人之常情而言，即便是缘分平常的夫妻，几十年的共同生活，也会产生相濡以沫的感情，在如此短的时间内追思亡灵之痛尚未平复，遑论再议迎娶新妇？二人貌合神离的婚姻其裂痕以至于此！"

　　苗氏此说一出，在坊间与学术界引起了不小的波澜，林徽因与徐志摩、梁思成的关系一时又成为新一轮饭后

梁思成、林洙婚后于清华园

谈资。苗氏之说，看似独辟蹊径，另立门户，成一家之言，但细一考察又不尽然。第一，梁娶新夫人林洙与林病逝"仅一年"，此说明确有误。从当事人留下的材料看，梁与林洙相爱是在1959年之后，结婚是1962年，此时离林徽因去世已七年矣（见林洙《困惑的大匠》）。如此时间间隔，无论对生者还是死者都是可以说得过去的。第二，如果说林在卧室悬挂徐志摩遇难飞机残骸是林爱徐的"铁证"，那么林在李庄悬挂弟弟林恒罹难飞机残骸之举就不好解释了。对于林收集飞机残骸的真伪，有一位名叫陈宇的徐志摩研究者曾专门到古城西安采访过林徽因的堂弟、已由大学讲堂退休在家的教授林宣。据说，林徽因跟他情同手足，几乎无所不谈。林宣与徐志摩也很熟，当年林徽因在香山养病，就是林宣陪徐志摩不断看望、照顾林徽因的。已进入耄耋之年的林宣对陈宇回忆说："我陪徐志摩下了香山后不久，就听到徐志摩再次北上飞机失事。关于林徽因保存飞机残片，确有其事。但不是一块，而是两架飞机的两块残片，并且都是由梁思成去取回的。一次是抗战期间，林徽因当飞行员的胞弟林恒在对日空战中阵亡，梁思成参与后事处理带回的。另一次即徐志摩出事时，林徽因叫梁思成马上

赶去济南取回的。"两块残片他都见过，有烧焦的痕迹，都用黄绫扎着，放置地方并无定所。（陈宇《一路解读徐志摩》，载《传记文学》1999 年第 12 期）

如果林宣的回忆无误，这两块"铁证"唯一合理的解释是，林只把此物视作一种亲情、友情的纪念性标志，并不专含男欢女爱的爱情之"爱"。这一标志尽管不尽如梁从诫所说徐、林二人一生都没有男女之爱的"爱"，但至少可说明所谓的"铁证"并不太"铁"。至于梁思成到底爱不爱林徽因，就如同鞋子穿在脚上，只有自己知道合不合适一样，也只有梁思成自己心里明白，外人看到的都是表象，不足为凭。据梁的后续夫人林洙在《困惑的大匠》中记载，梁思成生前针对社会上流传的"老婆是人家的好，文章是自己的好"一语，曾对人说过"文章是老婆的好，老婆是自己的好"，此语是否可代表梁氏的心境，只有待识者明察了。

1941 年，日机轰炸下的重庆

林恒不幸牺牲，尽管林徽因以惊人的毅力强抑住内心的悲恸，但相当长的一段时间，梁家仍没有完全从林恒阵亡的阴影中摆脱出来。老金的到来，使林徽因又想起了年轻漂亮、腼腆得像个女孩一样时刻微笑着的林恒，想起了与老金交情极好的这位年轻的弟弟。遥想当年北总布胡同时代，林恒还是个蹦来跳去的顽皮孩子，经常与老金开一些颇为幽默的玩笑，其志向与才识深得老金的赞赏。而在昆明的时候，老金仍时常挂念着这位年轻的朋友，无时无刻不关注着这位飞行学员的命运。想不到昆明一别，竟成永诀，再也无缘相见了。林徽因目睹老金如睹自家的亲人，不觉悲从中来，当她躺在病床上叙述弟弟的往事与阵亡的经过时，几度泣不成声。坐在一旁静心聆听、极富理性的老金，禁不住为失去这位年轻的朋友而痛心疾首，潸然泪下。

抗战爆发后，中国空军的装备一直处于极端的劣势，根本无法与日本空军的先进装备抗衡。直到1941年底，日军偷袭珍珠港，美国被迫参战，才开始向中国提供新型飞机，同时在印度支那等地为中国培养新一代飞行员，中国空军在装备上的劣势有了较大改观。而这个时候，梁家在昆明认识的那批老飞行员，除了一位叫林耀的伤员外，已全部壮烈殉国。这些烈士没有一人死在陆地，全部牺牲在惨烈的对日空战中。他们的遗体被埋藏在远离故乡和亲人的地方，纪念着他们的，也许只有梁氏一家。据梁从诫回忆说："每年七月七日'卢沟桥事变'纪念日中午十二点，父亲都要带领全家，在饭桌旁起立默哀三分钟，来悼念一切我们认识的和不认识的抗日烈士。对于我来说，那三分钟是全年最严肃庄重的一刻。"

1944年秋，衡阳大战爆发，梁家认识的老飞行员中，最后一位叫林耀的伤员强行驾机参战，不幸被敌击中后失踪。由于中国军队的溃败，林耀的战机残骸和本人一直未能找到。林耀的罹难，对梁家特别是林徽因在感情上再度造成了重大创伤。于深深的哀痛中，林徽因提笔在病床上写下了酝酿已久的诗行《哭三弟恒》。

哭三弟恒
——三十年空战阵亡

弟弟，我没有适合时代的语言
来哀悼你的死；
它是时代向你的要求，简单的，你给了。
这冷酷简单的壮烈是时代的诗
这沉默的光荣是你。
……

弟弟，我已用这许多不美丽言语

算是诗来追悼你，

要相信我的心多苦，喉咙多哑，

你永不会回来了，我知道。

青年的热血做了科学的代替，

中国的悲怆永沉在我的心底。

……

你相信，你也做了，最后一切你交出。

我既完全明白，为何我还为着你哭？

只因你是个孩子却没有留什么给自己，

小时我盼着你的幸福，战时你的安全，

今天你没有儿女牵挂需要抚恤同安慰，

而万千国人像已忘掉，你死是为了谁！

　　诗成时，离林恒殉难已三年。林徽因所悼念的，显然不只是自己弟弟一人，而是献给抗战前期她所认识的所有那些以身殉国的飞行员朋友们。诗人对这批朋友们寄予了无限深情，正如梁从诫所说："从中可以看出当时她对民族命运的忧思和对统治当局的责难。"许多年后，梁从诫在《长空祭》一文中再次回忆道："我的母亲早在1955年便去世了。十年浩劫开始时，只有父亲、外婆和我的继母生活在一起。清华园中那些戴红袖章的暴徒们把父亲打成'头号反动学术权威'……父亲的住房几次遭到他们的洗劫。从我家一只几乎从不打开的箱底，他们翻出了那个久已被遗忘了的黑色包袱，发现了三舅（林恒）那把镌有'名誉校长'蒋介石名字的佩剑。'梁思成还藏着蒋介石赠的短剑！'一时成了清华园中耸人的头号新闻。年老多病的父亲为此受到更残酷的批斗折磨，直到他1972年含恨长逝。母亲当年悲愤的诗句'而万千国人像已忘掉，你死是为了谁！'竟在这批人身上再一次得到印证。这历史的回声该有多么刺耳！"（《不重合的圈》）

苦难中的浅吟低唱

　　无论是对当局的责难，还是刺耳的回声，对于身处李庄偏僻一隅的林徽因与同人来说，生活还要继续，并在连绵不绝的苦难中拼上性命，继续坚持着他们的学术事业。自离开北平南下后，辗转近万里的逃难，梁家几乎把全部"细软"都丢光了，但战前梁思成和营造学社同人们调查古建筑的原始资料——数以千计的照片、实测草图、记录等等，却被紧紧地带在身边，完整地保留了下来——这是他们生命中被视为最宝贵的财富。那些无法携带的照相底版，还有一些珍贵文献，在离开北平前，经老社长朱启钤同意、梁思成经手存进了天津英租界的英资银行地下保险库，就当时的情形论，这是最安全的一种方法。意想不到的是，1939 年夏季，天津暴雨成灾，整个市区呈水漫金山之势，那家银行的地下室顷刻间变成了一座水库，营造学社所存资料几乎全部被毁。消息两年后才传到李庄。此时，老金正在梁家，当听到这个不幸的消息时，林徽因伤心欲绝，梁思成与老金也流下了悲痛的热泪。

　　失去的永不再来，劫后余存的资料使营造学社同人倍加珍惜。在李庄上坝月亮田几间四面透风的农舍里，梁思成与刘敦桢、莫宗江、刘致平、陈明达等几位共患难的同事，请来当地木匠，做了几张半原始的白木头绘画桌，摊开他们随身携带的资料，着手全面系统地总结整理营造学社战前的调查成果，梁思成开始撰写《中国建筑史》。与此同时，梁、林为了实现多年的夙愿，决定用英文撰写并绘制一部《图像中国建筑史》，以便向西方世界科学地介绍中国古代建

1939 年天津大洪水（日本川名吉郎提供）

抗战后期梁、林夫妇就是在四川李庄的这间农舍里，用英文写出了划时代巨著——《图像中国建筑史》。

筑的奥秘和成就。凄风苦雨中，夫妇二人一面讨论，一面用一台古老的、噼啪震响的打字机打出草稿，又和他们亲密的助手莫宗江一道，处心积虑地绘制了大量英汉对照注释的精美插图。此时，梁思成的颈椎灰质化病再度发作，常常被折磨得抬不起头来，他只好在画板上放一个小花瓶撑住下巴，以便继续工作。林徽因只要身体稍感舒适，就半躺半坐地在床上翻阅"二十四史"和各种资料典籍，为书稿做种种补充、修改、润色工作。床边那一张又一张粗糙发黄的土纸上，留下了病中林徽因用心血凝成的斑斑字迹。

这段时期，林徽因给在重庆工作的美国好友费慰梅的信中，较为详细地谈到了李庄的生活：

> 尽管我百分之百地肯定日本鬼子绝对不会往李庄这个边远小镇扔炸弹，但是，一个小时之前二十七架从我们头顶轰然飞过的飞机仍然使我毛骨悚然——有一种随时都会被炸中的异样恐惧。它们飞向上游去炸什么地方，可能是宜宾，现在又回来，仍然那么狂妄地、带着可怕的轰鸣和险恶的意图飞过我们的头顶。我刚要说这使我难受极了，可我忽然想到，我已经病得够难受了，这只是一时让我更加难受，温度升高、心跳不舒服地加快……眼下，在中国的任何角落也没有人能远离战争。不管我们是不是在进行实际的战斗，也和它分不开了。

老金来到李庄梁家之后，为了滋补林徽因的身体，他从自己微薄的薪水中拿出一部分，到集镇上买来十几只鸡饲养，盼望着早日生蛋。老金是圈内知名的养鸡能手，早在北总布胡同时代，就养着几只大斗鸡，并有同桌就餐的经历，当然也有请杨医生"助产"的笑话。据梁从诫说，在昆明的时候，"金爸在的时候老是坐在屋里写呀写的。不写的时候就在院子里用玉米喂他养的一大群鸡。有一次说是鸡闹病了，他就把大蒜整瓣地塞进鸡口里，它们吞的时候总是伸长了脖子，眼睛瞪得老大，我觉得很可怜"。正是由于老金具有丰富的养鸡和取蛋经验，在李庄集镇上买来的十几只鸡长势很快，不但没生病，后来还开始下蛋了，这让所有的人都为之开心。

至于老金自己，他对生活的艰难与当时的通货膨胀总是用哲学家的观点对待，他对梁、林夫妇说："在这艰难的岁月里，最重要的是，要想一想自己拥有的东西，它们是多么有价值，这时你就会觉得自己很富有。同时，人最好尽可能不要去想那些非买不可的东西。"老金的"金口玉言"，使正处在艰难困苦中的梁思成夫妇在精神上获得了一丝慰藉。

就在梁思成紧锣密鼓地准备他期待已久的《中国建筑史》写作之时，老金也借营造学社的一张白木桌子，开始了他那部煌煌巨著《知识论》的写作。按老金晚年的说法，他一生中共写了三本书，比较满意的是《论道》，写得最糟的是大学《逻辑》，花时间最长、灾难

从昆明休假来到四川李庄的金岳霖（喂鸡者），为给病中的林徽因增加营养亲自养鸡。右立者是梁思成、梁再冰、梁从诫，前背影是邻居家小孩。

最多的是《知识论》。此书之所以有此不幸的遭际，其中有一段颇为离奇的插曲。1939 年，老金刚到昆明不久，洋洋六七十万言的《知识论》就已基本杀青。有一天，敌机忽来轰炸，整个昆明警报大作，而老金正伏案赶写他那视若生命的《知识论》，且灵感大发，沉醉其中，欲罢不能。迟疑间，突然几声巨响，房屋晃动，桌椅跳腾，碎片纷飞，尘土飞扬。痴迷的老金晃晃脑袋，抖抖手稿继续沉浸在忘我的写作中。待警报解除，师生归来把他叫出，才看到前房后屋皆被炸弹击毁，老金于惊恐中喊了声"幸哉"，自此再也不敢只管书本不管炸弹了。每逢日机轰炸昆明，他便携带书稿跑到郊外，一边躲避，一边埋头修改。

当然，除视若生命的《知识论》之外，老金箱子里还装着视为自己灵魂的林徽因写给他的信函。时在西南联大文学院就读的汪曾祺后来在《跑警报》一文中回忆说：联大师生跑警报时没有什么可带，因为身无长物，一般都是带两本书或一册论文的草稿。"有一位研究印度哲学的金先生每次跑警报总要提了一只很小的手提箱。箱子里不是什么别的东西，是一个女朋友写给他的信——情书。他把这些情书视如性命，有时也会拿出一两封来给别人看。没有什么不能看的，因为没有卿卿我我的肉麻的话，只是一个聪明女人对生活的感受，文字很俏皮，充满了英国式的机智，是一些很漂亮的 Essay，字也很秀气。这些信实在是可以拿来出版的。金先生辛辛苦苦地保存了多年，现在大概也不知去向了，可惜。我看过这个女人的照片，人长得就像她写的那些信"。

汪氏这段话，很容易令读者拿金岳霖对号入座，但也有人认为所指并非此老金而是彼老金，即北京大学的金克木教授，理由是金克木的强项是印度哲学而金岳霖主打的是中国哲学和逻辑学。但问题是，汪曾祺写的是在西南联大跑警报，而金克木似未到昆明任教。原来只有小学文凭的金克木抗战前到北京大学图书馆谋了一个小职员的位子，工作性质和比他早进入该馆的毛泽东差不多。只是后来毛泽东跑到井冈山和延安的窑洞闹起了革命，而靠自学成才的金克木却坚守位子到 1937 年卢沟桥事变爆发。北大、清华、南开南迁长沙后，去了香港并被聘为《立报》国际新闻编辑（时北大的图书基本没有随迁，低级图书管理人员只能自谋生路），1939 年又经友人介绍到湖南长沙省立桃源女子中学教英文，后因国立湖南大学缺少法文教师，金克木因自学过法文被聘为教员，自此正式登上了大学讲坛。1941 年金克木经缅甸进入印度，任一家中文报纸的编辑兼习印地语与梵语，后转至印度佛教圣地鹿野苑研读佛学兼及梵文和巴利文。抗战胜利一年后的 1946 年 10 月，金克木归国被聘为国立武汉大学哲学系教授，主讲印度哲学史与梵文，1948 年转至北京大学东语系任教授，终生再未离开北大。

就以上事实推断，汪曾祺文中所说的金先生其人，如果在金岳霖与金克木二者中间选一，仍以金岳霖的可能性较大。假如此一推断成立，金先生的这位"女朋友"当指林徽因无疑。

汪还说：当时昆明人"跑警报，大都要把一点值钱的东西带在身边。最方便的是金子——金戒指。有一位哲学系的研究生曾经按金岳霖教授的逻辑学说做了这样活学活用的逻辑推理：有人带金子，必有人会丢掉金子，有人丢金子，就会有人捡到金子，我是人，故我可以捡到金子。因此，他跑警报时，特别是解除警报以后，他每次都很留心地巡视路面。他当真两次捡到过金戒指！逻辑推理有此妙用，大概是教逻辑学的金岳霖先生所未料到的"。

所谓有福必有祸，即福兮祸所倚也。金岳霖不但没有料到他的学生会捡到金子小发一笔，同样没有料到自己那比金子还要宝贵的手稿会黄鹤一去不复返。

却说有一次敌机突至，警报响起，老金同往常一样挟起书稿向郊外逃奔。当赶到城北蛇山安全地带后，日机在城内轰炸，他却坐下来埋头继续修改书稿。想不到这次日机轰炸的时间比往日长了许多，老金又饥又困，疲惫至极，以书稿当枕头躺着休息。当敌机撤离昆明上空时，天已黑了下来。老金见警报解除，爬起身就走，恍惚中书稿被遗忘在山上。等回到宿舍记起时，急忙赶回去寻找，等待他的只有几块石头和飘荡的野草。书稿到底是被风卷走，还是被人捡去保存，或当作垃圾随手扔掉？一切都不得而知，成为一个不解之谜。在一阵捶胸顿足之后，老金从巨大的懊丧与悲苦中逐渐恢复平静，痛下决心来个"重开窑子另烧砖"，一切从头再来。于是，这部后来在学术界影响巨大的哲学巨著于昆明创作了一部分，便借休假的空隙，老金又携来李庄继续写作。不过此稿最终完成时，已是七年之后的1948年年底了。老金之"痴"与"倔"再次彰显于世。

处于战争岁月的知识分子，除了一连串的苦难，也有片刻的欢乐时光。每到下午四点钟，梁思成与助手们便放下手中的工作，弄一个大茶壶，与老金等人喝起下午茶来，以消解苦难与身心的疲倦。此时严酷的暑热已经退去，病中的林徽因也请人把行军床搬到院内，与大家一道喝茶聊天，寻回一点生活的温馨。

1939年营造学社成员测绘西康（今四川）雅安高颐阙，正在记录者即梁思成。

据梁思成后来对林洙说，有天下午，在惯例的"茶话会"上，梁、林等营造学社的同人和老金谈起了天府之国的文化。在昆明的时候，营造学社曾组织了一次川康调查，梁思成与学社同人在调查古建筑的旅途中，曾沿途收集四川的民间谚语，梁氏还专门记录了厚厚的一本。当林徽因旧事重提时，梁思成兴致大增，学着四川人摆龙门阵的架势，向老金讲起在旅途中听抬滑竿的轿夫们独特风趣的对话。梁思成发现，四川的轿夫们都是用诙谐、幽默的语言来讲面前的事物，而且极具演讲天赋，几乎都是出口成章。如两人抬滑竿时，因后面的人看不见前方的道路，前后两人就要很好地配合。如果路上有一堆牛粪或马粪，前面的人就会说"天上莺子飞"，后面的那个就立即回答"地上牛屎堆"，于是二人都小心地避开牛粪。西南山区的道路多用石板铺筑而成，时间久了，石板开始活动，一不小心就会踩滑摔跤，或被石缝中的泥浆溅个满身。每遇此种境况，前面的人就会高唱"活摇活甩"，表示石板路不稳当，要多加小心，后面的人则应声答道"踩中莫踩角"（据梁思成解释，"角"，当地土语读"国"，听起来别有一番韵味）。倘要过一个很窄的小桥，前面的就喊"单桥一根线"，后者脱口而出"好马射得箭"。讲到此处，梁思成快活地摇摇头道："到现在我还弄不明白，这过桥和射箭有什么关系？"静心听讲的老金说道："是不是好比一匹马在箭杆上跑啊？"身旁的林徽因略加思索，说："有这么一点意思，但总觉得还不够准确，这句话的神妙之处还是没抓住。"梁思成说："这话可能还得请史语所的李方桂才能搞得清楚，我们不是语言学家，只能靠瞎猜。不过你别看轿夫们生活贫苦，但的确是不乏幽默，他们决不放过任何开心的机会。要是遇上一个姑娘，他们就会开各种玩笑。有一次我们坐滑竿上山，中途遇到了一个姑娘，前面的那个就说'左边有枝花'，后面的立刻接上'有点麻子还巴家'。当时我不懂，就问轿夫刚才说的是啥意思。后面的那个就小声对我说：'没看见女人是个麻脸吗？'我回头一看，那个姑娘脸上的确有些麻子，心想这帮抬滑竿的也真会糟践人。"林徽因接着说："要是碰上个厉害姑娘，前面的刚说'左边有枝花'，姑娘马上就会回嘴说'就是你的妈'！"一句话惹得众人喷水大笑。

李庄的日子就这样一天天度过了。当老金休假期满，准备离川回昆明时，傅斯年携妻带子又悄然来到了李庄，这对正处于艰难困苦中的梁家与史语所同人无疑是一个重大喜讯。

梁思成测绘的门阙图

遂把他乡当故乡

1941 年 12 月 7 日，傅斯年携妻俞大綵与儿子傅仁轨抵达李庄。

在如此严寒的冬季急着赶往李庄，除史语所的人员与一堆杂七杂八的事务放心不下，主要原因是傅的身体状况已糟糕得不容许他再行代理中央研究院总干事一职了。他必须离开重庆那乌烟瘴气的官场，到这个偏僻的古镇静下心来，于日常工作中好好休养一下即将垮掉的大块头身子。

因冬季上水行船，行驶缓慢，连续五天的颠簸动荡，到达李庄板栗坳之后的傅斯年头晕目眩，全身无力，几不能行步。一量血压，水银柱猛地上窜，竟打破了先前的一切记录，高血压症再度爆发，只得大把吃药，迷迷糊糊地昏睡了一个多星期才稍有好转。当他从床上爬起来，晃晃悠悠地走出房间，站在板栗坳的山顶上，眺望东流不息的长江时，大有"山中方几日，世上已千年"之感。此时，日本舰队已偷袭了珍珠港，美国太平洋舰队几乎全军覆没。随着恼怒的美国对日宣战，英国等国家也相继对日宣战，一个世界性反法西斯战争的格局形成了。

这年的 12 月 22 日，蒋介石电令国民党杜聿明第五军、甘丽初第六军、张轸第六十六军编组以罗卓英、杜聿明为正副司令官的中国远征军，入缅甸配合英军对日作战。

1942 年 1 月 3 日，由美国总统罗斯福提议，蒋介石被正式推举为中国战区最高统帅，全权负责中国、泰国及越南地区联军部队对日作战的总指挥。

国际战争局势明显向着有利于中国的方向发展，但作为偏隅一地的小小李庄，却一如既往，看不出有什么明显变化，所有的当地人和"下江人"仍在战争的威胁与物资极端匮乏的阴影中艰难度日。在此之前，史语所代所长董作宾已被诸种繁杂的事务搞得疲惫不堪，祈盼傅斯年早日回到李庄主政。从他此前给傅氏的信中不难看出心情之迫切。1941 年 5 月 21 日，董作宾致电傅斯年，询问"是否提前来李，当代筹备"；8 月 9 日再发一电："兄寓修成，弟当迁入，为兄守门户，静候返所。"8 月 27 日，傅斯年从重庆致信董作宾，表示不日将回归李庄。9 月 22 日，董作宾再度致函傅斯年，告之曰："兄之房子装修后大致可用，弟偶工作于此，以示其屋有用……"

董作宾所说的房子，是专门为傅斯年预留的一个叫桂花坳的小地方。此地坐落在一个小山坡上，离板栗坳张家大院隔着几块水田，石头垒起基脚，高出水田许多，视野比较开阔。在这个看上去既独立又和张家大院整体上联在一起的地方，几栋房子围成一个三合院，房前屋后茂林修竹，风景倒也典雅别致。傅斯年全家入住后，甚感满意，傅斯年夫人俞大綵曾回忆说："那是一个水秀山明、风景宜人的世外桃源。我们结庐山半，俯瞰长江……在李庄几年中，孟真在家时更少，常去重庆，心所焦虑，唯在国家之危急存亡。"这段记述，与梁思成、林徽因夫妇及梁再冰、梁从诫等记述有很大不同。在梁家人眼里，这里是个偏僻荒凉、寂寞的"名副其实的穷乡僻壤"，除了潮湿、阴冷、简陋的农舍，就是满屋子乱窜乱爬的老鼠和臭虫，可谓"简直不是人住居的地方"（林徽因语）。而在傅斯年夫妻眼里，这里的环境除了如"世外桃源"外，仅住居条件而言，正如傅斯年给胡适的信中所说："两处皆是一片大好房子。"从大的角度看，梁家与傅家的住房条件在各方面都基本相当，之所以产生天壤之别的分歧，主要取决于各自的心境与在此地住居时间的长短，或许由于傅斯年一家住厌了达官贵人们整日吵闹不止，令人心烦意乱的陪都重庆，来到李庄这块僻静之地短期住居，才产生了一种别样的新鲜之感吧。但在国难当头，就傅斯年的身体与生活条件而言，在来李庄之前和之后并不比梁家更好，这一点从俞大綵的回忆

傅斯年在李庄板栗坳的故居（作者摄）

中可辨得分明：

> 孟真屡年来，因为公务奔波劳碌，感时忧国，多年的血压高症爆发，头昏眩，眼底血管破裂，情形严重。不得已，在（重庆）郊区山中，借屋暂居，藉以养病。那时，他奄奄在床，濒临危境，悲身忧世，心境极坏，看不见他常挂在嘴角的笑容了。

> 那是一段穷困悲愁的日子。孟真重病在身，幼儿食不果腹。晴时，天空常有成群的敌机，投下无数的炸弹。廊外偶尔细雨纷霏，又怕看远树含烟，愁云惨淡，我不敢独自凭栏。

> 记得有一次，三五好友，不顾路途遥远，上山探疾。孟真嘱我留客便餐，但厨房中除存半缸米外，只有一把空心菜。我急忙下楼，向水利会韩先生借到一百元，沽肴待客（我与韩君，素不相识，只知他曾在北京大学与孟真同学，但不熟）。那是我生平唯一的一次向人借钱。

> 事隔一月，我已还清债务，漫不经心地将此事当笑话说与孟真听。不料他长叹一声，苦笑着说："这真所谓贫贱夫妻百事哀了。等我病愈，要拼命写文章，多赚些稿费，决不让你再腼颜向人借钱了。我好惭愧！"我很后悔失言，不料一句戏言，竟引起他的感慨万千，因为他常为国家多难而担忧，但他于个人生活事，从不措意！

> 孟真病稍愈，我们即迁李庄。（《忆孟真》）

由此可见处在战火硝烟中的傅家生活与梁家同样艰难困苦。所不同的是，到达李庄的傅斯年，因远离官场与政治中心，心情逐渐平静，狂涨的高血压症慢慢好转，只是长久住在此地的林徽因，病情依然没有恢复的迹象。更为严重的是，梁思成的弟弟梁思永——史语所最重要的支柱之一，此时已身染重疾，性命堪忧了。

当傅斯年来到李庄上坝月亮田营造学社住地，见到梁、林夫妇时，对于林徽因的病情没有感到吃惊，当闻知梁思永的病况如此之重，大出意料，为之惊悚不安。

据石璋如回忆："史语所在昆明时，梁思永曾抱怨此处的天气不冷不热，搞得人一点进取心都没有，工作情形不佳。四川的天气有冷有热，人会精神得多，也就不会呆钝，所以当芮逸夫在李庄找到房子后，梁思永很赞成搬家。"史语所迁往李庄，梁思永没有随大多数人进驻郊外山上的板栗坳，而是住进了李庄镇羊街八号的罗南陔家中。

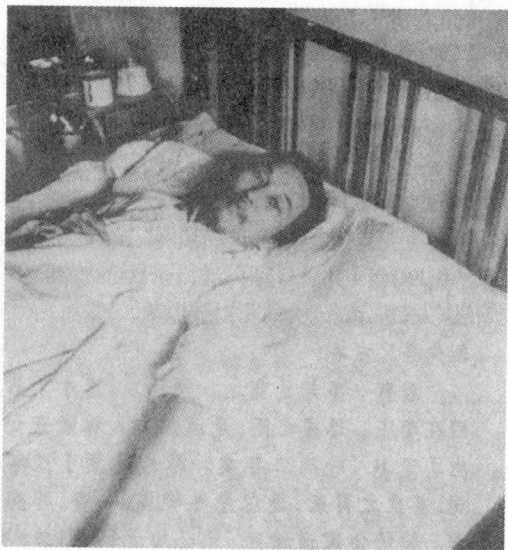

1942 年在李庄板栗坳病榻上的梁思永，身体极度虚弱。

此时的罗家，自乾隆年间由湖北麻城迁到四川南溪地界已历九代，罗南陔自幼丧父，靠母亲含辛茹苦哺育成长，幼年即跟随乡村秀才的舅舅读书习文。及长，一边读书，一边跟舅舅出席当地士绅的社交场合。民国初期，受当地乡绅官僚推荐，赴南溪县政府开办的"干部训练班"学习集训。因此次机会，罗南陔结识了不少同僚和有识之士。从南溪至叙府（宜宾），经长江水路乘船必须路过李庄，往来的社会贤达、名流及各色官员，经常在李庄码头上岸拜会罗南陔。罗氏的处事方法是来者不拒，热情招待。如此一来二往，结识的人越来越多，影响越来越大，遂有了川南"小孟尝君"之誉。

由于罗南陔的良好声誉，被当时驻在重庆的第二十四军军长刘湘得知，遂有聘罗为秘书之意。但经派人洽谈后，罗南陔自小处在一个孤儿寡母的生活环境中，受母亲思想的影响极深，不愿与武人一起共事，遂辞却了刘湘之聘，在李庄照顾庞大的家业，并兼任一个国民政府李庄党部调解主任的差事，以此作为与当地士绅与官僚沟通的桥梁。到了 20 年代，由于李庄张氏家族的张铭传（后去台湾，曾任国民党中央委员）等人要在南溪竞选"国大"代表，主动找到罗南陔，示意其不要与张氏家族竞争，交换的条件

位于李庄羊街梁思永旧居，身患肺病的梁思永在这里度过了一段难忘的时光。（作者摄）

是张家联合当地士绅官僚，让罗南陔坐上李庄党部书记的椅子。罗氏本无当官参政之意，很痛快答应了张氏家族的要求，其结果是双方都如愿以偿。

罗南陔之所以在当地有如此名声和地位，除了自身的条件，自然与他庞大的资财和家业支撑有关。据罗南陔的儿子罗萼芬说，当时在罗南陔名下的上等良田就有千余亩，每年仅收粮租一项就达七八百担，每担约相当于现在的300斤左右，整体算来约为24万斤，其家业之殷实可想而知。除了粮租，罗南陔还以"农业救国"的理想，创办了川南轰动一时的"期来农场"，内含期望未来、走向未来、开创未来之意。按罗萼芬所述："罗家的期来农场从外地引进了良种鸡、北京鸭、桑蚕和意大利蜂等物种加以培育，效果非常好。当时法国在川南的一个传教士参观了期来农场，非常赞赏。后来传教士从法国携带良好的种蛋过来，鸡蛋与鸭蛋各20个，由于鸡蛋皮薄，在路途上压破了19个，只有一个送到农场，后来孵化出了一只小鸡。可惜这只鸡长到半斤大的时候，不幸被一只猫吃掉了，这法国的洋蛋也就算全部完了蛋。而鸭蛋皮厚，在船上一个也没压破，送来农场不长时间就繁殖开了。长大的鸭子全身雪白，毛发光亮，很讨人喜欢，据说跟北京吃的烤鸭是一个品种，很受当地人欢迎。"又说："为了办好农场，我父亲罗南陔专门送我的一个哥哥到成都大学堂学农科，回来后主持农场的科学培育工作，还专门从外地大城市订购了先进的机械设备，在各个方面应用。这些措施，使农场渐渐红火起来，家中的财力、物力与势力，在当地也就更加显赫了。

李庄羊街，抗战中流亡此处的李济、梁思永等居住于此街。（作者摄）

就在这个时候，中研院的芮逸夫随同济大学的王葆仁等来到李庄找房子搬家，我父亲和当地士绅相商后表示欢迎他们搬来。当史语所一批人来的时候，李济、梁思永等人觉得板栗坳有些偏僻，生活等各方面不太方便，想在李庄镇内找地方，但住在何处一直没定。我父亲在年轻的时候读过梁启超的不少著作，对作者的思想和文才非常佩服。当从别人口里知道梁思永是梁启超的儿子后，出于对梁启超的崇拜和尊敬，就主动邀请梁思永到自己家中住居了。"

当时年纪尚幼的罗萼芬清楚地记得自己跟父亲前去邀请梁思永的情景。二人见面后，罗南陔诚恳地说："愚下已经叫儿子儿媳迁到乡间石板田住下了，现将自家住房腾出一半，打扫就绪，特请先生与夫人前去察看，可否满意？"

对方听罢，大为感动，当场表达了一番谢意。靠了因缘际会，梁思永

罗萼芬（右）在家中院内向作者讲述当年李庄的往事，身旁是盆栽的兰花，罗氏说，当年梁思永院中的兰花，其品种与长势比现在好多了。（王荣全摄）

一家几口算是在李庄镇羊街八号院内落下脚来。如罗萼芬所说："我家与梁家结缘，除了父亲对梁启超的崇敬，还有一个原因，那就是：当时'下江人'在川南一带名声不好，甚至被妖魔化，李庄镇不少有房子的住户因为不了解真相，不太乐意让给他们居住。加之一下涌来了一万多人，镇内的房子突然紧张起来，陶孟和率领他的那股人马在李庄转了半年都没得找到一个踏实的地方，手下人员和家眷被冻了个半死，有的因此身染重病，为什么？就是因为当地房子紧张的关系。面对这种情况，我父亲等当地士绅就动员大家，如果在乡下有房子的户主，要主动搬到乡下一部分，腾出院子让'下江人'住。当时我家老老少少的几十口人，都搬到隔镇十华里的石板田（现名双溪村）乡下居住，那里有我家的几处老房子。梁思永来我家后，在本地主事的父亲对镇内其他房主就有话好说了。很显然，我的家人都搬到乡下去了，空出的房子已住进了'下江人'，看你们得不得干。其他的房主一看，不好说了，就陆续腾房让同济大学和中研院的人居住了。这才有了陶孟和率领的那支队伍没被冻死在街头的幸事。陶老本人也在镇子内离我家不远的地方找到了一处住所，与陶师母沈性仁共同住在那里。"

　　梁思永一家住进罗家院子后，因罗南陔属于读书人出身，无论是思想还是眼界都较一般人为高，双方的关系越来越融洽。罗家当时种植了近三百盆兰花，见梁思永身体比较虚弱，还伴有类似气管炎的病症，当春天来临时，罗南陔就命家人把几十盆上等兰花搬到羊街八号梁家院落，除了便于观赏，还借以改善环境，调节空气。每当梁思永在紧张的劳作之余，在院中望着碧绿的兰花，嗅着扑鼻的芳香，心中自有一种说不出的喜悦。由于在李庄郊外上坝月亮田的梁思成经常到羊街八号看望弟弟一家，罗南陔与梁思成也渐渐熟悉并成为要好的朋友。当时罗家的农场仅菜地就达一百多亩，从开春到秋后，每当新鲜蔬菜下来时，罗家总是专门精选两份，一份送给梁思永，一份送给梁思成一家，以接济他们艰难的生活。梁家兄弟在李庄近六年，与罗家的这种亲情一直保持下来。

　　据石璋如回忆，梁思永刚来李庄的时候，精神还不错，每天都要从李庄镇内罗家院子步行几里地，再爬五百多级台阶到板栗坳上班办公，吃完午饭之后还会跟同人打几轮乒乓球。谁知当地的天气对有肺

史语所研究员石璋如在李庄板栗坳牌坊头

病的人是极不利的，不久之后梁思永就犯了病，从此卧床不起，差点丢了性命。

第八章　落花风雨更伤春

梁思永的生命旅程

所谓"冰冻三尺，非一日之寒"，梁思永的病症肇始于 1932 年的那个早春。

自美国哈佛大学学成归国后，梁思永于 1931 年与在北平协和医院社会服务部工作的李福曼结婚。李是梁思永母亲李蕙仙的娘家侄女，小梁氏三岁，属于姑表亲，毕业于燕京大学教育系。按当时的社会风俗，梁、李这对表兄妹的结合，是属于"亲上加亲"的婚姻典范，因而梁、李的结合被家人和社会视为天生的一对鸳鸯。事实上，在梁、李共同生活的十几年短暂又漫长的岁月里，二人的确是心心相印、相濡以沫，共同度过了欢乐而又苦难的时光。

1931 年春，27 岁的梁思永告别新婚三个月的妻子李福曼，随史语所组织的殷墟发掘团来到安阳殷墟，在一个叫后冈的地方，以"中国第一位考古专门学家"的身份和名誉参加发掘。也就在这一年秋季，发现并正确划分了著名的"后冈三叠层"，揭开了中国考古史光辉的一页。正当梁思永满怀信心欲向新的高度跃

梁思永指挥的殷墟王陵发掘现场

梁思永在发掘工地留影

进时，不幸于 1932 年在一次野外发掘时病倒。此次患病开始时只是普通的感冒，因田野发掘紧张，生活艰苦，梁思永来回奔波，不能稍离工地，病情未能得到及时控制，直至高烧几日，转成病情严重的烈性肋膜炎，才急忙转到北平协和医院住院治疗。由于延误了最佳治疗时间，梁思永的胸肋部开始大量化脓积水，协和医生从他的胸腔内连续抽出了四瓶如同啤酒一样颜色的积水。经加量用药和多方设法救治，方稳住了病情。当时梁思永的妻子李福曼已怀有身孕，日夜守在丈夫病床前操劳照顾。这场突如其来的大病，直到 1932 年底才渐渐好转，但未能完全康复，这一病症为年轻的梁思永留下了无穷的隐患。

1934 年，梁思永再度参加安阳殷墟侯家庄南地和同乐寨的田野发掘。1935 年，主持殷墟侯家庄西北冈的发掘。也就在这次发掘中，梁思永与夏鼐两位在中国考古史上影响深远的巨擘不期而遇了。对于这次相会的情形，时隔 20 年后，夏鼐仍记忆犹新："我初次跟梁先生做野外工作，是 1935 年春在安阳侯家庄西北冈。虽是二十年前的事情，但留在我脑中的印象仍很鲜明。那次也是我们初次的会面。梁先生那时刚过三十岁，肋膜炎病愈后并不很久。瘦长的身材，苍白的脸色，显然身体还没有完全恢复过来。但是在工地上，他是生龙活虎地工作着。他的那种忘我的工作精神使他完全忘记了身体的脆弱。白天里，他骑着自行车在各工地到处奔跑巡视。对于各工地在发掘中所显露的新现象和产生的新问题，他随时都加以注意，加以解决。他有时下坑亲自动手，有时详细指点助理员去做。那次的工作地范围广达数万平方米，分成五六个区域，但是几乎随时到处都有梁先生在那儿。四百多个工人和十几个助理员，在他的领导之下，井然有序地工作着，像一部灵活的机器一般。晚间在油灯下，他有时和工作队助理员谈谈当天发掘中的新发现，有时查阅各人的田野记录簿，有时看着助理员们剔花骨等整理当日出土品，有时和他们讨论新问题——因之时常深宵还未入睡。"

1935 年，梁思永在安阳殷墟西北冈大墓发掘工地，接待前来参观的傅斯年与法国汉学家伯希和

抗战后，当梁思永以中研院长沙委员会委员的身份，与李济等组织全所同人携带物资由长沙经桂林、越南海防迁往昆明时，由于物价飞涨，入不敷出，一同随梁思永流亡到昆明的妻子李

梁思永指挥发掘的殷墟王陵区 M1004 内鹿鼎、牛鼎出土的情形

福曼，不得不在街道两边摆地摊变卖家中稀有的一点衣物艰难度日，其悲苦之状令人唏嘘。据梁思永的外甥女吴荔明说：当梁思永一家从长沙撤往昆明绕道越南海防时曾稍事停留，五岁的女儿梁柏有在商店看见一个模仿美国当时红透世界的女童星外形设计的洋娃娃，便在柜台前转来转去不肯走，磨着妈妈李福曼要买下来。当时生活已极清苦，但梁氏夫妇实在不忍伤孩子的心，一咬牙买了下来。这个洋娃娃在昆明陪幼小的梁柏有度过了一段欢乐而难忘的时光，于战时的西南之地给予了她幼小心灵莫大慰藉。令人不忍追忆的是，1940 年冬，当梁思永携妻李福曼和女儿梁柏有，随史

语所同人即将迁往四川李庄时，由于家中生活实在困难，李福曼忍痛把女儿那个已爱抚了两年多的洋娃娃——秀兰·邓波儿，以十八元的价格卖给了一位富商的女公子。面对这一突如其来的"灾难"，年仅七岁的梁伯有大哭不止，并在幼小的心灵中留下了无尽的伤痛。

来到李庄后，梁思永开始着手撰写抗战前殷墟西北冈发掘报告，并有"一气呵成"之志。据石璋如追述，此报告自南京撤退长沙时即开始撰写，梁思永一有机会便出示标本，加以整理。在昆明时已将西北冈的全部出土古物都摩挲过一遍，并写下要点，对报告的内容组织也有了大致的轮廓，完成似乎是指日可待之事。遗憾的是天不遂人愿，未过几个月，梁思永便一病不起。关于此次病情经过，梁思成在给他的妹妹梁思庄的信中有所披露：

> 三哥到此之后，原来还算不错，但今年二月间，亦大感冒，气管炎许久不好，突然转为肺病，来势异常凶猛，据医生说是所谓galloping T. B.（奔马痨，一种肺病），好几次医生告诉critical（病情危急），尤其是旧历端阳那天，医生说 anything may happen any time（随时可发生意外）。形势异常危急，把我骇的手足无措。其实也因二嫂已病了一年，医疗看护方面都有了些经验，所以三哥占了这一点便宜。He was benifited by 二嫂's experience。幸喜天不绝人，竟渡过了这难关，至六月中竟渐渐恢复常轨……

此信说的是 1941 年夏天之前的事。想不到秋后，梁思永的病情又开始反复，有时不得不停下手中的工作，躺在病床上孤独地忍受病痛的煎熬。1941 年 10 月 16 日，梁思永给正在重庆出差的李济写信汇报了三组的工作情况，并言及了自己的病况，信中说：

> 一、技术员张曼西君试用期满，成绩不佳，已于上月底辞去。三组绘图员一席又虚悬，请兄就便在重庆招考。关于资格，弟意：学历不必限制；年岁在廿五岁左右或以下，年轻一些好；能绘图兼摄影为

上选；绘图以钢笔黑墨画为主（尤着重线条）；须能写生兼机械画。三组各报告大致都进行到绘制图版之阶段，此项技术人员之需要甚为急切；如研究所不能供应，工作只好让实君（按：指绘图员潘悫）一人慢慢做，何年何月做得完，就无法估计了。三组现积之绘图工作，非少数人短期内所能完成；这次招考，研究所如能取用二人更好。如用二人，其中至少一个须能兼摄影。

二、西北冈器物之整理，本预定十月底完毕。今因上月廿二日、本月八至十日弟之胃病大发了四次，八日至十日几不能饮食，下山回家调养，耽误约半个月，完工之期又展迟至十一月中旬。器物整理完毕之后，即开始继续报告之编辑。报告中统计制表、编索引等机械工作，拟请研究所指派一专人协助。（《李济与友人通信选辑》〔油印本·非卖品〕，李光谟辑，1997 年 5 月）

信中可看出，此时的梁思永尚能带病坚持工作，并为撰写殷墟西北冈发掘报告之事操劳。但随着冬季的来临，梁思永再度肺病复发，且来势汹汹，发展迅速，梁氏自称是"闪击战"，极大地威胁到生命存亡。来到李庄的傅斯年见状，认为李庄镇内羊街八号的房子虽好，但少阳光，且有些阴冷，这对肺病病人极其不利。经过反复权衡商讨，令人在板栗坳史语所租住的一个院内，专门腾出了三间上好的房子，请来当地木工安上地板、钉上顶棚、在窗上装上玻璃、打造凉台等等，让梁思永搬来居住，以便能每日晒到太阳，并可在凉台上做简单的室内活动。此时的梁思永已病得不能走动，只得请人用担架抬到板栗坳。但上山需跨越五百多级台阶，为求万无一失，傅斯年与梁思成亲自组织

1941 年梁思永全家于四川李庄羊街八号院内合影

担架队伍，先由梁思成躺在担架上请人抬着在上山的台阶上反复试验，出现问题及时设法解决。感到切实可行后，方请人把病中的梁思永抬到板栗坳被称作"新房子"的居所休养治疗。

鉴于史语所与中国营造学社同人的生活都已"吃尽当光"，只剩了一个"穷"字，傅斯年意识到非有特殊办法不足以救治梁思永和林徽因之病症，于是1942年春天，贸然向中央研究院代院长朱家骅写信求助。其文曰：

骝先吾兄左右：

兹有一事与兄商之。梁思成、思永兄弟皆困在李庄。思成之困是因其夫人林徽音女士生了 T. B.，卧床二年矣。思永是闹了三年胃病，甚重之胃病，近忽患气管炎，一查，肺病甚重。梁任公家道清寒，兄必知之，他们二人万里跋涉，到湘、到桂、到滇、到川，已弄得吃尽当光，又逢此等病，其势不可终日，弟在此看着，实在难过，兄必有同感也。弟之看法，政府对于他们兄弟，似当给些补助，其理如下：

一、梁任公虽曾为国民党之敌人，然其人于中国新教育及青年之爱国思想上大有影响启明之作用，在清末大有可观，其人一生未尝有心做坏事，仍是读书人，护国之役，立功甚大，此亦可谓功在民国者也。其长子、次子，皆爱国向学之士，与其他之家风不同。国民党此时应该表示宽大。即如去年蒋先生赙蔡松坡夫人之丧，弟以为甚得事体之正也。

二、思成之研究中国建筑，并世无匹，营造学社，即彼一人耳（在君语）。营造学社历年之成绩为日本人羡妒不置，此亦发扬中国文物之一大科目也。其夫人，今之女学士，才学至少在谢冰心辈之上。

三、思永为人，在敝所同事中最有公道心，安阳发掘，后来完全靠他，今日写报告亦靠他。忠于其职任，虽在此穷困中，一切先公后私。

总之，二人皆今日难得之贤士，亦皆国际知名之中国学人。今日在此困难中，论其家世，论其个人，政府似皆宜有所体恤也。未知吾兄可否与陈布雷先生一商此事，便中向介公一言，说明梁任公之后嗣，人品学问，皆中国之第一流人物，国际知名，而病困至此，似乎可赠以二三万元（此数虽大，然此等病症，所费当不止此也）。国家虽不能承认梁任公在政治上有何贡献，然其在文化上之贡献有不可没者，而名人之后，如梁氏兄弟者，亦复少！二人所作皆发扬中国历史上之文物，亦此时介公所提倡者也。此事弟觉得在体统上不失为正。弟平日向不赞成此等事，今日国家如此，个人如此，为人谋应稍从权。此事看来，弟全是多事，弟于任公，本不佩服，然知其在文运上之贡献有不可没者，今日徘徊思永、思成二人之处境，恐无外边帮助要出事，而帮助似亦有其理由也，此事请兄谈及时千万勿说明是弟起意为感。如何？乞示及，至荷！

　　专此，敬颂

道安

弟　斯年谨上
四月十八日

　　弟为此信，未告二梁，彼等不知。

　　因兄在病中，此写了同样信给咏霓，咏霓与任公有故也。弟为人谋，故标准看得松。如何？

弟　年又白

（注：此信来自台湾中研院《朱家骅档案》，由史语所副所长王汎森赠予赴台访问的梁思成胞妹梁思庄外孙杨念群，后在梁思庄之女吴荔明所著《梁启超和他的儿女们》一书中首次披露，以下书信均转载吴著。）

信中看出，傅斯年对梁氏兄弟大为赞颂，这除了梁氏兄弟的人品学问皆出类拔萃之外，当然还有促使大权在握的朱家骅为之心动并竭力襄助之意，此种处心积虑的安排，是一般人都可以理解的。令后人感到有些突兀的是，为何傅在颂扬林徽因的同时，突然从半道扯出一个冰心来为其垫背？且明确表示林的才学"至少在谢冰心辈之上"，此种语气显然含有对冰心轻视的意味。当时写此信的傅斯年何以要弄出一个不相干的冰心，难道傅与冰心之间还有"客厅"的纠葛与过结吗?

傅斯年对冰心的微词

从傅斯年、冰心的人生历程看，二人没有特别的交往，也没有明显的矛盾。据梁实秋与费孝通等人说，当年冰心留美时已是国内知名的女作家和诗人，加上外表文静高雅，得到了许多热血正盛的男生青睐，一时间求爱者云集，在美利坚合众国那块充满野性与朝气的土地上，上演了一场好莱坞式的爱情追逐大战。但在五彩缤纷又夹杂着刀光剑影的情场上，多路来攻的英雄豪杰只能在围城之外来回兜圈徘徊，无法破门而入，来一个生擒活拿。纵然有强悍之将如顾毓琇者，用尽全身气力，一次又一次发起强攻，其结果仍无法突破冰心那冰冷如铁、固若金汤的防御体系，大败而归。在各路进攻的人马中，平时不声不响的吴文藻坚信世间无不破之城与不盗之墓，乃抖起精神，以《孙子兵法》所倡导的巧取制胜之道，利用独特的火攻战术，几个回合下来，冰心防线产生雪崩，从而一举拿下，吴文藻取得了令人喝彩又心怀嫉妒的辉煌战绩……而这部大片中上演的一切姻缘际会、爱恨情仇，与傅斯年皆毫无干系，可见傅对冰心的轻视，与世俗的爱情观或弗洛伊德的情爱欲望理论都没有直接关联。

1936年夏至1937年夏，吴文藻到欧美游学，冰心随同前往，先后到达日本、美国、英国、意大利等国家。此为该年冬夫妇二人在罗马郊外。

有人谓冰心当年写《我们太太的客厅》小说，讽刺林徽因与"客厅"里的知识分子，产生了牵一发而动全身的负面影响，引得与"客厅"
有联系的傅斯年大为不快，并对冰心如此轻率加轻狂的做法，产生了厌恶
与轻视之感，从此怀恨在心。此次借向朱家骅进言的机会，正好把林徽因
与冰心放在一起做一对比，以扬林抑冰的方式，达到出一口恶气的目的
云云。

　　以上说法不能说没有一点道理，但事情远没有如此简单，从已披露的
材料看，傅斯年对冰心的轻视，与她的丈夫吴文藻有极大关系。这一说法
的证据是，晚年曾做过高官，且一直坚持认为建国后知识分子非来一场
"改造"不可的费孝通，在接受上海大学教授朱学勤访问时，曾断断续续地
说过这样的话："在燕京，吴文藻同他们都不对的，他是清华毕业的，应当
回清华的，因为冰心到了燕京。他们夫妻俩以冰心为主，她同司徒雷登很
好的。这样，吴文藻是被爱人带过去的，在燕京大学他没有势力的，在燕
京靠老婆。后来出了燕京，他才出头。吴文藻的一生也复杂得很啊。我们
燕京大学是跟老师的，一个老师带几个好学生，我是跟吴文藻的。"

　　在谈到当时燕京与北大、清华及相互之间的关系时，费孝通明确表示
北大、清华与燕京有很大不同："吴文藻同傅斯年也不对的，搞不到一起
的。吴文藻想自己建立一派，他看的比较远，想从这里面打出一个基础来，
通过 Park 这条思路创造中国这一派。他有自知之明，知道自己的力量不
够，他就培养学生。"又说："云南大学（校长）是清华的熊庆来，他请吴
文藻去组建社会学系……但到了云南大学没有办法发展。后来冰心不愿意
在云南，她的朋友顾毓琇——我现在是说闲话——顾毓琇想追冰心，没有
追到。冰心厉害，看中吴文藻，吴文藻一生受冰心影响。"

　　最后，费孝通总结性地说："对旧知识分子，我一直看不起。在我眼
中，真正好的没有几个，好的知识分子，有点学问的，像冯友兰、金岳霖、
曾昭抡这批人，我是欣赏的。自然科学里也有点好的，可是也不是好在哪
里，叫他们来治国、平天下，又不行。"因而，1949 年之后，费孝通竭力
主张要给这些不能"治国平天下"的旧知识分子来一场脱胎换骨的政治改
造。（《费孝通先生访谈录》，朱学勤等，载《南方周末》2005 年 4 月 28 日）
在上世纪 60 年代，数以万计的知识分子进了牛棚，而有幸得到费氏"欣

吴文藻、冰心结婚时，燕大校长司徒雷登（后）为之证婚。

赏"的知识分子如曾昭抡等亦未能幸免，被活活整死。最后他自己也成了不折不扣的"牛鬼蛇神"。当然，在费氏看上的人物中，只有冯友兰是个异数，他以御用文人"梁效"的身份，跟随江青在中国政治舞台上折腾了好一阵子，在得以保全性命的同时，也给这纷乱的世界留下了一个活生生的人生哲学命题标本。

费孝通是吴文藻的得意门生，在很长的时间里一直唯吴的马首是瞻，从费氏的谈话中知道吴与傅斯年不合，但他没有明确列举不合的原因，只隐约透露了吴到云南大学之后要建立一个社会学系，但又遇到强大阻力，最后只得放弃云南赴重庆工作云云。这一点，从台北傅斯年档案馆保存的傅斯年与顾颉刚、朱家骅等人通信中可窥知一个不为外界所知的侧面。

1938年10月，顾颉刚应云南大学校长熊庆来之聘，赴昆明任职，主要讲授"经学史"与"中国上古史"两门课程。并在距城20里的北郊浪口村安居。据顾的女儿顾潮说："出于排解不开的边疆情结，父亲到昆明不久，便在《益世报》上创办《边疆》周刊，集合许多朋友来讨论。"想不到这一讨论，引起了社会各界的广泛关注，同时也引起了傅斯年的警觉。

　　此前，曾被鲁迅呼曰李"天才"的李长之，因写文章讽刺、批评云南方面的人事而引起了轩然大波。对于这场风波，西南联大政治系教授浦薛凤晚年在回忆录中曾有提及，他说道："因校役之懒惰，想起李长之事。李清华毕业，在校主持周刊，而有色彩，专作攻击学校、诽谤教师的文字。芝生荐于迪生为云大国文系教员。近在《宇宙风》发表一篇小品文字，闻有云南人不如牛之句（予未见原文），惹起本地人士反对，且事为龙主席所闻。据云绥靖公署欲请去谈话，李乃大恐，或云坐飞机离滇，或云坐长途汽车他往。听说迪之亦且为此称病若干时日。在滇人对此事固器量狭小，但李初出茅庐，学得士林恶习，得此教训亦好。然本地人中殊有些偷懒习惯。"（《西南联大在蒙自》，云南民族出版社 1994 年版）

　　浦薛凤所说的芝生与迪之，乃冯友兰与云大校长熊庆来二人的字。言及的李长之（1910—1978 年），乃山东利津人。1929 年考入北京大学预科，在校期间发表散文作品《我所认识的孙中山》等等。1931 年考入清华大学生物系，两年后转哲学系，参加了《文学季刊》编委会。1934 年后，曾主编或创办《清华周刊》文艺栏、《文学评论》双月刊和《益世报》副刊等。24 岁出版第一本诗集《夜宴》，1936 年 26 岁出版《鲁迅批判》——这是唯一一本经过鲁迅看过的批评鲁迅的书，因而在学术文化界产生了广泛影响。该年自清华大学毕业，留校任教。以后又历任京华美术学院、云南大学、重庆中央大学等教职。1946 年 10 月赴北京师范大学任副教授，并参与《时报》、《世界日报》的编务。期间文学研究著作颇丰，号称一天能写 18000 到 20000 字的长文外加两篇随感。重要的著作有《司马迁之人格与风格》、《中国文学史略稿》等，均获学界极高赞誉。

　　因李长之早年在一篇文章中鼓吹"天才"理论，说自己是天才式人物，并谓"大自然是爱护天才的"云云，因而

《鲁迅批判》首版书影

被鲁迅讥讽为李"天才"。1935 年 9 月 12 日，鲁迅在写给胡风的信中，曾这样说道：李"天才"正在和我通信，说他并非"那一伙"（指第三种人），投稿是被拉，我也回答过他几句，但归根结底，我们恐怕总是弄不好的，目前也不过"今天天气哈哈哈……"而已。

李长之到昆明云南大学任教的时间是 1937 年秋，比联大师生来昆明早四五个月。初来乍到，对昆明印象不佳，激愤之下，于 1938 年 3 月写了一篇《昆明杂忆》，发表于由上海迁往广州的《宇宙风》杂志。文中对昆明的地理环境、人的懒散、缺乏效率等进行了嘲讽与批判。特别独出心裁地把牛与人放在一个时空里对比，最后得出了一个"人不如牛"的结论。

正是李长之没有注意这些关乎民族存亡的大事，专门在生活细节上做一些挑刺文章，并自以为是地嘲笑抨击昆明人，就自然地引起了当地土著的众怒，整个云南舆论界对此反应强烈，社会各界人士群起而攻之，据说连省主席龙云也表示了"震怒"。在群声喊打的情形中，李"天才"长之先生只好溜之乎也，或谓"被云南人驱逐出境"（施蛰存《滇云浦雨话从文》）。而邀请他来昆明的云大校长熊庆来也为此大受连累，弄得苦不堪言。

抗战时期中国人口流动量大增，"外来户"与当地土著或私下称作"土包子"之间不团结、闹矛盾、暗中叫劲儿的现象普遍存在。当时的左翼作家茅盾晚年撰写的回忆录中，就曾叙述过抗战期间自己在昆明与顾颉刚、朱自清、闻一多、吴晗等人交谈的情形。据说茅盾曾让朱自清派人去找过冰心，正好冰心外出不在家，未能参加。谈话不久，茅盾就发现所谓的

《古史辨》书影

"外来户"与"土包子"之间不团结的问题，遂当即决定"把话题转到外来文化人与本地文化界如何联络感情加强团结的问题"。参加谈话的顾颉刚在发言中曾说："大家步调一致是对的，但把单方面的意见强加

于人就不对了"云云（茅盾《我走过的道路》，人民文学出版社1988年版）。

差不多就在这个时候，针对顾颉刚在《益世报》上弄出的那个《边疆》周刊以及登载的文章，傅斯年通过对李长之事件和昆明社会各阶层思想现状分析，清醒地意识到民族矛盾是一个极为重要和敏感的问题，从团结的大局出发，毫不客气地给予了批驳。傅在致顾颉刚的信中曾这样说道：

> 有两名词，在此地用之，宜必谨慎。其一为"边疆"。夫"边人"自昔为贱称，"边地"自古为"不开化"之异名；此等感觉云南读书人非未有也，特云南人不若川粤人之易于发作耳。其次即所谓"民族"。犹忆五六年前敝所刊行凌纯声先生之赫哲族研究时，弟力主不用"赫哲民族"一名词。当时所以有此感觉者，以"民族"一词之界说，原具于"民族主义"一书中，此书在今日有法律上之效力，而政府机关之刊物，尤不应与之相违也。今来西南，尤感觉此事政治上之重要性。夫云南人既自曰"只有一个中国民族"，深不愿为之探本追源；吾辈羁旅在此，又何必巧立各种民族之名目乎！今日本人在暹罗宣传桂滇为泰族 Thai 故居，而鼓动其收复失地。英国人又在缅甸拉拢国界内之土司，近更收纳华工，广事传教。即迤西之佛教，亦自有其立国之邪说，则吾辈正当曰"中华民族是一个"耳。此间情形，颇有隐忧，迤西尤甚。但当严禁汉人侵夺蕃夷，并使之加速汉化，并制止一切非汉字之文字之推行，务于短期中贯彻其汉族之意识，斯为正途。如巧立名目以招分化之实，似非学人爱国之忠也。

傅斯年正告顾氏：要尽力发挥"中华民族是一个"之大义，证明夷汉之为一家，并以历史为证："即如我辈，在北人谁敢保证其无胡人血统。在南人谁敢保证其无百粤苗黎血统，今日之云南，实即千百年前之江南巴蜀耳。此非曲学也。"又说："日前友人见上期边疆，中有名干城者，发论云：'汉人殖民云南，是一部用鲜血来写的争斗史。在今日，边地夷民，仍时有叛乱情事。'所谓鲜血史，如此人稍知史事，当知其妄也。友人实不胜骇

怪，弟甚愿兄之俯顺卑见，于国家实有利也。"（欧阳哲生主编《傅斯年文集》第七卷，湖南教育出版社2003年版）

当此之时，顾、傅二人已由北大同窗好友而演化成割袍断义、互不来往，但为民族大义计，顾接信后，听从了傅的劝说，即作《中华民族是一个》，刊于周刊。顾在文中主张"中国没有许多民族，只有三种文化集团——汉文化集团、回文化集团、藏文化集团。中国各民族经过了数千年的演进，早已没有纯粹血统的民族。尤其是'汉族'这名词，就很不通，因为这是四方的异族混合组成的，根本没有这一族"云云。

顾氏如此说，当然不是屈服于傅的压力，而是一种外力警醒下的自觉。当时中国云南的政治情形正如本地出身的学者楚图南在后来回忆中所言："除蒋介石的'中央'与龙云的'地方'之间控制与反控制的矛盾之外，在文化教育界，已经产生了本省人和外省人、云大与联大之间的隔阂，以及高级知识分子之间如留美派、留欧派、洋教授和土教授等门户之见。"（楚图南《抗日民族统一战线在西南》，四川人民出版社1990年版）正是鉴于这一错综复杂的情况，顾颉刚在《自传》中说道："因为我到西北去时，在

抗战期间于重庆柏溪主编《文史杂志》时的顾颉刚

民国十七年回民大暴动之后十年，在这暴动区域里，处处看见'白骨塔'、'万人冢'，太伤心惨目了，经过十年的休息，还不曾恢复元气，许多的乡镇满峙着秃垣残壁，人口也一落千丈。到西宁时，一路上看见'民族自决'的标语，这表示着马步芳的雄心，要做回族的帝王。我觉得如果不把这种心理改变，边疆割据的局面是不会打破的，假借了'民族自觉'的美名，延迟了边民走上现代化的日期，岂不是反而成了民族罪人。所以发表这篇文字，希望边民和内地人民各个放开心胸，

相亲相爱，同为建立新中国而努力，扬弃这种抱残守缺的心理。"

顾在 1939 年 2 月 7 日的日记中写道："昨得孟真来函，责备我在《益世报》办边疆周刊，登载文字多分析中华民族为若干民族，足以启分裂之祸，因写此文以告国人。此为久蓄于我心之问题，故写起来并不难也。"又在《自传》中回忆说：文章发表后，"听人说各地报纸转载的极多，又听说云南省主席龙云看了大以为然，因为他是夷族人，心理上总有'非汉族'的感觉，现在我说汉人本无此族，汉人里不少夷族的成分，解去了这一个症结，就觉得舒畅多了"（顾潮《历劫终教志不灰——我的父亲顾颉刚》）。顾文的刊发，令当地土著和省主席龙云等甚感满意舒畅，再也不会像对待李长之那样"群声喊打"或"驱逐出境"了。傅斯年当然也乐意看到这一结果，写信谓顾氏深明国家民族大义云云加以赞扬，为此，二人的心又拉近了一步。意想不到的是，就在群声叫好声中，却惹恼了另一个山头的派系，为首者乃吴文藻，马前卒乃吴的学生费孝通。

吴与费当时同在云南大学社会学系，费做吴的助手，师徒几人在昆明搞了一个民族学会的山头，并扯出大旗，占山为王，有声有色地闹将起来。众所周知的是，以傅斯年为首的中央研究院历史语言研究所，本来就有一个声望颇大的民族人类学组，其人员由大字号"海龟"吴定良、凌纯声以及著名学者芮逸夫等人构成，这个组至抗战爆发时，已遍走中国大部分地区，特别对东北与西南地区少数民族有广泛的调查研究，并动用了当时世界最先进的摄影机进行实际考察拍摄。这就是说，此组无论是人员还是装备都是全国独树一帜，没有任何一个同类团体和个人可以匹敌的。在这样的背景下，吴文藻、费孝通辈，借战乱之机欲在云南边陲拉杆子、立山头、竖大旗，占山称王，这自然就被傅斯年与学术界同人看作是对史语所甚至整个中央研究院的挑战。

傅斯年本来就对由美国捐款支撑和供养的燕京大学及其师生颇为鄙视，当年在广东中山大学时，顾颉刚因受不了傅斯年的火爆脾气与压迫，索性弃却与傅共同筹备的中央研究院史语所，赴北平燕大任教。傅因失了面子甚觉恼火，再度暴跳起来，并找别人捎话转告顾颉刚："燕京有何可恋，岂先为亡国之准备乎？"顾颉刚听后则反唇相讥曰："我入燕京为功为罪，百

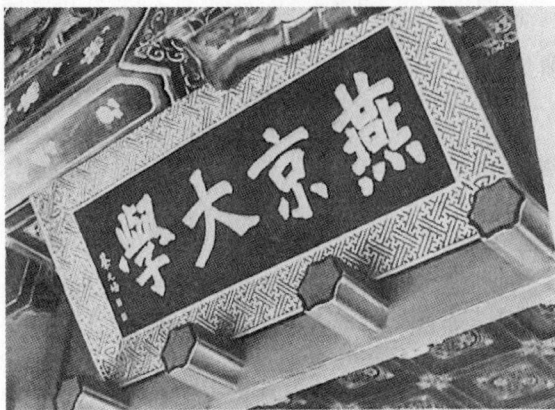

燕大扁牌

年之后自有公评，不必辩也。"

1941年初冬，也就是傅斯年欲离重庆回李庄长期住居的前夜，燕大毕业生王世襄千里奔徙，行程一个多月流亡到重庆，找到自己哥哥在清华时候的同班同学梁思成（梁为筹款到重庆化缘）。在梁的陪同引荐下，慕名投奔傅斯年，欲在其治下的历史语言研究所谋一饭碗。意想不到的是，见面后，傅斯年问清门第出身，当着梁思成的面，一句"燕京大学毕业的学生，不配到我们这里来"将对方轰了出来。灰头土脸的王世襄在走投无路之际，只好跟随梁思成乘江轮溯江西行，去南溪县李庄中国营造学社暂住。而此时的梁思成在经济上已是泥菩萨过河——自身难保，穷得连儿子一双鞋子都买不起的地步，他和他主持的中国营造学社，依靠李济主持的中国博物院拨给的几个在编名额，勉强领一份薪水，再加上变卖自己的衣物艰难度日。但梁思成感念清华同学之谊，决定把王世襄留下，走投无路的王氏才算是在中国营造学社落下脚来，有了一个时刻都要摔碎、打掉的泥盆饭碗。许多年后，这位"麒麟送给世界的最后一个儿子"（车前子语）、"20世纪中国十大文化名人"之一——王世襄，谈起当年这段学界恩怨时，仍充满了无尽的感慨与悲凉。当然，这是后话。

且说傅斯年眼看吴、费之辈高举的大旗在云南的高山峡谷中飘扬开来，自是怒火攻心，根据兵来将挡、水来土掩的兵家战略，立即决定联合一切可以联合的力量，把吴、费联盟扼杀在摇篮里。于是有了顾颉刚与傅斯年关于"中华民族是一个的"主题论文发表，兵锋所指，一目了然。已经占山称王的吴文藻见傅、顾集团舞刀弄枪地向自己砍来，颇不服气，认为顾、傅联盟构筑的理论堡垒乃牧竖之妄语，必须以"替天行道"的豪气与正气，坚决、彻底、干净地给予毁灭性打击。于是，吴文藻亲自秉烛焚香，筹划密谋，坐镇指挥，遣费孝通为大将，高擎"民族学会"的大旗，率领部分精兵强将一路喊声震天地杀出山门，欲扫荡顾、傅联盟堡垒。面对来势汹汹的敌对势力，傅斯年挥舞令旗，一面急速从西南联大、北大文科研究所、中央研究院史语所等阵营调兵遣将予以迎战，一面致函朱家骅、杭立武二位大权在握的学界统帅，"拉兄弟一把"，并给予自己道义与火力上的配合与支持，将来犯之敌一举击溃。

傅在致朱、杭二人的密函中告之曰：

先是颉刚在此为《益世报》办边疆附刊，弟曾规劝其在此少谈"边疆"、"民族"等等在此有刺激性之名词。彼乃连作两文以自明，其一，论"中国本部"之不通。其二，论中华民族是一个。其中自有缺陷，然立意甚为正大，实是今日政治上对民族一问题惟一之立场。吴使其弟子费孝通驳之，谓"中国本部"一名词有其科学的根据；中华民族不能说是一个，即苗、瑶、猓猡皆是民族。一切帝国主义论殖民地的道理，他都接受了。颉刚于是又用心回答一万数千字之长文，以申其旧说。

欲知此事关系之重要，宜先看清此地的"民族问题"。此地之汉人，其祖先为纯粹汉人者本居少数，今日汉族在此地之能有多数，乃同化之故。此一力量，即汉族之最伟大处所在，故汉族不是一个种族，而是一个民族。若论种姓，则吾辈亦岂能保无胡越血统。此种同化作用，在此地本在进行中，即如主席龙云，猓猡也；大官如周钟狱，民家也；巨绅如李根源，僰夷也。彼等皆以"中国人"自居，而不以其部落自居，此自是国家之福。今中原避难之"学者"，来此后大在报屁股上做文，说这些地方是猓猡，这些地方是僰夷……更说中华民族不是一个，这些都是"民族"，有自决权，汉族不能漠视此等少数民族。更有高调，为学问作学问，不管政治……弟以为最可痛恨者此也。

最后，傅斯年说：

夫学问不应多受政治之支配，固然矣。若以一种无聊之学问，其想影响及于政治，自当在取缔之列。吴某所办之民族学会，即是专门提倡这些把戏的。他自己虽尚未作文，而其高弟子费某则大放厥词。若说此辈有心作祸固不然，然以其拾取"帝国主义在殖民地发达之科学"之牙慧，以不了解政治及受西洋人恶习太深之故，忘其所以，加之要在此地出头，其结果必有恶果无疑也。

在顾、傅调集的联军以及朱家骅、杭立武等各路精兵强将的强力支援、夹击下，吴、费山头不稳，派系不牢，最终力不能敌，丢盔卸甲败下阵来。随着吴文藻携夫人冰心弃昆明转重庆，整个"民族学会"阵营大有树倒猢狲散之势，傅斯年所说的"费某"也顾不得"大放厥词"而不得不设法撤离山寨，杀出重围，夺路而逃了。

正是鉴于这样一种充满了火药味的政治、学术背景，深知费氏所言"吴文藻一生受冰心影响"的傅斯年，在反对、轻视吴氏的同时，对他认为的真正的幕后操纵者——冰心，没有好感，并在致朱家骅的信中再度与林徽因同时提出来，并给予轻视性的评价，也就不足为奇了。

血性男儿柔情女

朱家骅收到信后对林徽因与"谢冰心辈"的才学作何评价，对傅斯年如此之对比又作何感想，不得而知，但此信发出后过了十一天而未见回音。恐重庆方面无能为力或深感为难，情急之下，傅斯年召开所务会，想出了一个新的援助办法，再度写信于中央研究院，满怀挚诚与爱慕之情地历数梁思永的功高过人之处，并请其核准史语所做出的决定。

骝先生院长赐鉴：
企孙、毅侯两兄

梁思永先生病事，兹述其概。十年前，思永于一年过度劳动后生肋膜炎，在协和治愈，但结疤不佳，以后身体遂弱。自前年起，忽生胃病甚重，经二年来，时好时坏。去年胃病稍好，又大工作，自己限期将殷虚（墟）报告彼之部分写完。四个月前，即咳嗽，尚听不出肺病声气。上月医生大疑其有肺病，送痰往宜实验，结果是＋＋＋！所听则左右几大片。此次肺病来势骤然，发展迅速，思永自谓是闪击战，上周情形颇使人忧虑，近数日稍好。思永之生病，敝所之最大打击也。兹谨述其状。

思永虽非本所之组主任，但其 moral influence 甚大，本所考古组，及中央博物院之少年同志，皆奉之为领袖，济之对彼，尤深契许。彼学力才质，皆敝所之第一流人，又是自写报告，编改他人文章之好手，今彼病倒，殷虚（墟）报告之进行，一半停止矣。思永尤有一特长，本所同人多不肯管公家事，或只注意其自己范围事，弟亦颇觉到敝所有暮气已深之感。思永身子虽不好，而全是朝气。其于公家之事，不管则已（亦不好管闲事），如过问，决不偏私而马虎也。其公道正直及公私之分明，素为同人所佩。弟数年以来，时思将弟之所长职让彼继任，然此事不可不先有准备。抗战时，弟在京代总干事，思永在长沙代弟，不特敝所翕然风服，即他所同在长沙者，亦均佩之也（孟和即称道不置之一人）。以后弟在重庆时，曾有若干次托彼代理，其目的在渐渐养成一种空气，俾弟一旦离职，彼可继任耳。彼于代理殊不感兴趣，强焉亦可为之。自胃病后，不肯矣。弟此次返所，见其精力甚好，前计又跃于心中，今乃遭此波折，亦弟之大打击矣。

彼如出事，实为敝所不可补救之损失，亦中国考古学界前途之最大打击也，故此时无论如何，须竭力设法，使其病势可以挽回。此当荷诸先生所赞许也。查敝所医务室现存之药，在两年中可以收入二万数千至三万数千元（如照市价卖去，当可得六七万，今只是用以治同人生病之收入，故少）。拟于此收入中规定数千元为思永买其需要之药之用（本所原备治 T. B. 之药甚少，所备皆疟、痢等）。此事在报销上全无困难，盖是免费（即少此项收入），而非另支用经费也。此意昨经敝所所务会议讨论通过，敬乞赐以考虑，并规定一数目，其数亦不可太少，至为感荷！若虑他人援例，则情形如思永者亦少矣。以成绩论，尚有数人，然以其在万里迁徙中代弟职务论恐济之外无他人，故无创例之虑也。如何乞考虑赐复，至感！

　　专此，敬颂

日安！

傅斯年谨颂

四月二十九日

　　写完此信，傅斯年思慎半天，觉得意犹未尽，许多具体的操作细节亦未言明，为了达到终极目的，还需做一点补充说明。于是，在昏暗的菜油灯下，傅氏喝口浓茶，振作精神，再次展纸，醮墨挥毫，做了如下追述：

骝先吾兄：

　　此函尚有未尽之意。思永是此时中国青年学人中绝不多得之模范人物，无论如何，应竭力救治，彼在此赤贫，即可卖之物亦无之（同人多在卖物补助生活中）。此种症至少须万元以上。此信只是一部分办法耳。去年弟病，兄交毅侯兄中央医院费公家报销，弟初闻愕然，托内子写信给毅侯兄勿如此办，内子谓，然则将何处出耶。弟后来感觉，去年之病，谓为因公积劳，非无其理，盖1月中弟即自觉有毛病，而以各会待开，须自料理，不敢去验，贻误至于3月末，遂成不可收拾之势，故去年受三千元，在兄为格外之体恤，弟亦觉非何等不当之事。思永身体虽原不好，然其过量工作，实其病暴发之主因。报销既无问题，甚愿兄之惠准也！

　　专此，敬颂

痊安！

弟　斯年再白

四月二十九日

　　与李济不同，傅斯年与梁家并无深交，且自傅氏进北大以及留学海外再归国的那段岁月，梁启超的思想光芒已经暗淡，影响力显然大不如前，不但与时代脱节，且有倒退之嫌，再也没有当年万人景仰的盛况了。故吴宓奉校长曹云祥之命代表清华研究院聘请梁启超为导师时，发出了"新文化运动起后，宓始对梁先生失望，伤其步趋他人，未能为真正之领袖"的感慨。傅斯年在给朱家骅的信中也曾明言"弟于任公，本不佩服"。但无论如何，梁任公对社会改良以及"其在文坛上之贡献有不可没者"。这就是说，梁启超思想光芒的余晖还是在吴宓、傅斯年这一代知识分子心中闪耀未绝，但也仅此而已。梁思永当年是受李济的荐举到傅斯年主持的史语所考古组效劳的，由此看出二人此前并未有所接触或极少接触。后来傅、梁二人一直作为上下级关系共事，其间亦无其他如俞大维、陈寅恪、傅斯年三人关系转化的枝节横生。二人之交，如同一条直道的河流，只是在苍茫大地上毫不喧嚣地汩汩流淌，此景也壮观，其情也绵绵，属于自然界的正常互动，整个脉络清澈明媚，没有半点污浊之气，可谓真正的君子之交淡如水也。

　　从梁思成与林徽因早期的交往圈子看，傅斯年偶有参与，如徐志摩乘机遇难时，傅斯年就曾与胡适等人一道参与了处理后事的讨论，但仍不能说是深交。当年北平著名的"太太的客厅"也少有傅斯年出没的身影，这自是与傅本人有一大段时间在南方有关，但徐志摩也并不是全部生活在北方，却是"太太的客厅"最为活跃的座上客。两相比较，可见傅与梁家交往之深浅。而今傅斯年之所以对梁家兄弟不遗余力地关心帮助，确如傅氏所言："名人之后，如梁氏兄弟者，亦复少！"是梁氏兄弟连同林徽因的人格魅力与出众的才华，以及在学术上所做出的世界性贡献，让傅斯年心甘情愿地负起了为之操劳关爱的使命。此点，除了傅斯年在李庄所做的努力，在昆明时，亦有证据足以资证。如1940年3月5日，傅斯年在给驻美大使胡适的信中就这样说道：

　　适之先生：

　　　　这一封信中先写几件事。一、营造学社事。此事之情形，先生大略知之。自思成、式能等南至昆明之后，他们的工作照旧努力。思成去年大病一场，大约又有一段脊椎髓硬化，所以铁背心又加高一段。但寻出原因是由于 Tonsel，把此物割去乃大见好转。近来身体精神均极 Vigorous。思成、式能二位带着助理走了四川一大躺［趟］，发见（现）了好些建筑的及其他考古的材料，归来兴致勃勃。目下朱桂翁（朱启钤）在北平杜门谢客，一切伪组织中败类概未牵连，比之董康——乃至周启明——真好的万倍。他对于此事尚很热心，北平尚有一大部人非养着不可，不无可虑（此情形甚普遍），此老病在床上，已无募捐之力。故此会所恃以为生活者，即中基会之一万五千元。然而天下事有难知者，去年减了二千，成了一万三。中基会之困难世人皆知，然减款似不当自此社始也。且今年更有再减或取消此款之议。论此社之成绩，与我们所中之考古组差堪比拟，亦为国外知名，此时停止，至为可惜，且昆明生活涨了十倍，比我们来时，目下仍上涨不已。北平最近也涨了六倍。其中之助理纷纷思走。在此情形下，先生其有以助之乎？我以为助之之法可有两途：1. 函中基会请其今年务必设法通过一万五千之原数，此亦不过多请政府借款耳。此事先生一言必有大力也。2. 目下美金换十八元，故先生能逢机向美国人捐到一小数，如一千元乃至五百元之数，一换便是大数，自然能多捐更好。明知先生以大使之地位，不便捐款，然如遇到此等人，顺便捐到一个 tips 或亦不为大失大雅体面，因此乃私立之机关，自降生即在捐款中（且多是零捐）度日中。中国建筑，洋人颇有对之有一幻想者，或此行或不难遇到赏识之人也。一切乞斟酌，至感至感！

营造学社之在昆明，与傅斯年本人及他主持的史语所或北大文科研究所并无关涉，梁思成等人后来之所以与史语所毗邻而居，实为借阅图书方便也。傅斯年之大慈大悲，除前文已述的原因外，也是他的性格使然。正如他在给胡适的另一封信中坦言："（若）在太平之世，必可以学问见长，若为政府 persecuted，也还如是，惜乎其不然也。只是凡遇到公家之事，每每过量热心，此种热心确出于至诚。"又说："自己不自觉之间，常在多管闲事，真把别人的事弄成自己的事，此比有意识者更坏事，以其更真也。"

遗憾的是，傅斯年一片热情与挚诚，未能改变梁思成与他主持的营造学社贫困之命运，不但远在美国的胡适没能捐到一个 tips，即使近在眼前的中基会拨款也一减再减，直至逼得流亡到李庄贫病交加的梁家，靠变卖手表、旧衣物甚至一支小小的自来水笔苦撑时日。或许，正是处于这样一种境况的梁家，对傅斯年在李庄又一次所表现出的至诚至爱才更有切身之感。

未久，林徽因给傅斯年写了一封长信，表达了自己的感念之情。

孟真先生：

接到要件一束，大吃一惊，开函拜读，则感与惭并，半天作奇异感！空言不能陈万一，雅不欲循俗进谢，但得书不报，意又未安。踌躇了许久仍是临书木讷，话不知从何说起！

今日里巷之士穷愁疾病，屯蹶颠沛者甚多。因为抗战生活之一部，独思成兄弟年来蒙你老兄种种帮忙，营救护理，无所不至，一切医药未曾欠缺，在你方面固然是存天下之义，而无有所私，但在我们方面虽感到 lucky（幸运），终总愧悚，深觉抗战中未有贡献，自身先成朋友及社会上的累赘的可耻。

现在你又以成、永兄弟危苦之情上闻介公，丛细之事累及咏霓先生，为拟长文说明工作之优异，侈誉过实，必使动听，深知老兄苦心，但读后惭汗满背矣！

尤其是关于我的地方，一言之誉可使我疚心疾首，凤夜愁痛。日念平白吃了三十多年饭，始终是一张空头支票难得兑现。好容易盼到孩子稍大，可以全力工作几年，偏偏碰上大战，转入井白柴米的阵地，五年大好光阴又失之交臂。近来更胶着于疾病处残之阶段，体衰智困，学问工作恐已无分（份），将来终负今日教勉之意，太难为情了。

素来厚惠可以言图报，惟受同情，则感奋之余反而缄默，此情想老兄优俪皆能体谅，匆匆这几行，自然书不尽意。思永已知此事否？思成平日谦谦怕见人，得电必苦不知所措。希望咏霓先生会将经过略告知之，俾引见访谢时不至于茫然，此问双安。（吴荔明《梁启超和他的儿女们》，上海人民出版社 1999 年版）

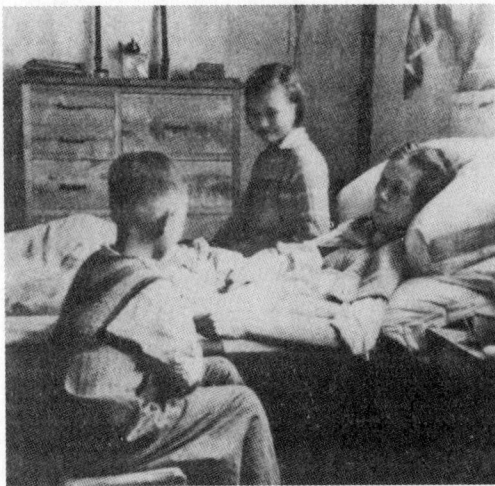

在李庄病中的林徽因与女儿梁再冰、儿子梁从诫

此信略有残缺，落款日期已难觅，因而具体时间已不可考。据辗转得到这封信影印件的梁思庄（梁思成妹）之女吴荔明推测：朱家骅收到傅斯年的求援信后，与翁文灏等人设法作了援救之策，而傅斯年得知确切消息或收到款子后，在转给梁思成的同时，顺便把他给朱家骅信的抄件一并转来，意在说明缘由。而此时恰逢梁思成外出（最大可能是去重庆办理公务），信落到林徽因的手中。林看罢自是感激莫名，未等梁思成回李庄，便先行修书一封，表示对傅感谢，同时顺便做些谦虚性的解释，并问及其他事宜，如"思永已知此事否"等等。

至于傅斯年为梁家兄弟讨来多少款子，吴荔明说："因为当事人都已经谢世，无法妄测，只有耐心等待相关档案后才能真相大白。但是，林洙舅妈记得二舅曾告诉过她：收条是傅孟真代写的。……傅斯年为思成、思永兄弟送来的这笔款子，无疑是雪中送炭，二舅妈林徽因和三舅思永，从此生活质量有了改观。"（按：林徽因去世七年之后，梁思成于 1962 年与清华建筑系女同事林洙结婚。）

为了证明傅斯年确实送来了款子，吴荔明还引用梁思成给美国驻华好友费正清的信作补证，梁氏在信中写道："你们可能无法相信，我们的家境已经大为改善。每天生活十分正常，我按时上班从不间断，徽因操持家务也不感到吃力，她说主要是她对事情的看法变了，而且有些小事也让她感觉不错，不像过去动不动就恼火。当然，秘密在于我们的经济情况改善了。而最高兴的是，徽因的体重两个月来增加了八磅半。"（《梁启超和他的儿女们》）

吴荔明的这个推测，有其合理的成分，但也有令人困惑之处，从梁思成致费氏的信中看，内中并未述及傅斯年送款之事，而后来费正清夫人费慰梅在写梁思成与林徽因的传记时，引用这封信之前是这样说的："可是，他（梁思成）已不再像从前那样无忧无虑。他现在成了管理者，一个什么都得管的'万事通'，奔波在李庄和陪都之间筹集资金，成天忙于开会和联系人等等，而不是从容不迫地专注于他的研究、绘图和田野调查。"（《中国建筑之魂———一个外国学者眼中的梁思成林徽因夫妇》，上海文艺出版社 2003 年版）

从这段记载分析，似乎费慰梅更倾向于梁家生活的改善是梁思成本人奔波的结果。

当然，要彻底推翻吴荔明的论断是困难的，除了林洙一面之词外，最能证明梁家得款的证据是林徽因在给傅斯年信中那句话："希望咏霓先生会将经过略告知之，俾引见访谢时不至于茫然。"倘若梁家未见成果，何以凭空生出"引见访谢"之意？

这个谜团湮没了 60 多年后，于 21 世纪初有了破译的线索。中国社会科学院近代史研究所得知翁文灏日记有一部分收藏于台湾"国史馆"后，经与翁的家属和台湾方面沟通，特派研究员李学通前往查阅核校。李从翁氏 1942 年的日记中发现了如下两条记载：

> 9 月 16 日，访陈布雷，谈梁思成、思永事。又谈魏道明为驻美大使，美方颇为不满。
>
> 9 月 28 日，接见周象贤、Fitzroy、周茂柏、李允成、黄人杰、张克忠、胡祎同、周国剑（送来蒋赠梁思成、思永贰万元正，余即转李庄傅孟真，托其转交）。
>
> （翁文灏著，李学通、刘萍、翁心钧整理《翁文灏日记》，中华书局 2010 年版）

如果没有相牴牾的推理，这两条日记就是梁氏兄弟得款过程和数目多少的铁证，其操作程序当是朱家骅与时任国民政府经济部资源委员会主任的翁文灏（咏霓）商谈，由翁找蒋介石侍室一处主任陈布雷，再由陈向蒋呈报，蒋介石以他自己掌控的特别经费赠梁氏兄弟二万元，以示救济。——这个环节得以破译，上述三封信便可通解。

有一点必须提及的是，从傅斯年上书到蒋介石赠款的五个月里，梁家兄弟的生活特别是梁思永的病情一直有恶化的趋势，必须随时用药物控制。而除了史语所有个医务室和一位被同人称为"白开水"的专职医务人员（南按：据石璋如说，每当同人到医务室看病，这位老哥就说多喝白开水，于是大家便送了他一个"白开水"的绰号），要从外部购点药困难重重，傅斯年只好以割腕断臂的方式打起了内部的主意，而这个主意产生的后果，正如8月6日傅斯年在给中央研究院总干事叶企孙的信中所说："又云弟平日办此所事，于人情之可以通融者无不竭力，如梁思永兄此次生病，弄得医务室完全破产"、"为思永病费，已受同人责言"。又，8月14日信："本所诸君子皆自命为大贤，一有例外，即为常例矣。如思永大病一事，医费甚多，弟初亦料不到，舆论之不谓弟然也。"（欧阳哲生主编《傅斯年全集》第七卷，湖南教育出版社2003年版）

由此可见，为了挽救梁思永的生命，傅斯年以他特有的霸气加梁山好汉的哥们义气，把医务室本来并不厚实的家底，几乎全部倾注在了梁思永身上，并出现了史语所同人不满和各种舆论的滋生，而傅斯年本人也感到进退不得，颇为恼火的情绪流露。事实上，在如此艰苦卓绝、生死茫茫的紧急关头，因一个人的病情把整个史语所同人、家眷所依靠的医务室弄得破产解体，这对全所人员造成的惶恐是显而易见的，舆论对傅氏的做法不以为然，甚至非议也是一种必然。——若不如此，才是不可思议的。看来，即是在别人眼里手眼通天、霸气冲天、牛气冲天的"三天"之才傅斯年，面对梁家兄弟这种特殊的情形，也有点力不从心之感。幸运的是，因有了蒋介石赠送的这笔款子，总算可以抬头挺胸抹几把额头上的汗水，长嘘一口气了。

第九章　岁月如歌

川康古迹考察团

就在傅斯年为梁思永、林徽因的病情处心积虑地谋划筹款、医治之时，史语所与中央博物院筹备处最为宏大和重要的支柱——李济，由于家庭突遭不幸，又出现了坍塌崩毁的迹象。

抗战爆发后，李济带着一家老少六口（父亲郢客老人、妻子、女儿凤徽和鹤徽、儿子光谟），从南京到重庆、长沙，再至桂林、越南、昆明，辗转数千里，备受艰难困苦，总算有了一个喘息的机会。万没想到，1940年夏，就在史语所议迁李庄时，14岁的二女儿鹤徽突患急性胰腺炎，因得不到药物及时治疗而死去。一枝含苞待放的鲜花，无声无息地凋落在红土结成的高原之上，在西南边陲那温暖的阳光照耀下，永久地与青山茂林做伴了。

心中滴血的李济夫妇在巨大的悲恸中，与逝去的爱女作最后辞别，含泪打点行装，带领全家匆忙迁往李庄，心头的哀伤之情尚未淡去，1942年初春，在李庄宜宾中学读书即将毕业的17岁的大女儿凤徽又不幸身染伤寒，一病不起。因李庄缺医少药，终于不治，追随早逝的妹妹鹤徽而去。爱女临走的那天下午，握着父亲李济的手，有气无力地说："爸爸，我要活下去，我要考同济大学，在李庄读书，永远不离开您和妈妈、还有爷爷……"但是，纵然如伟大的学者李济博士，加之同济大学医学院的留德"海龟"医学博士共同为之努力，置身于此种几乎与世隔绝的艰难环境，亦回天乏术，只能眼睁睁地看着女儿美丽的双眸悄然涌出两滴泪珠，带着无尽的遗憾走了。

1935 年春，欢迎李济视察殷墟发掘团时合影。左起：王湘、胡厚宣、李光宇、祁延霈、刘燿（尹达）、梁思永、李济、尹焕章、夏鼐、石璋如。（李光谟提供）

当天中午，正在同济大学附中读书的李光谟放学回家，在羊街巷口与几个同学玩闹，只见平时称谓张伯伯的同大医学院教授提着一个小包袱从羊街六号跨出。待来到巷口，满头白发的老教授眼圈红红的，上前拍了一把李光谟的肩头，轻轻地说："快回家吧，你姐姐去世了。"李光谟头"嗡"地一声响，撒腿跑回家中，扑到凤徵的床前高呼姐姐，这位平日与自己经常嬉笑打闹的姐姐，再也荡漾不出那花一样温柔的笑容了，她以长久的沉默宣告了与弟弟的诀别。

凤徵的墓地选在李庄郊外一座小山冈的平坦之处，这是李庄士绅张官周出于对郝客老人和李济父子的敬重，特地从自家的园地中无偿出让的。小小的山冈之上，痛失爱女的李夫人撕心裂肺的呼喊，在荒草萋萋的山野回荡。李济的眼睛里汪着一潭痛楚的泪水，将一把把温润的泥土轻轻地撒落在女儿安息的墓穴里。一片片于西南早春盛开的黄色花瓣被抛向天际，在这座新起的坟茔上空飘舞飞旋。没有葬礼，没有悼词，唯有滚滚的江水和阵阵袭来的山风，让人感到生命的伤悲和凄美壮丽。

　　从 1940 年到 1942 年的两年间，李济的两个女儿就这样走了，一个 14 岁，一个 17 岁。在不到两年的时间里，一"鹤"一"凤"撒下风烛残年的祖父、悲痛欲绝的双亲以及年少的弟弟，悄无声息地撒手人寰，乘风而去。

　　面对接踵而至的灾难，李济的夫人自不待言，即便见多识广的热血男儿李济，心灵也遭受了前所未有的重创，在一夜接一夜痛苦的失眠与哀叹中，精神支柱开始倾斜。过度的悲伤终于使李济感到自己再也难以支持下去了，一个学术巨人即将倒下。李济的父亲李权（郢客）老人，这位清王朝末年的小京官、著名的词人雅士，面对两个从小围在自己身边唧唧喳喳，小鸟一样惹人爱恋的孙女不幸夭亡，更是悲情难抑，一夜之间身体便垮了下去。

　　很久以前，李老太爷在京城做官时，心中便有一种挥之不去的"身在异乡为异客"的孤独情结，故自号郢客，取郢（湖北）人客居异乡之意。令他始料不及的是，自己不只成为北京城的异客，随着战争的爆发，他以 70 多岁高龄之身，随李济一家辗转北京、南京、重庆、长沙、桂林、越南、昆明、李庄，万里的颠沛流离，最后成了扬子江尽头山坳里的一名白发苍苍的异客，其孤独悲苦之情日胜一日。在李庄的日子，他将自己吟诗作赋的特长大加发挥，与史语所年轻人及李庄的士绅罗南陔、张官周等人唱和，借以排遣对山河破碎的忧愁和心中的苦闷。当心爱的两个孙女乘风而去后，李老太爷顿时陷入了白发人送黑发人的巨大悲恸之中，身体如泰山之崩裂，不久即中风瘫痪在床，生活不能自理。老爷子自感将不久于人世，遂立下遗嘱，一旦自己魂归道山，让家人在其墓碑上镌刻"词人郢客李权之墓"以示纪念。五年之后，当身衰体残、骨瘦如柴的郢客老人在南京去世时，李济按照父亲生前的遗嘱一字未改地书写了碑文，算是实践了老人的遗愿。当年李济在清华读书时，郢客老人就以自己的文化良知和对政治的敏感谆谆告诫儿子："以后踏入社会，不要参与政治，不要做官，如果风云际会，非要做官不可，那就退而求其次，宁做一个七品小京官，而不去当县太爷，因为县衙门是最伤天害理的地方。"这样的人生洞见和教诲，对成长中的儿子影响至深。无论是出洋之前还是成为"海龟"之后，在李济的心目中，搞政治这一职业是世界上最黑暗、最肮脏、最下流的行当，当官是要和政治纠缠在一起的，因而不管做什么行业的官，都潜伏着与政治这股臭味熏天的污泥浊水同流合污的危险，稍有不慎，即踏入泥坑而不能自拔，甚而落入万劫不复的深渊。

在一种凄凉悲苦的心境和"自觉"下，失去爱女的李济找到傅斯年，于李庄郊外板栗坳那月高风清的晚上，二人进行了一次秉烛长谈。按李济的想法，他要辞去史语所考古组主任和中央博物院筹备处主任之职，去掉安在自己头上的两顶"官帽"，以便摆脱行政事务烦扰，调整心态，做点案头研究工作，以缓解日甚一日的精神苦痛。对李济的处境和精神状态，傅斯年深感这根宏大支柱一旦坍塌，对史语所和中央博物院筹备处的工作将意味着什么。在如此艰难困苦的紧要关头，他所做的就是要尽可能地使对方从颓丧萎靡中振作起来，开拓出一片新天地。这个晚上，傅斯年与李济所谈的内容，外界已无法得窥全豹，后人只能透过李、傅二人的通信管窥片羽。

1942年3月27日，李济在李庄镇张家祠内的中央博物院筹备处办公室，以忧伤的笔调给傅斯年修书一封，派人送到几里地之外的板栗坳，信中说："前日所谈，感弟至深。弟亦自知最近生活有大加调整之必要，但恐西北之行（未尝不愿）未必即能生效，或将更生其他枝节。数月以来，失眠已成一习惯，中夜辗转，窃念研究所自成立以来，所成就之人才多矣，而弟愧不在其列，有负知己，诚自不安，然此亦非弟一人之咎。弟自觉今日最迫切之需要，为解脱，而非光辉。衷心所祈求者为数年安静之时间。

中央博物院筹备处在李庄旧址

若再不能得，或将成为一永久之废物矣。"（《傅斯年档案》）

从信中可以看出，那天晚上的交谈，傅斯年除了给予同情、理解和好言相慰，还为李济想出了一些解脱之法，如到西北地区进行田野调查等等，以缓解对方的精神压力与恶劣的情绪。但一直处于极度痛苦与悲伤中的李济，虽被傅氏的真诚与热情所感动，终未能回心转意。

三天之后，傅斯年回信，再次以诚挚坦率之言劝慰："惠书敬悉，深感深感！大约四十为一大关，过此不能不宝爱时光矣，弟之大症，有一好处，即能辞去总干事也。虽今日治学未必有望，而在总干事任中必无望。援庵之'开快车'（彼亦同感而言），寅恪之'损之又损'，前者弟不能，后者弟亦求其如是矣。兄目前之事，不在博物院，而在精神之集中。博物院事，似乎办事人不比史语所少，兄可不必多操心（此人劝我语，兄或鉴于裴事，然彼等事不能再有，亦不可有反常之心理也）。安阳报告固为一事，此外似尚须有一大工作，方可对得起此生。弟所以劝兄一往西北者此也。总之，治学到我辈阶段，无所著述，甚为可惜。兄之一生，至少须于安阳之外再有一大事，方对得起读书三十年也。然西北不过是一法；其他亦有法，要看战事如何耳。我之一病大约是一无结局，故此等问题多不敢想也。"

傅斯年推心置腹的一席话，令李济不好意思再僵持下去，只好带着一颗悲伤、抑郁、孤独滴血之心，在史语所考古组与中央博物院筹备处之间艰难地支撑。此时的李济心中也许清楚，对傅斯年的谈话与书信请求，着实是自己内心太过于痛苦悲观，且急欲摆脱这种苦痛所想到的并不高明的办法。就当时的情形言，无论哪一个方面，都不容许自己轻易地对呕心沥血为之经营的事业撒手不管。这对"刚毅木讷，强力努行"的李济来说更是如此。何况此时以史语所为主体组织的西北科学考察团之事正在紧张地筹划之中，中央博物院的主力人马，对岷江流域彭山一带的田野发掘刚刚取得大捷，并酝酿对牧马山墓葬大规模发掘。头戴史语所三组主任、中央博物院筹备处主任两顶"官帽"的李济，此时如同干手插在了湿面里，想抖得一干二净几乎是不可能的。历史给予他的只能如在驻美大使任上的胡适自嘲："做了过河卒子，只能拼命向前。"

早在 1941 年春季，在李济的倡议下，经傅斯年、朱家骅及国民政府教育部部长陈立夫等实权派要员批准，拟组织一个川康古迹考察团，对四川、西康两省的古迹做一次大规模调查、发掘。考察团由中研院史语所、中博

1941年发掘四川彭山崖墓主要人员合影。左起：吴金鼎、王介忱、高去寻、冯汉骥、曾昭燏、李济、夏鼐、陈明达。（南京博物院提供）

筹备处、中国营造学社三家机构联合组成，主要成员为中博筹备处的专任副研究员与事务员吴金鼎、曾昭燏、夏鼐、王介忱、赵青芳（后参加）；史语所考古组的高去寻；营造学社的陈明达等。考察团以吴金鼎为团长，主持全面工作。根据李济的指示，考察团着重于彭山、乐山一带调查崖墓，以便于尽快取得成果，于学术界造出如同当年安阳殷墟发掘一样的大动静、大收获。在吴金鼎的率领下，考察团于1941年5月初自李庄乘船溯江而上，沿岷江直奔彭山而去，开始了历史上首次对彭山崖墓进行具有科学性质的考古调查发掘。

自1941年5月始，川康古迹考察团在彭山江口镇方圆百里的崎岖山区展开调查，6月14日，考察团对江口附近崖墓开始大规模发掘。此后以江口为坐标，一直向西延伸，发掘地点计有寂照庵、石龙沟、丁家坡、豆芽坊沟、李家沟、砦子山等处，至次年底，共探明崖墓墓址900余座，先后发掘汉代崖墓77座，砖墓两座，所发掘墓葬均有详细的勘测记录并绘制了精确的实测图。

1942 年 12 月 9 日，严寒的冬天已经到来，岷江水位急速消退，吴金鼎等人尽管心有不甘，但鉴于运输所必需的水位尺度，不得不开始停工撤退。在吴金鼎的组织指挥下，发掘团人员把出土的各类随葬品、所采集的石质建筑实物标本等等，总量在 20 吨以上，分装三条大船从江口镇起程，顺岷江浩浩荡荡驶往李庄镇码头。抗战期间最大规模的一次田野考古发掘，以丰富的收获而宣告结束。自此，考古人员进入了室内整理和再度远赴成都琴台——永陵发掘的新的历程。

发掘团发掘的四川彭山王家坨崖墓，墓前少年为陈明达专门找来摄影，以标志墓的高度。

成都永陵，乃五代前蜀皇帝王建之墓。王建（847—918 年），字光图，河南舞阳人，唐末五代时期杰出的封建统治者。其创立的前蜀政权是五代十国时期承唐启宋重要的国家政权，对后世在政治、经济、文化等方面产生了巨大而深远的影响。王建死后葬于成都，号为永陵。永陵未发掘之前，历经千年沧桑渐被后人忘却，陵墓高大宏伟的土冢被后人附会为汉代大词赋家司马相如的"抚琴台"，并于其上修建了琴台建筑。

王建墓

王建墓地宫形制与随葬品

1940年秋，为躲避日本飞机轰炸，天成铁路局在抚琴台北面修筑防空洞。工程进行之中，突被一道砖墙所阻，当时人们误以为是"琴台基脚"。四川省考古学家冯汉骥闻讯后，亲临现场调查，断定其为古墓葬。1942年秋，四川省教育厅厅长郭子杰拨教育经费资助琴台考古发掘。9月至11月，冯汉骥率四川博物馆筹备处部分员工进行了第一期发掘清理工作。1943年早春，傅斯年、李济、梁思成三人相商，决定派出川康考察团支援成都永陵发掘，顺便对出土文物进行研究。考察团仍以吴金鼎为团长，由史语所王文林、中央博物院筹备处王天木（振铎）以及中国营造学社的莫宗江、卢绳等专家学者组队，在李济亲自率领下，前往成都与四川省考古人员一道进行第二期考古发掘清理工作。

李济等人走后，在李庄的梁思成甚为挂念，1943年1月6日，梁思成致信李济询问详情，信曰：

济老：

别来两旬，闻老兄一路行程顺利，至以为慰。永陵发掘进行何如？建筑方面如何？内部有无 architectural treatments？甚愿知其详。雕塑方面，除已掘出一像外，后来有无新发现？全部工作何时可完？一堆问题，暇时乞示一二。

成都金陵大学农场各种种籽甚佳，弟拟恳带西红柿种籽一包，归来行箧中似尚可容下耶？劳驾劳驾。

日前长远轮由南溪上驶，至筲箕背遇匪，在岸上十余人开枪，船上死三人（二女一男），伤二十余人，水急漕狭，匪徒用木船一拥而上，将旅客现款及随身表笔之类搜集光净，从容逸去。船回县城，再由城及李庄派兵往剿，则已无匪踪矣。出事地点去城仅六七里，匪人亦太不顾县长老爷面子了！即请

旅安

弟思成　拜上

（李光谟辑《李济与友人通信选辑》〔抽印本·非卖品〕，1997 年 5 月）

有道是三句话不离本行，此时的梁思成最牵挂的还是这座陵墓地宫中的雕塑与壁画等文物。天遂人愿，在这座庞大的帝王陵墓中，真的出土了大量的石雕与壁画，且有王建本人的石像雕刻。这一发现传到李庄，令傅斯年、李济、梁思成等人颇为兴奋。9 月 11 日，李济由李庄寄了一封信往成都四川博物馆转琴台永陵发掘工地"发掘团团长"吴金鼎，信中可以看出发掘的情形与李庄方面的动作："据来函及天木口头报告，大石座之周围雕刻，颜色犹新。孟真先生与弟已商请营造学社梁思成、莫宗江及卢绳三先生来蓉做详细校验工作，并请莫、卢二君详绘石刻女乐等像（为中央博物院及将来印刷用）。梁先生等一行为此工作在成都之旅费，可由中央博物院认账。祈妥为招待，至以为托，并祈告知郭子杰厅长及汉骧兄。"未久，梁思成带领莫、卢二人赴成都永陵，对出土的石刻雕塑进行了全面清理保护，从而使此次发掘获得了巨大成功。出土的王建石像、谥宝、玉大带、玉册等稀

墓内出土的王建石雕像，是现存唯一一尊中国古代皇帝的真容雕像。

世文物，证明"抚琴台"正是令历代古物学家与考古学家苦苦追寻而不得的五代前蜀皇帝王建的永陵。此次由几方学术团体组成的联合发掘，使南宋以后即隐没的王建陵墓葬终于重见天日，揭开了流传千古的所谓"抚琴台"之谜。从此，"抚琴台"在成都学术界被永陵或王建墓代之，但民间多数仍沿袭旧称。王建的永陵是中国 20 世纪首次科学发掘的古代皇帝陵墓，在中国考古史上写下了辉煌的一页。

李约瑟的李庄之行

就在傅斯年、李济、梁思成派大队人马远赴成都发掘永陵，并为出土大批珍贵器物而沉浸在激动兴奋之中时，一位高个子、长鼻子、蓝眼睛的"老外"走进了李庄，使这个偏僻寂寞的小镇掀起了一点略带咸涩意味的波澜。来者就是后来闻名于世的英国剑桥大学教授、科技史专家李约瑟（Joseph Needham，1900—1995 年）。

1942 年秋，英国政府在"二战"最为重要的转折时刻，决定派遣一批著名科学家与学者赴中国考察访问并给予人道主义援助。作为英国皇家学会会员、英国学术院院士，兼及初通中文并对东方文明怀有浓厚兴趣的剑桥大学教授李约瑟有幸被选中，他与牛津大学的希腊文教授 E. R. 多兹组成英国文化科学使团，代表英国学术院和皇家学会前往中国。1943 年 3 月，李与几位同事从印度加尔各答经中国与外界相连的唯一的一条通道——著名的"驼峰"航线，飞越喜马拉雅山高空，进入云南昆明，开始了长达四年的在华考察生涯。

在昆明逗留期间，李约瑟访问了西南联合大学与中央研究院在昆明的天文、化学和工程研究所，并为这几家机构输送了部分图书、仪器等紧缺物品。

1943 年 3 月 21 日，李约瑟一行由昆明飞往重庆。6 月，于重庆成立了中英科学合作馆，李约瑟出任馆长，办公地点设在英国驻华使馆一侧的平房内，人员由 6 位英国科学家和 10 位中国科学家组成。

就在这个机构组建之时，李约瑟拟在自己最感兴趣的中国古代科技成

就、科学思想及其人类文化史上的
价值，做深刻研究与比较，写一部
专著，名为《中国的科学和文化》
（按：即后来著名的《中国科学技术
史》）。此举受到了中国政府要员如
陈立夫、朱家骅、翁文灏等的大力
支持，李约瑟决定立即行动起来，
开始自己所梦想的伟大而辉煌的事
业。于是，在 1943 年的夏季，李约
瑟带上助手开始了中国西南之旅，
从而有了与李庄科学、教育界接触
交流的机缘。

援华时的李约瑟

　　1943 年 6 月 3 日，李约瑟完成
了对四川成都、乐山一线几所大学
与科研机构的访问。在迁往乐山的武汉大学石声汉教授的陪同下，与助手
黄宗兴及秘书等人，于五通桥搭乘一条盐船沿岷江漂流而下，于次日下午
到达坐落在李庄镇中心禹王宫（后改称慧光寺）中的同济大学校本部。在
校方的安排下，李约瑟为同济大学师生用德语做了四次科学演讲报告，并
会见了同济著名教授童第周等人。

　　6 月 7 日下午，李约瑟移往板栗坳等地，开始对李庄的其他科研机构
考察访问。

　　李氏在他的游记中记载道："沿着河边一条小路离城（镇），小路穿行
于在热浪中闪亮的玉米地之间。过了不远以后，开始攀登一条壮观的石级
小路进入山里。路上经过一座优美的石桥。我们抵达那里时看见房屋都很
隐蔽。"（李约瑟等编著，李廷明等译《李约瑟游记》，贵州人民出版社 1999
年版）在这里"有许多宽敞的大宅邸，中央研究院历史语言研究所、社会
学研究所就设在这里。研究所分别由著名学者傅斯年博士和陶孟和博士领
导，约有 70 位学者，因而是研究院两个最大的研究所"。

　　傅与李相识后，很快结下了深厚的友情，李还在傅家住了一晚。由于

同济大学师生听演讲（李约瑟摄）

傅斯年的慷慨热情，访问期间，李约瑟在板栗坳看到了史语所几乎所有的珍贵藏品，如大量的铜器、玉器和著名的安阳殷墟出土的甲骨等等。此外，还观摩了历史组收藏的大量竹简和拓片，只见上面写着"孔夫子时代的经典，也有一些清朝初年的帝国珍贵档案，包括给耶稣会士的信件、给西藏的政令、中国朝廷任命日本幕府将军为王侯的公文。语言学组拥有每一个省份的方言的留声机唱片等。图书也精彩极了——有宋朝的真迹，活字版印刷的书籍等等"。多少年后，李约瑟还清楚地记得，临下山时，"历史语言研究所所长傅斯年又送我一部善本的《天工开物》"。对于史语所诸位人员的才学和热情，李约瑟掩饰不住心中的喜悦，对他的妻子李大斐表述道："那里的学者是我迄今会见的人们中最杰出的，因这个学科一直是中国学者特别擅长的，这也是意料之中的事。"

受傅斯年之邀，李约瑟在板栗坳牌坊头大厅为史语所与社会学所的研究人员做了一次精彩的讲演之后，连夜给妻子李大斐写信，信中颇为自豪地说："我比较紧张，但演讲非常成功。"又说："今天我们要去参观营造学社。该社由伟大的政治家和学者梁启超的一个儿子主持（你会记得有一次和你从苏格兰回来的火车上，我读过梁的书，并且给我留下了

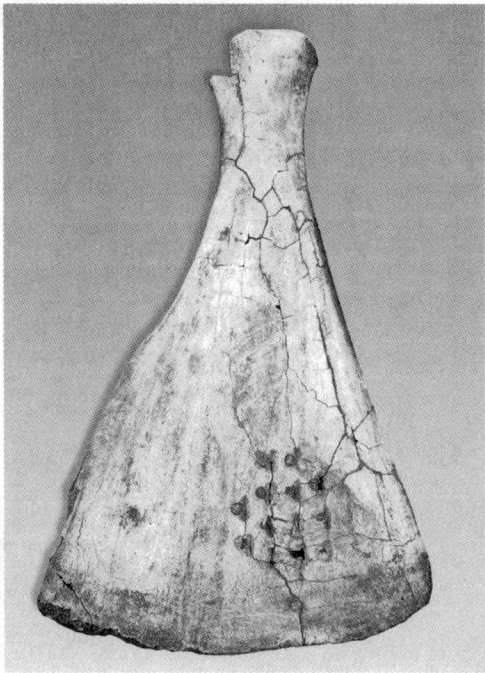
中央研究院史语所保存的殷墟出土的刻字甲骨

深刻的印象)。我们也要去参观疏散到这里的中央博物院。"

在下山之前,李约瑟专门到门官田中央研究院社会学研究所访问了所长陶孟和及汤象龙、梁方仲、巫宝三、罗尔纲等研究人员。此前,对李约瑟的科学计划曾进行过"激烈争吵"的美国大使馆驻华官员费正清,于1942年11月中旬,受他的好友梁思成邀请,在赴重庆参加会议的陶孟和陪同下来过此地。二人搭乘一艘"破轮船上水",经过三天三夜的动荡颠簸才到达李庄。一路上,费正清被中国内地千奇百怪的现象所吸引,费在回忆录中曾专门提到一件趣事:当他看到一个呼吸困难的男子躺在地上,想上前帮助时,陶孟和却不让他多管闲事。陶说:"这也许是个圈套,你一旦碰了他,就很可能被缠住,迫使你花一笔冤枉钱。"费正清由此感叹说:"可见作为社会学家的陶孟和对当时中国下层社会了解之深透。"

费正清来到李庄后,曾到过陶孟和在李庄镇内租住的姚家院子和山中门官田社会科学研究所的办公地点访问,受到了研究人员平时难得一见的烧脆皮鱼的特殊款待。当时费正清很想拜望一下在北平时就结识的好友、陶孟和的夫人沈性仁,遗憾的是沈氏同他的另一位好友林徽因一样,因患严重的肺结核,已赴成都医院接受治疗,生死不明。费氏只好带着无限的怅惘与陶孟和握别。

当李约瑟来到门官田见到这位著名的社会学家陶孟和时,陶正沉浸在巨大悲伤的阴影中未缓过气来。他的妻子,曾经光彩照人、才华横溢的民国时期一代名媛沈性仁死了。

当年浙江嘉兴的沈家兄弟姐妹四人,其学识风度,名动公卿,海内外景仰。大姐沈性真,字亦云,早年热衷于社会改革,辛亥革命时曾在上海组织女子军事团,抗日战争中又创办上海南屏女中,晚年寓居海外,所著《亦云回忆录》二册,颇受史家青睐。性真的丈夫

陶孟和

乃国民党元老黄郛，辛亥革命时，黄担任沪军第三师师长，与都督陈其美、团长蒋介石结为拜把子兄弟。北洋政府时期，担任外交总长、教育总长、国务总理；南京政府成立后，又担任上海特别市市长、外交部长和北平政务整理委员会委员长等职。

沈性仁在家中排行老二，老三是他的弟弟沈怡，最后是小妹沈性元。沈氏家族的姐弟姊妹，颇类似宋氏家族的四姐弟，各自有着不同的政治抱负、不同的生活方式和人生追求。沈性元丈夫钱昌照（1899—1988 年），出生于江苏常熟书香门第，早年赴英国留学，就读于伦敦政治经济学院和牛津大学，师从拉斯基、韦伯等著名教授，并与他的学长陶孟和一样深受费边社的影响。学成归国后，在张謇引荐下用一年时间游历了大半个中国，拜访了张作霖、张学良、阎锡山、吴佩孚、孙传芳等实力派人物。不久，钱昌照与才高貌美的沈性元小姐订婚，因沈氏家族的关系结识蒋介石，并受到蒋的重用，先后出任国民政府资源委员会副主任（翁文灏为主任）、国防设计委员会副秘书长等职。国共内战爆发，国民党兵败如山倒时出走香港。1949 年后从香港转归大陆，出任全国政协副主席、民革中央副主席等职。生前留下了一部《钱昌照回忆录》，于他去世十年后出版。这部著作内容虽然简略，但信息丰富，"为治民国政治、工业和教育史所不可忽视的重要资料"。从这部回忆录中可知，在名噪一时的黄河三门峡工程开工之前，不只是国内的名流黄炎培之子黄万里教授极力表示反对，海外也同样传出了极富前瞻性和高智

沈氏兄妹等人合影。沈性元（左一）；二姐沈性仁（左二）；大姐沈性真（左三）；大姐夫黄郛（右三）；二姐夫陶孟和（右二）；兄沈怡（右一）。

商的不和谐之音，而发出这一声音的就是钱昌照的内兄、沈家的老三、早年毕业于同济大学，后留学德国的水利专家沈怡。沈在留德期间专门研究黄河治理，20世纪30年代归国后从政，曾任上海工务局局长、资源委员会秘书、民国政府交通部次长、南京特别市市长等职。沈对黄河治理情有独钟，1946年夏，在南京市市长任上时仍没有忘记黄河治理问题，曾专门组织黄河顾问团考察黄河流域，并聘请三位美籍顾问前来考察（包括萨凡奇、柯登，萨凡奇借此机会第二次到国民党拟建的三峡工程坝址查勘地形地质）。1948年，沈怡出任联合国远东防洪局局长，驻泰国数年，领导治理湄公河。再后来沈怡去台湾，曾任"交通部"部长，后侨居美国，并于1980年去世，享年79岁。沈怡早年有《水灾与今后中国之水利问题》（1932年11月《东方杂志》第28卷，第22号）等论文，并有《黄河年表》（1934年出版）、《黄河问题》（1935年出版）等专著问世，是中国为数不多的黄河专家和市政工程专家。晚年患癌症之后，他的妹妹、钱昌照（时为全国政协副主席）夫人沈性元赴美探望。受水利部之托，沈性元将"长江三峡计划"的资料带去征求意见，被沈怡拒绝。他说："当初建造黄河三门峡时，我在国外撰文认为干不得，中苏专家不听，闹成笑话。我又何必再操这个心呢？"沈性元怕回国后不好交差，经一再劝说，沈怡才勉强看了一下资料，写了几条意见。当年沈怡反对黄河三门峡工程的具体意见如何，是否为国内高层和专家学者所了解，已不得而知。有研究者后来推测，"在当时，即使他的意见为国人所知，大概也会当作潜伏在国外的阶级敌人的恶毒攻击，反而会增加主建派的砝码"。事实上，许多政治化的工程都是如

1955年，钱昌照（右一）一家与陶孟和（中）合影

此的命运。沈怡生前还著有《沈怡自述》，在他去世五年后于台湾出版，其中对钱昌照的政治生涯特别是晚年的政治态度多有批评。

一代名媛沈性仁

作为民国时期一代名媛的沈性仁，早年留学欧美，在"五四"时期，就有翻译戏剧作品《遗扇记》于《新青年》发表（第五卷第6期，第六卷第1、3期，1918年12月和1919年1、3月）。此剧后来被译为《少奶奶的扇子》和《温德梅尔夫人的扇子》，曾搬上舞台演出。这是外国话剧最早的白话语体翻译剧本之一在中国发表，也是中国白话文运动的源头。正是在这一探索性成果的基础上，才产生了波澜壮阔、影响深远的白话文运动和新文学运动。此后，她与徐志摩共同翻译了《玛丽·玛丽》等文学作品，并引起文化界广泛的注意，特别受到林徽因的赞赏。

除文学戏剧外，沈性仁对社会经济问题亦有较大的兴趣。1920年，他与丈夫陶孟和合译的《欧洲和议后的经济》（凯恩斯著）被纳入《新青年丛书》第六种出版。荷裔美国科普作家房龙的成名作《人类的故事》于1921年出版后仅四年，就由沈性仁翻译成中文由商务印书馆出版（1925年），并在中国掀起了一股经久不衰的"房龙热"。后来成为历史学家、作家的曹聚仁曾回忆道："二十年代在候车时偶然买到《人类的故事》中译本，于是那天下午，我发痴似的，把这部史话读下去。车来了，我在车上读。到了家中，把晚饭吞下去，就靠在床上读，一直读到天明，走马观花地总算看完了。这五十年中，总是看了又看，除了《儒林外史》、《红楼梦》，没有其他的书这么吸引我了。我还立志要写一部《东方的人类故事》。岁月迫人，看来是写不成了。但房龙对我的影响，真的比王船山、章实斋还深远呢！"尽管曹氏没有谈及沈性仁的翻译之功，但若没有沈氏的努力就不会如此快捷地看到《人类的故事》并大受影响，这一事实想来曹氏是不会否认的。

当年徐志摩自海外归国，在北平发起了一个文学沙龙——新月社，常来石虎胡同七号参加聚餐会和新月俱乐部活动的人物有胡适、徐志摩、陈

左为徐志摩诗集《落叶》封面，右为徐志摩与沈性仁合译的《玛丽·玛丽》封面。
二个封面均为闻一多设计。

西滢、凌叔华、沈性仁、蹇季常、林徽因、林语堂、张歆海、饶梦侃、余
上沅、丁西林等大学教授和作家文人，也有黄子美、徐申如等企业界、金
融界人士。还有梁启超、林长民、丁文江、张君劢等社会、政界名流，可
谓一时俊彦，大有"谈笑有鸿儒，往来无白丁"之声势。据当时参与者回
忆，这些出身背景、兴趣和职业不尽相同的人物，所谈话题从政治、经济、
文化、教育到文学，驳杂多样，所关心的问题也不尽一致，虽然来俱乐部
"社交"的目的是一样的。

就在这一时期，沈性仁与梁思成、林徽因、徐志摩、金岳霖、胡适，
甚至生性腼腆的朱自清等文人学者，相识相交并成为要好的朋友。后来，
随着梁思成、林徽因由东北返平，住进北总布胡同三号以及"太太的客厅"
的形成，陶孟和与沈性仁便成为"客厅"中的主要宾客。冰心的小说《我
们太太的客厅》里的"科学家陶先生"，指的就是陶孟和——假如一一对号
入座的话。

对于沈氏高雅的仪态与沉鱼落雁的容貌，作为女性的林徽因既羡且佩，
而金岳霖与沈初次相见即惊为天人，大为倾心动情。深深爱着林徽因但并

不常作诗的老金，与沈性仁相识后，也一反常态地作起爱情诗来，他在题赠沈性仁的一首藏头诗中写道："性如竹影疏中日，仁是兰香静处风"，以婆娑的竹影与兰花之香来比喻"性仁"之风采丽姿，其倾慕艳羡之情溢于言表。

被誉为"民主先生和自由男神"（唐德刚语）的胡适，曾主张作为一个具有现代知识的人，就需要有几个女友，因为男女之间在观察处理事物、性情陶冶方面常有互相弥补的益处云云。他在 1918 年 4 月 5 日由北平写给家乡母亲的信中，说到当日应邀在丁（文江）先生夫妇家吃饭，同席有陶孟和及其未婚妻沈性仁，还有另外一位沈女士，大家在一起聚谈。然后说："我在外国惯了，回国后没有女朋友可谈，觉得好像社会上缺了一种重要的分子。在北平几个月，只认得章行严先生的夫人吴弱男女士。吴夫人是安徽大诗人吴君遂（北山楼主人）先生的女儿，曾在英国住了六年，很有学问。故我常去和她谈谈。近来才认得上面所说的几个女朋友。"无论是此前还是之后，胡适都需要有女朋友助谈，特别是受过良好教育的女性朋友，而沈性仁正是他心中所谋求渴望做异性朋友的绝佳人选。

或许生性过于腼腆，或许心中过于忧伤，在清华任教的文学家朱自清，每见到漂亮或心仪的女人，都有精细的观察，且在日记中有简约记载。如：

1924 年 9 月 5 日，由温州乘船赴宁波任教。"船中见一妇人。脸甚美，着肉丝袜，肉色莹然可见。腰肢亦细，有弱柳临风之态"。

1932 年 8 月 16 日，蜜月中游完普陀，"到上海，赴六妹处，遇邓明芳女士，颇有标格"。

1933 年 1 月 22 日，入城，在杨今甫处午饭，饭后论《啼笑姻缘》及《人海微澜》。"旋陶孟和夫妇来，陶夫人余已不见数载，而少年似昔，境遇与人生关系真巨哉"。朱氏记载的陶夫人即沈性仁，"少年似昔"，当是指已近中年的沈氏美貌风采均不减当年，仍是妙龄春色，甜怡诱人，而不是徐娘半老、风韵犹存的俗世比喻。从这句颇为含蓄的隐语中可窥知沈性仁当年夺人心魄的高雅气质和朱自清内心艳羡动情的波光流影。

一切都如朱自清笔下的荷塘月色般悄然流逝。抗战爆发后，沈性仁随陶孟和开始了流亡生活。几年的战乱与生活困苦，使她的身体受到巨大耗损，生命在磨难中一点点走向消亡。自从社会科学研究所由昆明迁到李庄后，由于环境和气候的变化，特别是如德国人王安娜博士曾说过的重庆一带的环境一样，由于川南一带含硫量很高的煤块烧出来的煤烟混在一起成了烟雾，而这些弥漫着硫黄味的浓烟整日徘徊于李庄及周边地区上空不散，与林徽因的遭遇几乎相同，沈性仁也患了严重的肺结核，且日甚一日，几度卧床不起。陶孟和想方设法为其医治，但鉴于李庄缺医少药的现状，连同济大学道业高深的医学教授都深感无能为力，陶孟和只有看着俏丽文静的夫人一天天消瘦下去。到了1942年秋，国民政府资源委员会组织一个考察团去西北各地旅行，陶孟和闻讯，找到连襟钱昌照，让沈性仁顺便搭车去兰州治病。在陶、沈夫妇看来，或许西北清爽的空气和兰州城的医疗条件能使肺病有所控制。意想不到的是，这一去竟成永诀，1943年1月21日，沈性仁在兰州撒手归天。

沈性仁病逝的消息传出后，除了她的家人悲痛欲绝，许多相识的朋友也为之洒下了悲伤的热泪。费正清曾哀婉地慨叹道："她是我们朋友中最早去世的一个。"1月23日晚上，在昆明西南联大的金岳霖接到沈性仁去世的电报后，"当时就像坐很快的电梯下很高的楼般一下子昏天黑地"。等稳下来时，"又看见性仁站在面前"。沈性仁在去世的八天前，还亲笔给远在昆明的老金写过一封信，"那封条理分明，字句之间充满着一种淡味，一种

1932年，朱自清、陈竹隐与友人摄于清华大学图书馆门前。右一为陈竹隐，右四为朱自清。

中国人和英国人所最欣赏的不过火的幽默"的信，让老金无法相信"八天的工夫就人天阔别"的残酷现实。于是，金岳霖怀着悲天悯人的情感，写下了一篇含血沾泪的悼文，以纪念这位在中国白话文运动史上做出过杰出贡献的光彩照人的女性。

老金认为，沈性仁是"非常单纯之人，不过她也许在人丛中住，却不必在人丛中活而已"。"佛家的居心遇儒家的生活……单就事说，性仁能做的事非常之多；就她的性格说，她能做的事体也许就不那么多了"。她是一个入山惟恐不深、离市惟恐不远的真正高雅、淡泊、风韵无边的人间女神。文中又说：

> 认识性仁的人免不了要感觉到她确雅，可是她绝对不求雅，不但不会求雅，而且还似乎反对雅。……我猜想她虽然站在人群的旁边，然而对于人的苦痛她仍是非常之关心的。在大多数人十多年来生活那么艰苦的情形之下，雅对于她也许充满着一种与时代毫不相干的绅士味……性仁虽然站在人群的旁边，然而对于朋友她又推赤心于人、肝胆相照、利害相关，以朋友的问题为自己的问题。她是想象力非常之大而思想又百分的用到的人，可是想象所及的困难有时比实际上的困难还要大。她在李庄听见昆明的物价高涨的时候，她深为奚若太太发愁，恨不能帮点小忙。然而她无法可想，而在那束手无策的状态之下，她只有自己想象而已。想的愈多，困难也就愈大。这不过是一例子而已，这一类的景况非常之多。朋友们的处境困难常常反比不上性仁为她们着想而发生的心绪上的忧愁。她的生活差不多以自己为中心，有的时候我简直感觉到她的生活是为人的生活，不是为自己生活。也许她这样的心灵是中国文化最优秀的作品。

金岳霖这篇《悼沈性仁》的叙事散文，堪称民国史上所有散文作品中写女人写得最细腻、最优美的文字之一，文中蕴涵了英国绅士式的从容、清纯、洒脱、飘逸，伴着中国古典的深厚绵长和淡淡的哀伤，读之感人肺腑，韵味绵长不绝。金岳霖不仅有一颗哲学家的头脑，还应当算是世上最为难得的一位好男儿、好情人。假如把老金与风流成性的情种徐志摩相比，金氏对女人的了解和洞见要比徐更透彻、更辽远、更有深度，也更能切近女人的心扉。

据沈性仁的小妹、钱昌照夫人沈性元说："回忆到金老（岳霖）对我二姐性仁的尊重理解。金老认为，性仁二姐的性格是内向型的。她文静、深思、内涵比较充实……金老称之为'雅'。性仁二姐待人诚挚，处事有方，这些我们父母所留给她的品格，也许由于她爱好文艺所获取的哲理而更深化了些。"又说："二姐处在多难的旧中国，身居在知识分子经济不宽裕的家庭，家务之外，有不少朋友的社交活动，还能抽出时间勤于译著，她翻译了房龙的名著《人类的故事》，此外也译有英文中篇小说。这些也是金老所钦佩的一方面吧。"

金岳霖对沈性仁倾心已久，沈对老金也极为敬佩。沈性元说："我从二姐偶然的话语里，得知金老搞逻辑学，写作有个少有的特点：常常费了不少功夫写成厚厚的一叠稿了，当发现其中有不满意处，他会把全部稿子毁弃，决不'敝帚自珍'，更不会以为'文章是自己的好'。他会重新开始，有疑义就再作废而不惜，决不把自己所不满意的东西问世给人。金老，当年的'老金'就是这般著作治学的，他得到二姐的衷心钦佩。"（沈性元《不失其"赤子之心"的学者——对金岳霖先生的点滴回忆》，载《金岳霖的回忆与回忆金岳霖》）

作为与沈性仁相濡以沫，共同经历了世间沧桑、生死离乱的陶孟和，没有专门写下怀念爱妻的文字，但其内心的苦楚与孤寂自是非文字所能表述于万一。据当时在社会科学研究所的研究人员巫宝三回忆："李庄虽是一个文化区，但与西南联大所在地的昆明大有不同。同济是一理工医大学，无文法科，因此陶先生同辈友好在此不多，经常来晤谈者，仅梁思成、思永兄弟、李济、董作宾等数人而已。同时陶老的夫人当时健康欠佳，后去兰州休养，在抗战后期病故。陶先生大半时间住在李庄，生活孤寂可知。但处境虽然如此，他对扶植研究事业的热忱，一仍往昔。在夏季，他头戴大草帽，身着灰短裤，徒步往返于镇上与门官田的情景，犹历历在目。"

梁家的烤鸭

当李约瑟到来时，陶孟和似乎还没有从失去夫人的哀痛中完全解脱出来，刚刚 57 岁就已是头发花白、身躯佝偻，变得沉默寡言且有几分恍惚，望之令人心酸。这个时候的陶孟和正领导所内部分研究人员，以"抗战损失研究和估计"为题进行调查研究。此前，陶氏对第一次世界大战交战国各方面的损失估计以及战后和会各方代表谈判情形有过详细了解。抗日战争爆发后，他极富政治战略眼光地向国民政府提出，"战时经济状况及其损失应作为一个重大课题及早调查研究，以作为抗战胜利后和会谈判的依据"。在这一战略思想指导下，1939 年在昆明开始，陶孟和就集中精力组织人力调查研究沦陷区工厂及其他经济文化机构迁移情况。来李庄后，整个研究所的工作由原来的经济、法律、社会学等诸领域，转到了经济学，并确定了以战时经济研究为主的总方针，开始了由调查问题、揭示问题，向协助政府解决问题的转化。在此期间，陶氏与研究所同人着手编纂抗战以来经济大事记，并出版了对沦陷区经济调查报告及经济概览。受翁文灏主持的国民政府经济部委托，专题研究了战时物价变动情况，同时受国民政府军事委员会参事室委托，调查研究并完成了《1937—1940 年中国抗战损失估计》等科学性论证报告。

令陶孟和为之扼腕的是，他与他的同事辗转几万里，含辛茹苦，耗时八年，以国际通用的科学计算方法调查研究出的科学报告，因战后国共两党与日本政府的复杂关系，竟成了一堆废纸，被当局弃之而不再理会。最后的结局是：中国人民八年艰苦卓绝的抗日战争打赢了，但国共双方分别代表自己所统领的人民大众，却主动放弃了对日本方面的战争索赔，中国在战争中折合当时美元计算数额高达 1000 亿以上的各种经济损失，全部付之东流，未得到一分一厘的赔偿。而从李庄走出来的社会科学研究所，自 1952 年被戴上了一顶"伪科学"的铁帽子而宣告解体。陶孟和作为一个失去了专业依托的老人，晚年的人生也随之步上了另一段高耸云端、摇晃不止、虚无缥缈的天梯。在忽忽悠悠地腾云驾雾中，陶氏再次发出了久积于心的呼喊："梦想是人类最有害的东西"，忧郁而终。这是当时在李庄时期的陶孟和与社会学研究所的全体人员没有料到的。（按：2004年，一个捡垃圾的老汉在北京某地一个丢弃的废墟中，捡到一麻袋文件，经近代史研究所专家鉴定，这正是当年陶孟和等人所作的战争期间中国损失调查。但对这堆"废物"作何处理，仍无人理会。）

陶孟和等人在李庄撰写《1937—1940年中国抗战损失估计》科学报告的办公室旧址。（王荣全摄并提供）

却说李约瑟来到门官田社会科学研究所，与陶孟和及其他大大小小的研究人员进行了交谈，索取了部分资料，对各位人员的精神风貌和研究成果给予了充分的理解，并在日记中写下了"由此可见，即使在困难时期，川西的生物学、社会学的研究也很丰富"等赞语。

在李约瑟访问板栗坳史语所时，他就通过傅斯年托人捎口信，要去拜访心仪已久的主持中国营造学社工作的梁思成。由于梁启超巨大的光芒和社会影响力，可能当时介绍的人没有提到也许更能令李约瑟心驰神往的一代才女加美人林徽因，否则以他好奇和爱美的性情，不会不在自己的文字中加以提及。而事实上，他当时在给夫人的书信和后来撰写的游记中，只提到了"伟大的政治家和学者梁启超的儿子"梁思成。

在上坝月亮田农舍的梁思成得到消息后，尽管对于李约瑟其人未曾相识，亦不了解底细，但想到既然对方号称为了中英文化交流而来，作为东道主就要尽其所能地招待一番。只是此时梁家包括整个营造学社几乎一贫如洗，平时吃饭都成问题，哪里还有特殊的条件予以招待。半年前，当费正清与陶孟和一道从重庆来到李庄时，这位来自美国的文化官员，亲眼目睹了知识分子贫困的生活条件。当费氏看了梁家与营造学社的窘迫状况后，曾劝梁思成卖掉自来水笔、手表等物，以换取急需的食物来维持生计，并表示日后将尽力设法在经济上给予协助。后来费正清颇为感慨地说道："依我设想，如果美国人处在此种境遇，也许早就抛弃书本，另谋门道，改善生活去了。但是这个曾经接受过高度训练的中国知识界，一面接受了原始淳朴的农民生活，一面继续致力于他们的学术研究事业。学者所承担的社会职责，已根深蒂固地渗透在社会结构和对个人前途的期望之中了。"（费正清《费正清对华回忆录》）

李约瑟来李庄之前，营造学社人员经历了一阵回光返照式的兴盛之后，

李庄上坝月亮田中国营造学社旧址。1940－1946年中国营造学社从昆明迁到四川南溪县李庄镇。梁思成、林徽因等在这里完成了《图像中国建设史》英文著作，该书成为日后这一领域的学术经典。

又无可挽回地再度陷入了衰落。因为"主要成员梁思成、刘敦桢由于当时环境，在工作上意见相左，遂造成不能合作之局，其他同人亦有相继离去者"。刘敦桢已于半年前携家带口离开李庄乘船赴重庆中央大学任教，卢绳等人也各奔东西。原本就风雨飘摇的营造学社，两根宏大支柱突然折掉一根，梁思成独木苦撑，挣扎度日，大有树倒猢狲散之危。据说，当刘敦桢决定离开李庄另谋高就的那天，梁、刘二人谈了一夜，最后都流了眼泪。世事沧桑，聚散分离，本属正常，只是在这样的境况下诀别，令人倍感凄凉伤心。

此次面对李约瑟的到访，家徒四壁又好面子的梁思成，抓耳挠腮地在院子里转了几圈后，突然发现鸭子们还不知忧愁地呱呱乱叫。这是梁家自春天就开始喂养的几只本地鸭，除指望下几个鸭蛋补助一下林徽因与梁思永的病体外，还准备秋后宰杀几只，好好犒劳平日难见油星的营造学社同人。如今贵客临门，梁思成只好忍痛割爱，决定先宰杀两只公鸭以款待客人。前来的李约瑟当然不知这一令人心酸的背景，只是以惊喜的心情饱尝了一顿美味。这一情形，林徽因在写给费正清夫妇的信中有过表述："李约瑟教授刚来过这里，吃了炸鸭子，已经走了。开始时人们打赌说李教授在李庄时根本不会笑，我承认李庄不是一个会让客人过度兴奋的地方，但我们还是有理由期待一个在战争时期不辞辛苦地为了他所热爱的中国早期科学而来到中国的人会笑一笑。"

事实上，李约瑟见到他心目中的"伟大的政治家和学者梁启超的儿子"梁思成，以及躺在病床上的"儿子"的媳妇林徽因并做了简短交谈后，这对夫妇的才华和美貌外加不凡的举止，令李约瑟大为惊喜的同时，也出人意料地露出了笑容。他当着众人的面表示自己能与梁、林夫妇在李庄这个偏僻的小镇上相会，感到非常高兴和自豪。同时李约瑟也没忘记以英国绅士的风度，夸赞一代才女林徽因那带有爱尔兰口音的英语。林徽因在信中对费正清夫妇说："我从不知道英国人对爱尔兰还有如此好感。"这个时候的梁、林夫妇尚不知道，爱尔兰正是李约瑟生命中最难忘的成长之地。林徽因的爱尔兰口音，正好给予了对方他乡遇故知的知音之谊，在战乱流离的异国他乡，能遭逢如此快事，作为对故乡怀有深情眷恋的李约瑟焉能不露出真诚的笑容？

李氏详细观看了营造学社的研究课题，亲眼目睹了在如此艰苦卓绝的环境中研究人员的工作态度，心灵受到强大震撼。他在自己所写的游记中，曾真诚地预言道："如果战后中国政府真正大规模地从财政上支持研究和开发，20年后，中国会成为主要的科学国家。中国人具有民主的幽默感和儒家高尚的社会理想。认为中国人会屈从于日本帝国主义侵略者的诱降是不可思议的。"

6月13日，李约瑟来到位于李庄镇张家祠内的中央博物院筹备处进行访问，并做李庄之行的告别演讲。在演讲之前，一个意外插曲的出现给众人留下了深刻印象——这就是傅斯年与陶孟和的握手言欢。

傅斯年与陶孟和之争

陶孟和尽管是傅斯年的师辈，且二人除了在中央研究院担任一个级别的所长外，同为国民政府参政会参议员，但傅一直不把陶氏当长辈看待，究其原因颇为复杂，但有一点不可忽略，这就是当年陶孟和脱离北大后，是靠着筹建北平社会调查研究所另立山头起家的。后来中央研究院成立，也弄了一个社会学所，于是在南京的蔡元培、丁文江等人便感到在北平的陶孟和有与自己争地盘、抢风头之意，根据一山不容二虎的处世哲学，蔡、丁与傅斯年等人便决定劝陶率部归降中央研究院，但陶死活不从。蔡元培、丁文江连同傅斯年见陶氏敬酒不吃，想吃罚酒，遂大怒，决计以武力征伐之。当时陶部的经费来源由中基会拨付，丁文江、傅斯年便采取断绝粮道之策，与中基会总干事任鸿隽串通一气，给予致命重创。陶孟和眼看所部要流浪街头，万般无奈中，只好按蔡、丁、傅等人指出的路子，"放下武器，接受改编"。于是，陶孟和含泪把队伍由北平拉到南京，自此成了中央研究院下属的一个研究所。

出身水泊梁山之乡的傅斯年深知御人之道。当年众弟兄造反起事时，来自少华山的史进、朱武弟兄被以晁盖、宋江领导的梁山武装集团兼并改编后，于后来的众势力平衡和兄弟排座次中，史进被列入三十六天罡这一领导层之内，朱武居为七十二地煞星之首。陶孟和率部接受改编后，按傅斯年的建议，其队伍仍按梁山的办法，没有遭到分割肢解，仍按原建制保留，只是为了与旧体制，也就是"少华山"山头有所区别，让各位被改编者认识到此处非彼处，需好自为之，原名称改换成中央研究院社会科学研究所，陶孟和以中央研究院"十一罡星"的身份出任高级领导层的所长一职，副所长也由陶的旧部担任，算是"地煞星"之一。

当新的格局形成后，历史给予陶孟和一个可以立于不败之地的契机，那就是尽快招兵买马，培植自己的班底。由于陶氏在北大任教多年，树大根深，具有一定的号召力；在此之前，原北平社会调查所的人员全部来自北大；而此时作为"北大之父"兼中研院院长的蔡元培，对这所学府和学子的影响与号召力，自然是陶孟和辈不能望其项背的。于是，在并入中研院之后，陶氏改变了原来的战略战术，除从北大招收人员外，开始在清华、燕京、南开、武汉、复旦、中大（南京）等高校广泛撒网，招收毕业生入自己主持的研究所，以这种特有的杂交混血式的新生力量，为自己连同研究所本身在中研院的立足奠定基础。因陶孟和想一举做大，在气势上压倒群雄的求胜心理，加之各大学的毕业生来势凶猛，陶孟和已无力选拔、延聘留学国外的"海归派"，直到抗战爆发前，陶氏所主持的研究人员与储备人员共50余众的研究所，只有梁方仲等四位为"海归派"，其他人则党性色彩混杂，且这仅有的四位"海归派"皆属于名声不大的"小海归派"，根本无法与学术"大鳄"如傅斯年、陈寅恪、赵元任、李济、梁思永、李方桂等武功盖世的特大型"海归派"相提并论，而傅、陈、梁等人又出身名门，非常看重家学渊源与本人在学界的身份地位，因而中研院其他所的人员，包括史语所的傅斯年、陈寅恪等人，戏称陶孟和的调查所为"土鳖"或"土包子"调查所，大有轻视之意。

抗战军兴，陶部在一路流亡动荡中虽有些变化，但与其他几个相比，仍未见大的改观，欧风美雨很难沾到自己身上，颇有风刮不透、水泼不进的顽石状加外来单干户的味道。在藏龙卧虎的"水泊梁山"族群中，这支队伍也只能是谨言慎行、如履薄冰、委曲求全地居于花和尚鲁智深、母夜叉孙二娘等列位大哥大嫂之下了。

　　与此相反的是，作为最早入伙"水泊梁山"的傅斯年，自有一种先到为主、占山为王的霸气、骄气与傲气"三气"叠加之态势。据时任《中央日报》主笔的程沧波回忆："我与孟真接触频繁，在中央研究院成立时，蔡先生常常住在当时南京成贤街的中央研究院总办事处，我常去盘桓，和杨杏佛陪着蔡先生吃饭的机会更多。蔡先生是不吃饭的，在饭桌上，蔡先生席位上是一暖壶绍兴酒，大概是六两。蔡先生一个人独酌，我们陪他吃饭。蔡先生酒吃完，接着吃几块烤面包。孟真也常去吃饭，当时孟真见着人，总是昂起了头，有时仰天嘘几口气，就是在蔡先生旁也依然如此。"当时程氏只看到对方仰天嘘气的霸王神态，可能还没领教傅斯年狂话连篇、目空一切的冲天豪气。据傅斯年自己坦言，国民党北伐成功之后，傅氏与几个同学在蔡元培家中吃饭，神情亢奋中，蔡元培与几人均喝了不少的白酒，傅斯年乘着酒兴，站在餐桌旁振臂狂呼道："我们国家整好了，不特要灭了日本小鬼，就是西洋鬼子，也要把他赶出苏彝士运河以西，自北冰洋至南冰洋，除印度、波斯、土尔其以外，都要'郡县之'……"此番张牙舞爪、不知天高地厚地大呼小叫，令蔡元培大为不快，他"声色俱厉"地呵斥道："这除非你做大将！"（《傅斯年档案》）

　　傅氏听罢，转头看看蔡元培盛怒的面色，顿时酒醒三分，遂不再吭气。试想，在"北大之父"蔡元培身旁尚且气焰如此嚣张的傅斯年，又何以把一个普通师辈的所长如陶孟和者放在眼里？

　　除了这一客观的存在，更深层的原因还在于傅、陶二人各自所持的政治思想、人生观等诸方面，或如后来中国内地宣传部门宣称的"意识形态"不同与分歧所致。

　　陶孟和在英国伦敦大学求学时，主要研究社会学，接受的是韦伯夫妇的影响和理论体系。当时的韦伯与曾获诺贝尔文学奖的萧伯纳等共同创立了一个费边社，在英国从事所谓的社会改良主义运动。傅斯年在英国留学时，与韦伯夫妇和萧伯纳曾有过接触。但傅氏对二人特别是萧伯纳本人颇为轻视，或曰大为反感。傅在他的《我对萧伯纳的看法》一文中说道：萧伯纳"自己实在无多创造的思想，而是善于剽窃别人的思想"。他所剽窃最得力的人就是魏伯（按：即韦伯）夫妇。而魏伯夫妇则是一对"社会主义的新官僚派，人道主义的色彩甚淡，效能的观念甚重，而谓人道主义者为幻想家"。傅在文章中还颇负气地指责道："魏伯夫妇晚年大大赞赏苏联，以为是一个新的文明。在东方的民族中，三个人都极其佩服日本，因为中国人'乱哄哄'、'不会办事'（好个帝国主义的看法）！魏伯游中国后，说中国人是劣等民族，萧伯纳游日本，路过上海几有不屑上岸的样子。"最后，傅斯年对萧伯纳做出的总体结论是："他在政治上，是看效能比人道更重的；在思想上，是剽窃大家；在文章上，是滑稽之雄；在戏

1933 年萧伯纳来华时在上海与蔡元培、鲁迅合影

剧上，是一人演说；在艺术上，是写报纸文字。"总之，在傅斯年的眼里，萧伯纳是一个极其糟糕、一无是处、臭狗屎一样的骗子、妄人加街头小混混式的丑八。

陶孟和除接受了韦伯夫妇"社会调查"的思想并照章行动外，对苏联的一切人事大加赞赏。1924 年 1 月 24 日，列宁去世，已从英国回到国内的陶孟和表示了深切的悼念。2 月 26 日，他与李大钊、马叙伦、郁达夫、丁西林、沈尹默等 47 位教授致函北京政府外交总长顾维钧，要求政府与苏联恢复邦交。函中特别指出："苏俄以平民革命推倒帝制……其显扬民治，实吾良友"云云。由于对苏联革命的赞成与崇敬，陶氏的政治思想逐渐滑向"左"倾，并对中共的思想与做法表示同情和理解。

傅斯年与之相反，他对中共与苏联皆无好感，并公开表示反对。陶孟和早年曾对蒋介石本人和国民政府寄予了很大希望，并与蒋本人有过接触。按金岳

霖的说法，"从他的家庭着想，他是可以当蒋介石的大官的，可是他没有。我有一次在南京，疑心他要做南京的官了，因为他住的地方真是讲究得很。可等待了好久，他仍然没有做南京的大官，我疑心错了。"又说：陶孟和的"思想偏左，不是旧民主主义者，也不是共产党人。他的政治思想可能最近社会民主，但是也没有这方面的活动"。（《金岳霖的回忆与回忆金岳霖》）

金岳霖所言大体不差，陶孟和不是一个刻意追求做党国大员的人。抗战期间，他以无党派人员和自由知识分子的身份，出任了国民政府参政会参议员，开始涉足政界。但随着对国民党及蒋家王朝认识的逐渐加深，他由失望到反感。在李庄时，对于国民党政府的腐败情形，他曾引用原清华大学校长、时任农林部长周贻春的话对社会科学研究所的同事说："国民政府已经烂到核心了（Rotten to Core），就是说不可救药了。"但面对这个"不可救药"的政府，有一些所谓社会名流，还在不知好歹地趋炎附势，竭力维护这个"核心"。为此，陶孟和以嘲讽的口气举例说："这种人见到政治高层人物，屁股坐在椅子边边上，不管对方说什么，他只公鸡啄米似的不住点头，哈哟哈哟地连连称是，一副汉奸奴才之相，望之令人生恶。"可见这个时候的陶孟和，除了保持自己作为一个自由知识分子的大节外，对国民党政府以及"核心"确是深恶痛绝。由于国民政府"核心"的腐烂，导致陶孟和在苦闷与痛苦中思想越来越"左"倾，最终走上了"弃暗投明"，全面倒向中共的人生之旅。

既然傅氏对"老大"介公和其操控的党国政府深以为然，且大有一荣俱荣、一损俱损之势，这就决定了他与陶孟和虽同住李庄一隅之地，却"鸡犬相闻，老死不相往来"的政治宿命。只是没有想到，由于李约瑟的到来，二人暂时摒弃前嫌，两双手又握到了一起。

傅、陶两位学术巨头是以何等的心境和缘由，在这样的时间和场合走到了一起，历史没有留下详细的记录，只是后来林徽因在给费正清夫妇的信中透露了只言片语，信中称："有人开玩笑说，梁思成成功地使平时有嫌隙的陶孟和博士与傅斯年博士在李约瑟的讲演会上当众握手言和，应当获诺贝尔和平奖。这件事因为在大庭广众下发生，更具戏剧效果。它刚好在李教授在中央博物院大礼堂做讲演之前那一刻发生的。据报道，许多人暗自为这件事鼓了掌。李济博士走上前去和梁思成握了手，并且私下说要授给思成诺贝尔和平奖。"林徽因在信中特别提及让费正清夫妇放心，并言"人类总的来说还是大有希望的"。最后又突如其来地补充一句："这次和解的基本工作还得归功于某位人士。这位人士有拼命卷入别人是非的癖好，而且尽人皆知。"

林徽因所说的"某位人士"，随着当年在李庄的知情者一个个凋谢而难以查考。金岳霖晚年曾说过一句话："陶孟和先生是我的老朋友，后来在四川李庄同我发生了矛盾，但是，那是个人之间的小事。"话到此处没有接着说下去，具体细节不得而知。或许，这个矛盾与林氏提到的"某位人士"卷入金、陶或沈性仁之间的是非有关，但真相如何尚不能确定，大概这个插曲将成为永久不解之谜了吧。

第十章　胜利前后

京都、奈良的恩人

李约瑟走后，李庄小镇复归平静。随着国际形势的变化，中国的抗战已由战略防御转入战略反攻，大道小道的各种消息水陆并进向这个长江尽头的古镇传来。

1943 年 7 月 7 日，也就是"卢沟桥事变"爆发六周年纪念日，美国总统罗斯福赠与蒋介石中国战区最高统帅勋章，以示支持和鼓励。

11 月 23 日，蒋介石以中国国家元首和世界级政治巨头的身份，出席了中、美、英三国首脑参加的开罗会议。其间与罗斯福单独举行会谈，主要讨论被日本占领的中国领土的归还问题。双方一致同意：东北三省、台湾及澎湖列岛在战后一律归还中国，琉球由中美共管；日本天皇制是否维持应由日本人民自决；朝鲜的独立可予保障。

1944 年 7 月，中太平洋美军接连攻占吉尔伯特群岛、马绍尔群岛和马里亚纳群岛。11 月，美军出动 B-29 远程轰炸机，从马里亚纳群岛的塞班岛、关岛起飞，直扑东京，实施连续大规模轰炸。另一路美军从西太平洋沿新几内亚北部进攻，与英、澳、荷军队会师后，攻占新几内亚西部。

1945 年 2 月，两路美军胜利会师，重返菲律宾。4 月，美军迫近日本国门，号称天下第一无敌战舰的"大和号"巨舰被击沉，日本海军全部被摧毁。

在中国本土战场上，由于中国军民坚持不懈的抵抗与反击，终于粉碎了日军企图以战养战，把中国占领区变为太平洋战争"兵站基地"的计划，有力地配合、支持了盟军对日实施全面反攻。

在这样一种全新的战略战术与政治格局下，为了保障各战区文化遗产免于战火，国民政府专门成立了中国战地文物保护委员会，配合盟军对地面文物实施保护。作为中国营造学社的负责人、古建筑学家的梁思成被征召至重庆，以委员会副主任的身份，负责编制一套沦陷区文物目录，包括寺庙、古塔、陵园、考古遗址、博物馆等等一切重要人类文化遗产。与梁思成同时来到重庆的，还有他的助手罗哲文。

罗哲文是中国营造学社 1940 年底在李庄招收的练习生。当时梁思成等人刚从昆明迁往李庄，急需一个青年人帮助学社同人处理杂务和绘图等事宜，决定在当地招收一位可堪造就的青年学生前来工作。据罗氏本人回忆："那时，我还是一个不到 20 岁的青年，刚从中学出来，在宜宾的一家报纸上看到一则中国营造学社招考练习生的广告。至于这一单位是干啥子事情的并不知道。只见考题中有写字、画画、美术等内容，我对此很感兴趣，便去投考了。喜出望外，果然被录取了。后来才知道，众多的考生中只录取了我一个人。"（《建筑创作》2004年第 5 期）

罗哲文来到营造学社后，先是帮助刘敦桢抄写、整理文章和插图，后作为梁思成的助手做整理资料和测绘等工作。许多年后，罗哲文在回忆这段生活时，仍忘不了林徽因对他的教诲："徽因师已因当时无法

美国战时宣传画。一个中国人在用"顶好"来叫卖中缅印战区的美军内部报纸"Ex-CBI Roundup（远征中缅印综合杂志）"。

治疗的疾病——肺结核所折磨，躺在了病床之上，但是还在病床上不懈地为学社的事情、古建筑调查研究想办法。对我这个新来的小青年更是非常关心爱护。那时生活虽然艰苦，但是学风很好。她对我说，你年纪还轻（当时 17 岁），你到学社来除练习绘图、抄写文稿外，还要学习其他知识。她躺在床上还教过我们英语。她的英语很好，每逢休息日，中央研究院、中央博物院的专家学者教授陶孟和、李济、傅斯年等常来看望她，用英语交谈，对答如流。"又说："我进入学社启蒙学习古建筑，就是读的梁思成先生《清式营造则例》一书，这是思成师最重要的古建筑研究成果之一，一直作为学习中国建筑史和古建筑的重要课本，到目前大专院校、古建筑研究和保护维修部门也还以之为不可不读的专业书。"

罗氏原名罗自福，进营造学社之后，随着美、英、苏、中等国结成军事联盟，共同抗击德、意、日三个邪恶轴心国，美国总统罗斯福、英国首相丘吉尔，包括苏联的斯大林等人物的名字广为人知。青年罗自福与美国总统罗斯福谐音，于是营造学社与李庄其他科研机构的相识，甚至包括李庄镇百姓和光屁股的孩子，见面之后总是对罗自福高声呼曰"罗大总统"。如此之"尊称"，弄得罗自福哭笑不得，颇为尴尬。后来当梁从诫的一帮同学来到营造学社玩耍并高呼"罗大总统"时，梁思成闻听觉得有些别扭，将孩子们轰跑之后，微笑着对罗自福道："自福呵，这个'罗大总统'的雅号听起来很响亮，不过在李庄这个小镇关起门来做总统，总给人一种'伪'的感觉。现在中国伪的东西已经够多了，什么伪政府、伪主席、伪军、伪北大、伪中大等等。汪兆铭建了个伪民国政府，

1934 年，梁思成于李庄编著的《清式营造则例》由中国营造学社出版

搞得天怒人怨，像过街的老鼠，人人喊打。你要再弄个伪美国政府，那天下不就更要大乱了。我看就不要在咱这个院儿里做美国总统了，还是改个名字，做个平常的中国绘图员吧。"于是在梁思成的建议下，罗自福遂改名罗哲文，很有些文人雅士的儒家味道。再后来，"大总统"的名号就慢慢消失了，罗哲文三个字倒在古建筑学界传开。

这次由"罗大总统"缩水而成的罗哲文随梁思成到达重庆后，先把文物目录一条条编好，然后再在军用地图上仔细标出准确位置。目录为中英两种文字编成，并附有照片，印成若干份，发给各战区指挥员和盟军飞行员以供参考，防止炮火与飞机投放的炸弹焚毁这些目标。据梁的好友费慰梅说，梁思成编制的文物目录，"有一份还传到了周恩来手上，显然引起了他的注意"。或许，几年后内战爆发，解放军兵临城下，围困国民党驻守的北平时，中共军队秘密派人潜入清华园，请梁思成绘制一份全国重点文物地图，就来自这次编制目录的启示。

就在梁思成编制沦陷区文物目录的同时，对人类文明成果极其重视的盟军司令部，通过中方请梁思成把日本的重要文物古迹列表，并在地图上标出位置，以便在轰炸中留意并尽可能地予以保护。梁思成与罗哲文工作了一个多月才完成任务，在送交地图时，梁通过中方代表明确表示：如果对日本本土的毁灭性轰炸不可避免，其他城市均可炸，但京都、奈良不可为，日本民族的文化之根就存留于这两座古城之中。现在的日本民族犹如太平洋孤岛中一棵风雨飘摇、电击雷劈的大树，即将面临亘古未有的毁灭性灾难，树的枝芽可以毁而再长，根却不能再生，京都、奈良古建筑与文化，是世界人类文化财产不可或缺的一部分，必须在轰炸中

奈良东大寺大佛殿外景

特别注意，把根留住。

当时，此项工作皆在不为外人所知的情况下秘密进行，按照"不该说的不说，不该问的不问"这一铁打的保密规矩，梁思成与助手罗哲文完成这项任务后，又埋头于保护其他文化、文物事宜的策划之中，对自己的建议究竟落实得如何，未再过问，也不便过问了。而这时由于盟军遇到日本本土日军的顽强抵抗，不得不再度扩大空中轰炸的力度，日本四岛连同附属小岛，几乎所有的城市均被美军空投的炸弹炸得满目疮痍，著名的东京大轰炸也越演越烈，整座城市陷入血与火交织的漩涡中。在飞机轰鸣、弹片横飞的大失控、大混乱中，几乎所有的日本人都认定，像东京、大阪这样世界瞩目的城市皆成废墟，那么，古老的京都、奈良必然面临灭顶之灾。对此，精明的日本人做了最坏的打算，除了模仿中国的方式，把两座古城大量的珍贵文物迁移到远处深山秘藏外，还发明了一种更绝的办法，对极具价值的历史遗迹，特别是地面建筑，全部拆除搬迁，待战后再按原型恢复。由于建筑古迹极多，工程浩大，加之人心惶惶，拆迁工程进展缓慢。然而，让日本人感到不可思议的是，在盟军铺天盖地的轰炸中，唯独奈良、京都这两座古城，奇迹般地始终未遭到真正意义上的空袭。待日本人费尽九牛二虎之力把著名的京都御所整个木构长廊全部拆迁之后，战争即宣告结束，遍布于两城内的宫殿、古寺、古塔等古建筑，在战火中全部得以幸免。

多少年过去了，因为知情的梁思成很少提及这段往事，没有人把京都、奈良的保全与一位中国建筑学史家联系在一起。当年随导师第一次进驻陪都重庆，却没机会饱览山城景色的青年助手罗哲文，也在记忆中渐渐淡忘了自己为此挥汗绘图的情景。

1986 年，罗哲文应邀到日本参加在奈良举办的"城市建设中如何保护好文物古迹"的国际学术研讨会，其间和奈良考古研究所的学术部主任管谷相遇。管谷得知罗早年出于梁思成门下，1944 年前后正跟梁在一起，便热情地向他讲述了"二战"中的一些轶闻趣事。管谷说：在"二战"后期，美军在日本本土进行轰炸时，古建筑文物最多的京都、奈良幸免于难，此事可能和梁思成有极大关系。据前年到日本访问的北京大学考古系主任宿

258

位于京都的东寺，原建于 9 世纪。

白教授透露，梁思成于 1947 年到北大讲过课，在讲到文物古迹是人类共同的文化遗产时，曾举过抗战时期为保护日本的古都，他曾向美军建议不要轰炸京都、奈良，留住日本民族之根，也是世界人类文化之根的事例。管谷此次想从罗哲文口中进一步了解事情的经过。

罗哲文听罢，大为惊讶，立即回忆起当年在重庆的情景。罗说："到了重庆，我们住在上清寺中央研究院的一座小楼里，专门给了我一个单独的房间。先生每天拿了一捆晒蓝图纸来，让我按他用铅笔绘出的符号，用圆规和三角板以绘图墨水正规描绘。我虽然没有详细研究内容，但大体知道是日本占领区的图，标的是古城古镇和古建筑文物的位置，还有一些不是中国的地图，我没有详细去区分，但是日本有两处我是知道的，就是京都和奈良。因为我一进营造学社的时候，刘敦桢先生写的奈良法隆寺、玉虫橱子的文章我就读过了，而且日本也正在和我们打仗，为什么要画在日本地图上呢？我没有多问，因为我觉得是不宜多知道的。"

经过罗哲文与管谷的共同分析推断，认为梁思成出生在日本，又在那里生活了很长时间，对古城京都、奈良十分熟悉，对此地文物古迹怀有深厚的感情，加之他一贯主张：古建筑和文物是人类共有的财富，人类有共同保护的责任。当时所标、绘的图，既关乎文物古迹，又涉京都、奈良，因此他提出保护的建议顺理成章，于他的性情和理念也正相吻合。对此，罗哲文还回忆了古建筑学家郑孝燮与自己说过的一个事例：1951 年的某一天，在清华园的梁思成突然把年轻的郑孝燮叫住，以哀婉的心情说道："孝燮，告诉你一个不幸的消息，日本奈良法隆寺战争未毁，却被火烧了，真是太可惜呵！"说罢，两眼含满了泪水。

孤证难立，有了
罗哲文的回忆，综合
宿白与郑孝燮所言，
可知当年梁思成在北
大讲课时所言不虚。
京都、奈良免于被炸
毁的厄运，梁思成至
少起了一定作用。真
相终于在湮没 42 年
后大白于天下，日本
朝野得知此情，均对

京都三十三间堂所奉千躯十一面千手观音像

梁思成的人品、学识报以敬佩之情，日本媒体纷纷撰文报道，称梁思成为
"古都的恩人"。此时离梁思成去世已 14 年矣。

除了罗、郑等人提供的证据外，在李庄还流传着这样一个段子。据罗
南陔之子、原南溪县政协委员罗萼芬说："美国投放到日本的两颗原子弹，
为什么没投到京都、奈良？这个故事就发生在我家。当时罗斯福要向日本
扔原子弹，但不知道扔到哪里合适，就问蒋委员长，介公也不知扔到哪里
是好。于是有人建议把梁思成接到重庆，征求一下他的意见，看这原子弹
咋扔合适，让他画个圈圈。梁思成临走时，专门来到我家，找到我的父亲
罗南陔，要他好好照顾梁思永，还说美国要炸日本本土，但不知炸哪里好，
圈圈画在何处也心中没数。当时梁氏兄弟与我父亲就商量，最后说哪里都
可以炸，但就是不能炸京都、奈良，因为那里有很多古建筑，一炸就太可
惜了。梁思成很同意这个看法，说了些话就走了。日本决定投降后，梁思
成从重庆回李庄，又来到我家看梁思永。我父亲与他兄弟俩聊天，梁思成
说，美国这次轰炸，日本的城市毁坏得很厉害，但最后还是按照我们商量
的建议，没有炸京都、奈良。后来罗斯福说光用常规炸弹还不行，需要扔
几颗原子弹，要不日本人不得干，来问我。我还是那个建议，扔哪里都可
以，但就是别扔到京都、奈良。后来美军就参考了我画的圈圈，就把原子
弹扔到了广岛和长崎。"罗萼芬说："梁思成说这话的时候，我正好在旁边

罗萼芬在家中讲述原子弹的故事

给他们倒茶，就听到了。所以说美国炸日本和扔原子弹，故事就发生在我家。这个事从我家传出去以后，李庄的百姓就说：'不是美国原子弹，日本投降不得干；美国丢下原子弹，打得日本直叫唤。'后来罗哲文来李庄，问我这个事，我告诉他，他才把事实真相写出来。"（2003 年 9 月 26 日，作者在李庄采访记录）

罗萼芬老先生的这段话，自然是孤证难立，目前仍没有找到其他材料可以佐证，罗哲文确实回李庄访问过，但对此说总有些怀疑。既然罗老先生说得言之凿凿，就只能作为一说，姑妄言之，姑妄听之吧。

无论如何，就当时的国际形势而言，属于梁思成能做的，他已无可遗憾地尽到了责任，至于其他的一切，就不是一个学者所能管得了的了。有道是，多行不义必自毙。天作孽，犹可违，自作孽，不可活。强大的盟军给日本那奄奄一息的躯体致命一击的最后时刻到来了。

狂欢的节日

1945 年 7 月 26 日，中、美、英三国联合发表了促令日本投降之《波茨坦公告》。公告云："直至日本制造战争之力量业已毁灭，有确实可信之证据时，日本领土经盟国之指定，必须占领。"又说："日本政府立即宣布所有日本武装部队无条件投降，并对此种行动诚意实行予以适当之各项保证。除此一途，日本将迅速完全毁灭。"

公告发布后，日本政府在军部强硬分子的操纵下，宣布"绝对置之不理"。素以鹰派著称的新任美国总统杜鲁门雷霆震怒下决心给日本以毁灭性打击（按：罗斯福于1945年4月12日在佐治亚州的温泉因突发脑溢血去世，时任副总统的杜鲁门继任总统）。

美军拍摄的原子弹投放日本广岛爆炸后情形

8月6日，被激怒的美国在日本广岛投下了第一颗原子弹。

8月8日，苏联根据雅尔塔会议决定对日宣战。次日，苏联红军迅速进入中国东北地区，并向朝鲜北部和库页岛进军，一举歼灭近百万日本关东军。蒋介石闻讯，以中国政府主席的名义致电斯大林，谓："贵国对日宣战，使全体中国人民奋起。"又说："本人相信由于贵国压倒性的力量加入，日本的抵抗必会迅速崩溃。"

8月9日，怒气未消的美国在日本长崎投下第二颗原子弹，整座城市化为一片废墟。当晚，已被打得急了眼的日本天皇在御前会议上不顾军部强硬分子的阻挠与蛊惑，最后裁决：以不变更天皇地位为条件，接受中、美、英三国提出的一切投降条件。

8月10日晚8时，日本广播宣布日本政府接受中、美、英《波茨坦公告》，决定无条件投降，正式照会已经托瑞士及瑞典政府转致中、美、英、苏四国。稍后，重庆中央广播电台播发了这一振奋人心的消息。在这具有重大历史意义的非凡的傍晚，播音员热血澎湃、感情激荡，已没有了平日圆熟的素养与技巧，任由情感随

1945年8月23日，日本军方代表今井武夫洽降时的情景

着话筒喷涌，广播结束时呜咽着说："诸君，请听陪都欢愉之声！"

是时，收音机中传出了响亮的爆竹声、锣鼓声以及外国盟友"顶好"、"顶好"的欢呼声。紧接着，"日本小鬼投降了！""抗战胜利了！""中华民国万岁！"的欢呼声如春雷般炸响开来，整个重庆形成了一片欢腾的人海。

是时，傅斯年仍在重庆，当胜利消息猝然降临时，先是目瞪口呆，接着方寸大乱、欣喜若狂。平时滴酒不敢沾的他从一个墙角抓起一瓶不知什么时候存放的泸州大曲，摇晃着高大肥胖的身躯冲出门外，加入了奔跑欢跳、扬臂高呼的人流之中。许多年后，同在重庆的罗家伦还记得这幕经典场景。罗在回忆文章中第一句话就是"孟真疯了"。接下来说道："他从聚兴村的住所里，拿了一瓶酒，到街上大喝。拿了一根手杖，挑了一顶帽子，到街上乱舞。结果帽子飞掉了，棍子脱手了，他和民众、盟军还大闹了好一会。等到叫不动了，才回到原处睡觉。第二天下午我去看他，他还爬不起来，连说'国家出头了，我的帽子掉了，棍子也没有了，买又买不起。哎！'"

傅斯年醒来后，按捺不住心中的狂喜，立即展纸挥毫给远在李庄的妻子俞大綵和儿子仁轨写信，让他们同自己一起分享胜利的欢乐。信中说："接到参政会通知，大家到秘书处庆祝。我九时半到，则已三十多人，愈到愈多，皆哈哈大笑，我现在方知旧戏中二人见面哈哈大笑之有由也。抱者、跳者、kiss者，想要安静一下，谈谈如何游行，几乎办不到。……出门时，我遇见熟人打招呼，皆抱之以拳，段书诒后来说，他

1945年8月，日本不得不向中国及世界反法西斯盟国宣布无条件投降。重庆军民闻讯欢庆胜利，驻渝美军也加入了狂欢的人流。

简直吃不消。出门遇吴鼎昌，他说，你不要太兴奋（彼与我皆患高血压也），我即将其一摇再摇。"又说："本来预备到美军司令部及英、美、苏三大使馆的，在国府，蒋先生说尚未完成投降，尚有条件磋商，所以就回去。在参政会又很热闹，下午三时方归，顿觉大病，一直睡下去，第二天方好。"

同傅斯年一样，梁思成是时也在重庆，他的好友费慰梅为此留下了永生难忘的精彩镜头：

　　思成和两位年轻的中国作家还有我，一起在美国大使馆餐厅共进晚餐。酒足饭饱，我们把藤椅拉到大使馆门廊前的小山顶上，坐在台地纳凉。那天晚上热得直冒汗，看长江对岸山上的灯亮起，像银河掉下来一片灯笼，圆光点点，童话般放着光。思成谈着很久很久以前泰戈尔访问北京的事。忽然间，他不说话了。他和其他在座的人就像猎狗一样，一下子变得紧张而警觉。他们听到了什么声音，我也不得不静下来，用耳谛听。远远地，传来警报声。难道又有空袭？这是荒谬的，然而以他们每个人多年的亲身经历，对各种可能性都十分警觉。如果不是空袭，难道是在通知胜利？

　　在我们脚底下，胜利的消息似野火般蔓延了全城。在这高高的山坡上，我们差不多可以观察到整个过程。一开始是压抑的喊喊喳喳，或许是一些人在大街上跑，然后就是个别的喊叫声，鞭炮声噼噼啪啪响，大街早已热闹成了一片。最后四处都是一群群喊叫着、欢呼着、鼓掌的人们，好像全城在一阵大吼大叫中醒过来。

　　思成顿时觉得有几分寂寞，一直等了八年，可是消息来到的时候他却不在家。我们全都来到大街上混在人群中。这种时候需要有点象征的东西：旗子、V形手势、伸大拇指。大街上仿佛放起一把火，漫天鞭炮一路点了起来，越传越近，愈响愈密。焰火的红光和探照灯的白光，在空中交织成带五个角的星星。满载欢庆人群的吉普、卡车和大客车自动排列成游行队伍，浩浩荡荡驶过大街。汽车在大街上擦身而过，车上的乘客沿路就和对方握手同庆胜利。当思成最后回到中研院招待所的时候，他发现那里的学者们也高兴地勾肩搭背，笑啊，跳啊，饮着一瓶久藏的白酒庆祝胜利。

是呵，这口气整整憋了八年，八年的苦难、辛酸、屈辱、悲愤、忍耐，直至抗争与浴血奋战，生死一搏。一旦胜利到来，被压抑了八年之久的神经需要痛快地宣泄，人们的情绪如同被地壳压扎得太久而终于像井喷与火山一样轰然爆发，拘谨的变得放纵，沉郁的变得豪迈。辛酸而艰苦的日子总算没有白过，庆祝活动通宵达旦。

遥想当年，在那个寒风凛冽的严冬，中国军队在一片混乱中弃守首都南京，日本军队用超乎想象的野蛮，惨绝人寰地屠杀放下武器的战俘和中国平民，疯狂强奸无辜的妇女。而与兽性大发的日军遥呼相应的日本国民，纷纷拥向东京街头，提灯游行，庆祝狂欢。想不到事隔七年之后这个夏天的夜晚，提灯游行，庆祝狂欢的人群已换了人间。

"谁会笑，谁最后笑"。这是南京沦陷、日本东京狂欢之时，一位名叫鲁道源的滇军师长，在奉命率部驰援东南战区的军事集结中，说出的一句暗含剑锋的话语。

这是一个隐喻，也是一种宿命。它预示了中国人民在经历九九八十一难之后，最终将修成正果，迎来胜利的欢笑；它暗合了中华民族必将在这场震天撼地的战争中，凤凰涅槃、浴火重生的玄机奥秘。这一切，都随着重庆街头那炸响的爆竹和狂欢的人潮而得到了历史性验证。八年抗战，如果自"九·一八"算起，则是14年的苦难与抗争，死者无声的托付，生者的吁求，都遥遥羁系在这片风雨迷蒙中升浮而起的圣地之上。

重庆不眠，中国不眠，整个中华民族将伴随着这个不眠之夜开始新的历史纪元。

就在傅斯年满面疲惫地给家人写信之时，沉浸在兴奋与激动中的梁思成归心似箭，他要以最快的时间赶回李庄，与病中的妻子、家人及李庄的同事们分享胜利的喜悦。在费正清的帮助下，梁思成携助手罗哲文与费慰梅共同搭乘一架美军C—47运输机，经过45分钟的飞行抵达宜宾机场。此时的宜宾机场草深没膝，但飞机还是强行着陆了。梁、费等三人转乘一艘小汽船，沿着白灿灿的水面顺江而下，很快抵达李庄码头。待他们登上岸时，迎面扑来的是满街的标语和被热浪裹挟着的喜庆气氛——看来闭塞的李庄也早已得知了胜利的消息。

李庄方面能够及时得知消息，所有的人认为应当感谢在同济大学任教的德国人史图博教授。正是这位略通中国话的医学专家，于8月10晚上那个关键的历史性时刻，从自己那部破旧收音机里听到了重庆中央广播电台关于日本投降的广播。据说，史图博听到后，像全身触电般抖了一下，怔愣片刻，立即抓起收音机跑出去，首次不顾礼貌地撞开了一位中国教授的家门。于是，消息像狂涨的山洪风暴，"哗"一声冲出，在李庄全镇弥漫、荡漾开来。夜幕中沉寂的李庄古镇，一扇又一扇门被撞开了，一双又一双眼睛睁大了，汇集的人群在大街小巷狂呼蹿跳开来。"日本投降了！""胜利了，我们胜利了！"喊声如天空中一声声惊雷，炸开了沉闷的黑夜与郁闷的心灵。李庄古镇一座座古庙、一户户农舍、一道道院落，男女老少，呼呼隆隆地冲出，或摇着毛巾，或挑着床单，或拿着脸盆、水桶，或抱着菜板，拖着烧火棍，敲打着，叫喊着，欢呼着，狂跳着，乱舞着，在泥泞的大街小巷和田间小路上奔流涌动。学生、教授、农民、工人、小商小贩、北岳庙的和尚、南华宫的道士、当地的百姓手摇灯笼火把，挤在一起，抱成一团，哭哭笑笑，打打闹闹。教授与小贩拥抱，老汉与少女牵手相携，镇内镇外，人声鼎沸，口号震天，灯光摇摆，人影绰绰，狗声吠吠，李庄所有的生物都调动起了敏感的神经，为等待了八年之久的胜利时刻齐欢共鸣。

住在李庄镇内的中央博物院筹备处李济、曾昭燏、郭宝钧、王天木、赵青芳等研究人员，

长江第一古镇李庄临江一角

中央研究院史语所研究人员在板栗坳租住的房屋

连夜参加了游行活动。第二天一早，李济召集中央博物院筹备处人员开会庆贺，在讲话中，他作为在这一大背景下极为罕见的清醒者，极富理智与科学远见地指出："日本投降……昭告原子能新时代之来临，我们每个人都当有新的认识，也有了更重要的新责任。"

住在镇郊山顶上板栗坳与门官田的中研院史语所与社会学所的学者们，夜里忽听山下传来人喊犬吠的吵嚷呼叫之声，以为又是土匪进村抢财劫色，当地军警与治安队群起缉拿，因而并未特别在意，各自关门或继续在灯下读书爬格子，或熄灯就寝。等第二天拂晓尚未起床，同济大学的青年教师和学生组成的游行队伍已到达舍外。被惊醒的学者连同家属认为土匪进得山来包围了宅院，急忙提了菜刀与烧火棍，还有早些时候傅斯年专门让李方桂为史语所同人购买的小铜锣，胆战心惊地走到室外，悄悄趴在门缝观察动静。只见满山遍野飘荡着用床单、枕套、破旧衣服，甚至废旧报纸做成的花花绿绿的旗帜，旗帜下是一群群情绪激昂的男女学生。当从对方的呼喊声中得知日本鬼子投降的消息后，学者们与被一同惊动的当地百姓，立即扔掉手中的切菜刀与烧火棍，只拎着一只小铜锣，打开大门，一个个"嗷嗷"乱叫着冲入人群，在山野田畴狂奔乱舞，叮叮当当地敲起了铜锣。史语所合作社总经理、时常拖着标准北平腔的魏善臣——几年前曾受过土匪抢劫与一顿胖揍的"魏总"，听到门外动静，认为土匪一到，大难临头，急抓起一把自己前些时候托李庄镇铁匠打造的类似于猪八戒使用的五齿钢耙，准备与土匪拼个你死我活。待弄明真相，"嗖"地一声扔掉钢耙，摇晃着肥胖的身躯拱出门外，嘴里吐着哼哼唧唧的声音，一蹦三跳地窜到坐落在牌坊头的合作社，从一个箱子里掏出两瓶酒，拉着正站在牌坊头观望的董作宾、石璋如等几位资深研究员，高喊着"胜利了，我请客"的话语，连拖带拉地来到板栗坳最高处一个山坡，面对滚滚东逝的长江水，相互向对方嘴中灌酒。当两瓶酒见底之后，一个个泪流满面，醉卧于山野荒草之中。

当梁思成等来到李庄上坝月亮田营造学社时，林徽因仍躺在床上，苍白、瘦削的身子，宛如她那首《静坐》诗中的描述："一条枯枝影，青烟色的瘦细。"费慰梅看罢不禁唏嘘。在李庄镇内参加学生游行的女儿梁再冰中途跑回家中，气喘吁吁告诉了母亲外面世界的精彩盛况，林徽因"闻之狂喜"，顿时变得神采飞扬，大有"积疴顿失"之感。见夫君与好友费慰梅风尘仆仆地从远方赶来，林徽因再也按捺不住心中的兴奋之情，她提出要在这历史转折的伟大时刻，亲自赶到李庄镇加入游行队伍，倾吐憋在心中八年的块垒，为抗战胜利发出自己的欢呼之声。

一架自制的滑竿很快捆扎而成，林徽因坐在滑竿上，罗哲文等几个年轻人抬起，梁思成与费慰梅跟随两边，如同北方黄土塬上大姑娘出嫁一样，一行人说着笑着，呼呼啦啦、晃晃悠悠，颇有些滑稽意味地向李庄镇中心进发。这是林徽因自从旧病复发之后，近五年来第一次来到这个古老小镇的街巷，想不到竟是以这样的心境和方式出现。

满街的标语，满街的人流，满街的欢声笑语。没有人认得这位名冠京华的一代才女，更没有人知道她那非凡的人脉背景，但所有与之相遇的大学师生或平常百姓，无不对其报以真挚的致意与微笑。林徽因望着一群又一群满脸尘土与汗水，似曾相识的青年学生，蓦地想起八年前卢沟桥枪声响起时北平街头的情景。在那个酷热的夏季里，那些满脸汗水交织，一家一家收集麻袋帮助国军修筑工事的学生们，不知现在流落何方。假如他们还活着，或许就在眼前这样的游行队伍之中吧。这样想着，林徽因的热泪顺着瘦削、苍白的脸颊缓缓流了下来。

1945 年 8 月 15 日，日本裕仁天皇发布了"停战诏书"，正式宣布 330 万垂死挣扎的日军放下武器无条件投降。美联社在这一天向全球播发的电文称："最惨烈的死亡与毁灭的汇集，今天随着日本投降而告终。"

同日，蒋介石以中华民国政府主席的名义，在重庆中央广播电台发表了抗战胜利对全国军民及全世界人民的广播演说，指出："我们的抗战，在今天获得了胜利。正义战胜强权，在这里得到了最后的证明。"

颁布还都令

抗战胜利后，所有战时迁往后方的机关、团体、学校、工厂以及逃难的百姓，皆如打开闸门的洪水，波卷浪涌地向已收复的失地奔腾而去。一时间，整个中国的天空大地、江河湖海，到处是回归的人流。不同身份、地位的各色人等，一个个八仙过海，各显神通，四处寻找、争抢着回归的交通工具。天空中飞机腾云驾雾，马路上车轮滚滚，江河中帆影点点，每一个人都行色匆匆，归心似箭。山野草莽中，挑筐搭担、携儿带女的逃难者风餐露宿，昼夜兼程，向着沦陷得太久、思念急切的家乡滚滚奔去。

此时，蛰伏在李庄一隅之地的科研人员以及同济大学师生，也开始蠢蠢欲动，热切盼望尽快走出这个偏僻的小镇和憋闷得几乎透不过气来的连绵山坳，回到梦牵魂绕的都市，重温那失散得太久的陈年旧梦。在还都建国的呼声、吵嚷声刚刚响起的时候，同大师生与史语所的青年学者们也开始了喧哗与骚动。史语所代理所长董作宾眼看无力统率众位弟兄，异常焦虑又感力不从心，且他本人也有尽快结束这段流亡生活，重返故都安身立命之意。在同人的催促与家属们的嚷嚷声中，董作宾连连给傅斯年拍发电报和书写

抗战胜利后董作宾一家于板栗坳牌坊头留影。后排左为董夫人熊海平，前排右起为董敏、董萍、董兴。

信函，请求对方速返，以维持即将溃散的局面，共商复员返京之大计。

1945 年 9 月 18 日，董作宾再次致信傅斯年，谓："陶器及不用之书已着手装箱，将来迁移须全部停止工作，搬家时，盼兄能回李一行。"（《傅斯年档案》）

这个时候的傅斯年除史语所长之外，又被任命为西南联大常委兼北京大学代理校长，正在重庆、昆明、南京与北平之间来回穿行，大部分精力都投入到北大复员和处理西南联大事务方面上来，对于李庄诸事心有余而力不足，只有靠董作宾一人设法处理。而窝在山坳里的董作宾对外部消息知之甚少，对搬迁的具体事宜又无法做主，只能不间断地以电报与信函向傅斯年请示问计。

1946 年 5 月 1 日，国民政府正式颁布"还都令"，宣布于 5 月 5 日"凯旋南京"。

傅斯年得此消息，不再犹豫，立即指示董作宾组织人员尽速装箱搬运，同时派员到重庆与民生公司商谈，请对方派专轮运送史语所人员和物资。董接到指令后，立即行动，除委派本所助理员李孝定等人火速赴重庆商谈租船之事，又从李庄镇找来大批强壮青年，由板栗坳住地向李庄镇张家祠运送甲骨、书籍、青铜器等珍贵物品。史语所物品繁多、贵重，经过差不多两个月的时间，才把大部分藏品运往靠近长江码头的张家祠。一箱箱货物堆积在一起，如同小山一样庞大壮观。

李庄尽管偏僻闭塞，但就交通条件而言，与昆明相比，更适宜于外乡人回归疏散。如西南联大等在昆明的师生，要翻越许多座崇山峻岭方能回归到平坦的长江以北地区。而身处李庄的"下江人"可直接在自家门口码头乘船，沿长江这条天赐的通衢大道顺流而下，一路畅通无阻，直达重庆、南京与上海。当然，这种便捷只限于平常岁月，在抗战胜利全国各界争相复员回归的节骨眼上，情形就大不相同了。正如当时在重庆的费慰梅所言："政府把所有的船只和飞机全部管制。为了避免混乱，每个部门和机构的搬迁依次序排了号码。当然，陪都的高级官员和战时暴发户利用来历不明的交通工具，提前到达东岸，而穷得要命的李庄战时难民，则没有这种机会。他们只有依靠政府送他们回去，而且只能在惊人的通货膨胀中慢慢等待。"

在焦虑中等待的梁思成在致费慰梅的信中则说：中国营造学社和中央博物院一起走，但这两个机构一起排在第四十七号，而据说"排在第一号的是中央大学，还不知几时动身。在战争结束之前，我们以为很快可以把所有的破烂扔掉，坐飞机走，但一切我们知道还得用上好一段时间"。此前的流亡之路布满了艰辛与痛苦，想不到回归的路同样充满了焦虑与不安，此等情形，只能让这些以研究为业、无权无势的"下江人"徒叹奈何了。

1946年10月5日，前往重庆接洽船只的人员已与民生轮船公司谈妥，史语所返京在即。身在北平的傅斯年电示董作宾："公物即搬山下，弟已分电京渝接洽，船只恐必须在重庆换船，弟月中返京，盼十月中本所能迁移。前因停船及沿途困难未敢即动，今因江水将落势须速办。"董作宾接电后，迅速组织所内人员行动起来。

在这座山坳里一口气憋了六年，终于盼到了重返京都的一天，所内男女老少闻此消息皆精神振奋，情绪昂然，大有杜工部当年《闻官军收河南河北》之心情："塞外忽传收蓟北，初闻涕泪满衣裳。却看妻子愁何在，漫卷诗书喜欲狂。"众人于泪眼婆娑中收拾行李，打点包装，盘算着回到战后的首都南京将怎样开始新的生活。

1946年10月中下旬，民生公司的几艘长远号货轮停靠在李庄码头，史语所、中央博物院筹备处、中国营造学社等机构，开始搬运货物，日夜兼程，紧张而忙碌地装船。除了各机构的公物和个人生活用品外，尚有一些特殊情况需特别对待。此前史语所历史组劳榦的母亲于李庄病逝，9月21日，劳榦专门向董作宾打报告，谓："家慈灵柩尚暂厝李庄，窃思此次自李庄到京轮船为本所包船，谨恳赐以方

民生公司轮船在装运史语所文物

便予以装载。所有运费并乞暂记于私人名上。"与此相同的是，李济在李庄夭折的爱女的灵柩，也需要船载运回，而李济的老太爷郋客老人因痛失孙女精神崩溃，致全身瘫痪不能行动，只好雇人连抬加拖抱进船舱。几具棺材加瘫痪的老人随着乱糟糟的人流在码头上来回折腾，其悲苦凄楚之状令人心碎。

经过几天的紧张忙碌，一切准备就绪，长远号轮船就要拔锚启程了。整个李庄镇长江沿岸已是人山人海，李庄乡民几乎倾巢出动，为相处了六年之久的学者与家属们送行。众位学人连同随行的家属们即将告别庇护了自己六年的李庄和父老乡亲，在这告别的最后一刻，招呼声、问候声、互道珍重声伴随着嘤嘤哭泣声、低沉的呜咽声，此起彼伏。"剪不断，理还乱，是离愁，别是一番滋味在心头。"平时没有特别放在心上的这个偏僻乡镇，竟突然变得令人恋恋不舍并为之黯然神伤。随着一根又一根粗壮的缆绳缓缓解开，所有人的心"咚"地一沉，如同撕裂般滚过一阵剧痛。悠长而令人心焦的汽笛缓缓响起，长远轮回身转首，劈波斩浪向江心驶去。码头上万千只挥动的手臂渐渐变得模糊，耸立在岸边的魁星阁那翘起的高高的飞檐尖角，渐渐被淹没在青山翠竹遮蔽的绿色里。渐行渐远的长远轮在拉响了最后一声告别汽笛后，突然加大马力，抖动着庞大的身躯，顺滚滚江水疾速而下。

浩瀚的江面上，几艘长远轮前后一字排开，乘风破浪，顺流而东，船上的人员在波滚浪涌中渐渐摆脱了离别的忧伤，精神变得活跃起来。许多年后，据同船而行的史语所研究人员张秉权回忆：众人顾不得秋风萧飒的寒冷，一个个爬出船舱，伫立于甲板，"尽览长江胜景，尤其三峡的雄伟天险，令人叹为观止。记得夜泊巫山的那晚，县城在半山腰，下瞰滟滪滩，眺望白帝城，惜别之情油然而生。第二天一早驶进夔门，两岸峭壁耸天，江心险滩处处，暗礁无数。有一艘运军粮的帆船，从下游逆水而上，大概无法避开我们那艘小轮的航道，急得向驾驶台放了一枪，山鸣谷应，全轮震惊，人心惶惶。然而领船的那位师傅，不慌不忙，从容镇定，用手势指示航道，终使两船均能安然无恙地脱离险境"。

"长风破浪会有时，直挂云帆济沧海"，顺长江，出三峡，抵东海，不

抗战胜利后，中央研究院南京接收人员与日本交接人员合影。左起：谷田龙康、赵子铭（地质所）、王家楫（仲济）主任、高玉华（总务处）、石璋如（史语所）。

只是千百年来文人墨客的梦想，它同样是一个民族精神追求与图腾的感召。遥想抗战初期，上海沦陷、南京沦陷、武汉沦陷、宜昌沦陷，国民党军队节节溃退，日军步步紧逼。扬子江一线，炮火连连，血水涌动，人头滚翻，在中华民族生死存亡的紧要关头，三峡作为一道天然屏障保全了中国。当然，三峡的意义不只是自然地理和军事上的，更是精神上的一种标志。中国所走的路途之迂曲，正像曲折的长江，但是它前进的毅力与方向始终未变，滔滔江水不屈不挠，日夜不停地奔腾前进。在抗日战争最为艰苦卓绝之时，冯玉祥将军于三峡宏大的夔门之上，奋笔题词"冲出夔门"四个大字以铭心志。由此，整个抗战八年，夔门成了中华民族抵挡外虏、誓不屈服的旗帜与象征，置于绝地而后生的中华民族最终会打出去收复失地的——这满载文化精英与大批国之重器，劈波斩浪、飞流直下的航船就是明证。

血色黄昏

当史语所与中央博物院大部分人员返回南京后，傅斯年从北平急急飞赴南京，满怀兴奋与欢喜之情，在中央研究院大楼的演讲厅设宴款待。为把宴会办得更加红火热闹，也为了让流离失所八年的故朋新友有个欢聚一堂的高兴机会，傅斯年特地邀请由美归国不久的北京大学校长胡适，专程赴京参加这场具有历史纪念意义的盛宴。胡适当仁不让，欣然应命前来助兴。

据当时参加宴会的史语所研究人员张秉权回忆："我们是最后一批抵京的。傅所长为犒劳同人押运图书古物安然返所，设宴招待全体同人，席间有胡适先生，那是我第一次见到适之先生。他谈笑风生，亲切感人。傅所长称他为史语所的姑妈、娘家人。无论老少，每个人都自然而然地很愿意亲近他，他也的确让人有如沐春风的感觉。傅所长对于新进后辈，似乎特别客气，一一握手致意，表示欢迎热忱。"而据傅斯年的山东同乡、当时受傅之命曾亲至机场迎接胡适的助理研究员何兹全说：那天史语所"家属、小孩都有，很热闹。傅先生在讲话时说：'人说我是胡先生的打手，不对，我是胡先生的斗士。'"此说引得众人一阵哄笑。

席间，最令人难忘的还是傅斯年在演说中对史语所历次搬迁的追忆，在讲到抗战岁月八年颠沛流离、艰苦卓绝的生活时，说到动情处，几次哽咽泪下，在场的人无不为之深深感染而同声悲泣。最后，傅斯年端起酒杯，打起精神，满怀激情与信心地说着"庆祝大家都能幸运归来，同时过去的种种辛苦都已经结束了，从此之后我们可以安心工作，史语所八年的流离可说是告一段落了。搬回来之后永不搬迁"等充满期待的话语。这个时候的傅斯年和出席宴会的所有人员都未曾想到，仅仅是两年之后，史语所大队人马就再度踏上了流亡之路。此时，国共两党的军队已剑拔弩张，关于"两个中国之命运决战"的历史时刻到了。

1946 年 6 月，在美国武装部队军舰、飞机的协助下，国民党 200 万正规军，已有 150 万调集到长江以北地区，其中有 54 万精锐为美国动用海空力量直接运送。蒋介石认为一举歼灭共

外国记者眼中的内战时国军

产党军队的时机已到，便于 6 月 22 日密令刘峙指挥部署在中原地区的国民党军队向各预定进攻地点集结。26 日，开始大举进攻中原解放区。人民解放军奋起还击，血与火交织的内战在满目疮痍的中国大地上拉开了序幕。

1946 年 11 月 27 日，蒋介石在南京召集国民代表大会，并发表讲话，谓："这次修改宪法，就是为了打击共产党。"又说："现在是本党的危急存亡关头，大家要听我的话，则有前途，否则完了。"话音刚落，众人惊骇，蒋氏的这一句"完了"，竟成谶语。

国共双方经过一年的拉锯式战争，国民党颓势已现，大厦将倾。至 1947 年 6 月，人民解放军以损失 30 余万人的代价，歼灭国民党正规军与杂牌军达 112 万人。自此，人民解放军由内线转入外线，由战略防御转入了全国范围的大规模战略进攻阶段。

就在整个中国大地炮火连天、血肉横飞，国共两党杀得昏天黑地、日月无光之时，中央研究院首届院士评选会议，又在乱哄哄的首都南京轰轰烈烈地搞了起来。面对这一行动，学术界意见不一，众说纷纭。傅斯年在给胡适的信中称："话说天下大乱，还要选举院士，去年我就说，这事问题甚多，弄不好，可把中央研究院弄垮台。大家不听，今天只有竭力办得他公正、像样、不太集中，以免为祸算了。"

此时，傅斯年正在美国疗养。他是 1947 年 6 月偕夫人与儿子傅仁轨前往美国波士顿伯利罕医院治疗的，四个月后移居康涅狄格州纽黑文休养。就在傅离开南京之前，董作宾也应美国芝加哥大学之邀赴美讲学。

关于选举中央研究院院士一事，早在抗战胜利初期即开始酝酿并有所行动，因内战硝烟骤起，使这一行动延缓下来。据物理学家吴大猷回忆："三十五年由评议会筹办院士选举，先由各大学院校、专门学会、研究机构及学术界有资望人士，分科提名候选人，约四百余人。三十六年由评议会审定候选人一百五十人。"到 1948 年初，中央研究院评议会评议员再次提出，无论战争局势如何发展，一定要在中研院成立 20 周年之际选举出首届院士，以为科学、民主争得地位和荣誉，并为后世开出一条关乎国家民族命运的光明道路。按原定计划，院士选举分为数理、植物、人文三个组。由中央研究院代院长朱家骅总负其责，总干事萨本栋负责数理、植物组；

胡适、傅斯年、李济、陶孟和等人负责人文组并提出候选人名单。最后由中央研究院评议会评议员提出各自的意见并投票选出。

在第一轮正式推举之前，作为主要决策者的胡适拟定的人文组名单是：

哲学：吴敬恒（稚晖）、汤用彤、金岳霖。

中国文学：沈兼士、杨树达、傅增湘。

史学：张元济、陈垣、陈寅恪、傅斯年。

语言学：赵元任、李方桂、罗常培。

考古学及艺术系（史）：董作宾、郭沫若、李济、梁思成。

人文地理民族学：想不出人名。

大约同时，傅斯年从美国写信给胡适，透露了他推荐的名单，其中涉及人文组的有：

中国文学：吴稚晖、胡适、杨树达、张元济。

史学：陈寅恪、陈垣、傅斯年、顾颉刚、蒋延黻、余嘉锡或柳诒徵（柳不如余，但南方仍不可无一人）。

考古及美术史：李济、董作宾、郭沫若、梁思成。

哲学：汤用彤、冯友兰、金岳霖。

语言：赵元任、李方桂、罗常培。

胡、傅二人拟定的名单大同小异，可谓英雄所见略同，只是胡适拟定的名单上没有自己，而霸气十足、目空一切的傅斯年则当仁不让地签上了自己的姓名。从名单拟定的视角也可看出，胡、傅二人的性格以及处事方式之大不同。或许正是这种外露且不知收敛的性格，使傅斯年一生誉满天下，但谤亦天下。当年有人曾公开向傅斯年叫板曰："中央研究院各研究所所长都是大学问家，傅斯年会什么，怎么居然也当了所长？"这些透着不服气与攻击性的说辞，是与傅之性格及为人处世有很大关系的。

当时正在美国讲学的董作宾闻讯，于1948年2月2日由芝加哥致信胡

适，特意谈到了他对此次选举的关注与态度，信中说："春间中研院选院
士，您必出席，关于考古学方面，希望您选（梁）思永或（郭）沫若，我
愿放弃。因为思永在病中，应给他一点安慰，沫若是外人，以昭大公，这
是早想托您的。"不知同样的信是否还寄给傅斯年，但从胡与傅推荐的名单
看，郭沫若一直在二人的推荐名单之中，后来梁思永也得以被提名推荐。

　　1948年3月25日至27日，中央研究院代院长兼评议会议长朱家骅在
南京主持召开了最后一轮院士选举会。经过入会者五轮无记名投票，原定
要选出的100名院士，因许多名流在投票中纷纷落马，导致69人票数未能
过半，最后只有81人被通过。按既定规矩，凡通过者即正式成为国民政府
中央研究院第一届院士。名单如下：

数理组（28人）

姜立夫	许宝骒	陈省身	华罗庚	苏步青	吴大猷	吴有训
李书华	叶企孙	赵忠尧	严济慈	饶毓泰	吴宪	吴学周
庄长恭	曾昭抡	朱家骅	李四光	翁文灏	黄汲清	杨钟健
谢家荣	竺可桢	周仁	侯德榜	茅以升	凌鸿勋	萨本栋

生物组（25人）

王家楫	伍献文	贝时章	秉志	陈桢	童第周	胡先骕
殷宏章	张景钺	钱崇澍	戴芳澜	罗宗洛	李宗恩	袁贻瑾
张孝骞	陈克恢	吴定良	汪敬熙	林可胜	汤佩松	冯德培
蔡翘	李先闻	俞大绂	邓叔群			

人文组（28人）

吴敬恒	金岳霖	汤用彤	冯友兰	余嘉锡	胡适	张元济
杨树达	柳诒徵	陈垣	陈寅恪	傅斯年	顾颉刚	李方桂
赵元任	李济	梁思永	郭沫若	董作宾	梁思成	王世杰
王宠惠	周鲠生	钱端升	萧公权	马寅初	陈达	陶孟和

随着名单的公布，中国有史以来的首届院士选举尘埃落定。从以上名

单可以看出，史语所中有相当多的人当选本届院士。其中专任研究员有傅斯年、陈寅恪、赵元任、李方桂、李济、梁思永、董作宾、吴定良。兼任研究员有冯友兰、汤用彤。通讯研究员有胡适、陈垣、梁思成、顾颉刚、翁文灏。整个人文组有一半院士与史语所有关。除中研院下属各所外，院士多出自清华、北大，南开位数较少，与同济大学有关联的仅童第周一人。而一门两院士者，只有梁思成与梁思永二人，假如梁启超活在人世，看到这样一个选举结果，不知作何感想。

这年夏天，在美国的傅斯年突然提出回国，夫人俞大綵劝他再静养些时日，但傅执意欲归，并曰："国内要做的事太多，岂能偷闲而安居异国乎？"于是乃归。8 月抵达南京，重新执掌史语所事务。

1948 年 9 月 23 日至 24 日，中央研究院第一届院士暨纪念中央研究院成立 20 周年大会在南京北极阁举行。为表示对科学与知识分子的尊重，蒋介石撇下前线十万火急的战事，亲自出席会议并做了讲话，场面极其隆重热烈——这是国民党统治时期中国知识分子群体在苦难中深受瞩目和倍感荣光的绝响。未久，这批名震天下的 81 名院士，就在战争的硝烟炮火中被

1948 年中央研究院首届部分当选院士合影

迫分道扬镳，天各一方了。据石璋如回忆："当时在研究院办了很热闹的庆祝活动。上午开会，晚上就请吃饭，从总办事处到地质研究所前头的空旷处，桌子一路排开，放上酒和点心，夜里灯火通明，称作游园会。刚开始的时候人很多，爱去哪桌喝酒都可以，可是天公不作美，打了响雷下起阵雨，大家就集中到总办事处的演讲大厅去了。"石璋如没有继续描述此后诸位的心境，可以想象的是，众人或许都已清楚地意识到那串不期而至的惊雷，将是"主大凶"的卜相预兆——这是老天为蒋家王朝在大陆的统治敲响的一声丧钟。

就在这丧钟声声、风雨迷蒙的凄苦之日，前线传来了国民党军队一个又一个战败覆亡的凶讯：

1948年9月12日，人民解放军所属东北野战军在辽宁省西部和沈阳、长春地区，对国民党军卫立煌部发起攻势，史称辽沈战役。此役东北野战军以伤亡6.9万人的代价，歼灭国民党军47万余人，并缴获了大批美制武器装备。国民党军队元气大伤，彻底踏上了衰亡败退之路。

9月16日，华东野战军以32万人的兵力围攻国民党重点守备的战略要地济南城，历时8天，国民党军队10.4人被歼，最高指挥官王耀武被俘。

11月6日，华东、中原野战军与地方武装共60余万人在以徐州为中心，东起海州，西至商丘，北至临城，南达淮河的广大区域内，向集结在这一地区的70万国民党军队发起强大攻势，是为淮海战役（按：国民党称之为徐蚌会战）。解放军攻势凌厉，兵锋所至，所向披靡，国民党政府首都南京岌岌可危。

面对山河崩裂、天地改色以及摇摇欲坠的国民党政府，蒋介石困兽犹斗，在决心背水一战的同时，没有听天由命，而是采纳了历史地理学家出身的著名策士张其昀的纵横捭阖之术，决定着手经营台湾，作为日后的退身之所和反攻大陆之地。在国民党军队大举败退台湾之前，根据蒋介石密令，除把约十亿美元的黄金和银元秘密运台外，根据国民政府的训令，科学教育界能搬迁的人、财、物尽量搬迁，先以台湾大学为落脚的基地，尔后慢慢站稳脚跟，以达到求生存、图发展之目的。因台湾大学原校长庄长恭履任半年就携眷悄然离职开溜，国民党政府决定由傅斯年接任台大校长，着力经营关乎科学教育这一立国之本的重要基地。经朱家骅和傅斯年多次晤谈，傅勉强表示从命，欲"跳这一个火坑"。

1948 年 11 月底，朱家骅奉命召开中央研究院在京人员谈话会，要求南京地区文物、图书、仪器、文卷等先行集中上海，由安全小组封存，伺机再南运台湾等等。

会议之后，各所组织人员携公私物资陆续向上海撤退，以"静观待变"。

未久，根据蒋介石和时任国民政府行政院院长翁文灏的指令（按：翁接替宋子文任该职，宋 11 月 26 日辞职，做逃跑准备），在南京的故宫博物院、中央博物院筹备处、中央图书馆、中央研究院历史语言研究所四家机构所藏的珍贵文物、图书和历史档案，全部装箱运往台湾。由教育部次长、故宫博物院理事会秘书、中央博物院筹备处主任杭立武全权指挥。待一切准备就绪后，海军司令部派来"中鼎号"运输舰与一个团的官兵协助装运。

此船共装运四家机构运来的古物和历史档案、标本、仪器等 772 箱，由李济担任押运官，全程负责运输、装卸事宜。这时的李济已辞去中央博物院筹备处主任之职，此次是以故宫博物院理事与史语所考古组主任的身份负责这项事务的。在搬迁之前，中共方面已得到消息，急派一个加入中共地下党的李济的学生出面劝阻，但李并未听从，并告之曰："保护这批古物是我的职责，自卢沟桥事变之后，我已护送这批珍宝跋涉了大半个中国，终得以保全。现在我同样不能眼看着祖宗留下的国宝毁于战火。国共之战我管不了，但如果我能保全这批文物而撒手不管，是为不忠不孝，同样对不起后世子孙。"

当李济这位学

中鼎号军用运输舰，该舰输送文物至台后，于 1949 年初，再度输送国民党官兵南撤。

生不能阻止后，中共方面又转而找到同情共产党的陶孟和对李济委婉相劝，但李仍不买账，决定一意孤行，并对陶曰："如果你陶孟老能保证这批古物不在战争中被毁，并有科学证据说服众人，同时能担当起这个责任，那我就放弃。"此时的陶孟和当然拿不出科学证据，更不敢担当这份与江山社稷紧密相连的"国之重器"存亡之重责，于是乃罢。对此，李济以讥讽的口气说道："你陶孟老不是也带人跑到上海的租界躲起来了吗？对于我们做的事又横加指责，这不是五十步笑百步吗？台湾与南京同为中国的领土，并不是外国人的领地，在整个大陆都笼罩在炮火的非常时刻，中华民族的珍宝应该放到祖国领土的最安全的地方。"陶孟和听罢，不再与之辩，遂听之任之。

1948 年 12 月 20 日，满载国之重宝的"中鼎号"军舰拔锚启程，由上海进入激流汹涌的台湾海峡，向陌生、神秘的基隆港驶去。据随李济押运的那志良回忆说：在行程中，因"这一只船是平底的，遇到风浪，船摇摇摆摆，颠簸不定，船上的箱子又没捆好，船向左倾，箱子便滑到左边来。船向右倾斜，箱子又滑到右边去了，隆隆之声，不绝于耳。海军司令又托船长带了一条狗。它又在那里不住地狂吠，加以风声、涛声，这些押运人员觉得是世界末日要到了"。这艘军舰在大海里颠簸了一个星期，直到 27 日才到达台湾基隆。据蒋复璁说："在古物装上船后，又传来几天前在海峡，海浪打沉一条船的消息，许多老友劝李济不要跟船走，李回答说，物在人在，免得子孙唾骂千年。从南京到基隆，文物安全抵达，老先生也差点瘫倒，其精神压力之大可想而知。"

由于前方战事吃紧，海军一时无船可派，第二批运输便包租了一艘招商局的海沪轮，由于船舱较大，仅史语所的古物、资料就装载了 934 箱。该船于 1949 年 1 月 6 日起航，仅三天即到达基隆。

第三批是海军部派来的一艘"昆仑号"运输舰，当古物装载时，海军部的人员眷属拖儿带女呼呼隆隆地拥向船舱抢占座位。杭立武仍用老办法请出海军司令桂永清前来劝阻。此时国民党战事更为不利，人心越发焦灼慌乱，当桂永清命令众人下船时，"大家都哭了，希望老长官原谅他们，帮他们的忙。那种凄惨的样子，使得总司令也落了泪。他没有办法可想，只有准许他们随船去了"。该舰自1949年1月29日开出，直到2月22日才抵达基隆。至此，四家机构共4286箱古物、资料、珍贵图书、档案等全部运完，无一件损坏。南京故宫博物院运去的珍贵文物就多达2972箱，这批文物后来存放于台北故宫博物院。而史语所仅"内阁大库"档案就多达311914卷（册），其中明代档案3000多卷（件）。此物先借放于台北杨梅铁路局仓库，后转南港史语所办公大楼资料库永久保存。

就在四家机构的古物、图书、档案等仓皇运台的同时，朱家骅奉命动员中央研究院各所人员全部迁台。令他大为失望的是，大多数人员不愿随迁，仍要在南京、上海"静观待变"。陶孟和等人则坚决反对迁台，坚持要留在大陆，静候解放军的到来。1948年11月30日，陶参加在京人员谈话会时，很不客气地对朱家骅说："搬不搬要同全所同人商量，以多数人意见为依归。"12月9日，面对朱家骅的催促，陶孟和以所务会已开过，"全所人员多一票"决定不迁为由对朱做了简单的答复。朱听罢又急又怒，当场以"出席人员中包括助理研究员，不符合规定"企图强行令对方搬迁，但陶却置之不理，并以各种办法拖延下去。面对朱家骅的步步进逼，陶孟和给社会学所的同人打气说："朱家骅是我的学生，我可以顶他，他不敢把我怎么样。"意思是你们这些小的们不要怕，一切事由我这棵大树顶着。社会学所人员听从了陶的建议，继续坚持拖延下来。1949年5月，竺可桢由杭州潜往上海，听任鸿隽、陈衡哲夫妇说："陶孟和颇赞成共产，近来大发议论，于首都陷落前赴京……"此时的陶孟和整个身心显然已转向了共产党一方，因而朱家骅的一切努力皆成徒劳。

在中央研究院各所中，当属傅斯年主持的史语所迁台较为积极，在傅的奋力蛊惑下，全所大部分人员开始于惶恐纷乱中，携妻带子紧急逃亡台湾海峡那边的孤岛。只有夏鼐、郭宝钧、吴定良、逯钦立等少数人留了下来。

当众人心怀凄凉之境，在风高浪急的台湾海峡动荡颠簸时，傅斯年没有离去，他仍继续留在南京，在观望中奔波忙碌着新任台湾大学校长那一份无法逃避的职责。

1948 年 11 月 29 日，东北野战军会同华北军区主力共 100 万人，在北平、天津、张家口地区联合发起平津战役，与国民党军傅作义部 60 万人展开决战。12 月 12 日，北平城被解放军包围，南苑机场失守，国民党气脉已竭，力不能支，蒋介石急派飞机空投手谕致平津守军各军长，以鼓舞士气。手谕末尾以悲壮无奈的口气道："固守待援，不成功，便成仁。"13 日，北平西郊炮声隆隆，弹片从清华园"嗖嗖"掠过，校内教职员工大为惊恐，清华校方宣布停课，师生员工自寻出路。

在风雨飘摇、大厦将倾的危急时刻，朱家骅、傅斯年、杭立武、蒋经国、陈雪屏等在蒋介石授意下，紧急磋商谋划"平津学术教育界知名人士抢救计划"的细节办法，并拟定了"抢救人员"名单。名单包括四类：（一）各院校馆所行政负责人；（二）因政治关系必离者；（三）中央研究院院士；（四）在学术上有贡献并自愿南来者。四类人员约 60 人，连同眷属共约 300 人，由北大、清华的郑天挺、石树德等教授负责组织联系，国民党北平"剿总"予以协助，分期分批运往南京。傅斯年在致郑天挺的电文中特别要求："每人只能带随身行李，通知时请其千万勿犹疑，犹疑即失去机会。"又称："机到即走，不能观望稍有迟疑不决。"所需运载机由时任交通部长的俞大维全权调度。

南京方面特别电催在北平主持北大、清华校务的胡适、梅贻琦，统率被"抢救"人员火速南下，但这时的胡适以正忙着筹备北大 50 周年校庆为由不肯起身，梅贻琦也在磨蹭观望。当时北平城中风传北大将要南迁，身为北大校长的胡适再三辟谣："北京大学如果离开北平就不能称为北京大学了，以绝无搬迁之理。"实际上，不仅北大确无南迁之意，就是胡适本人也完全没有任何离去的准备。

直到 1948 年 12 月 12 日，胡适接到南京教育部长朱家骅亲自拍发的电报，说"明天派专机到平接你来京"，他才突然改意决定离开北平。14 日，蒋介石两次亲自打电报催促胡适、梅贻琦率中央研究院院士及对学术有贡献者飞南京，并派专机迎接，"然以故都局势陡紧，机场不能使用，致专机无处降落，乃延至 15 日始完成是项使命"。

就在胡适率领的陈寅恪等教授学人飞临南京的第六天，即 12 月 21 日，清华大学校长梅贻琦率领第二批被"抢救"的学人飞离北平，抵达南京，同机者有李书华、袁同礼、杨武之、江文锦等 24 位教授。梅贻琦一下飞机即对记者抱怨"市内新机场跑道太软，只能载重三千磅"云云，似是有可以多载几人而不能的惋惜之意。三天后，国民党政府授予他教育部长之职，梅表示不能从命，几天后正式宣布辞职，由此成了国民党在大陆时期最短命的教育部长（后由杭立武继任）。梅自称未能将大部分北平教授接运出来，深感惭愧。当记者"询以如北方各校之校长及教授南来，是否仍如抗战时期相同，设立联合大学"时，梅贻琦满脸怆楚凄然地答道："现与抗战时期不同，另设联大或无可能。"

继梅贻琦之后，在北平的著名教授毛子水、钱思亮、英千里等也被"抢救"而出，飞抵南京。

不久，蒋介石给胡适冠以"总统资政"的头衔，仍坚持胡适前往美国，既不当大使，也没有具体任务，只是希望胡"出出看看"。胡适在经过一番心灵的煎熬后，决定服从这一委派，重返美国为政府"做点面子"。

1949 年 1 月 9 日，被解放军围困在徐蚌战场达 66 个日夜的徐州"剿总"副总司令杜聿明，向蒋介石发出了最后一封电报，称"各部队已混乱，无法维持到明天，只有当晚分头突围"。是夜，国共两军展开激战，国民党军队全面溃败。整个淮海战役，解放军以伤亡 13 万人的代价，歼灭国民党军队 55.5 万人，国民党军队总指挥杜聿明被俘。

1 月 15 日，解放军占领天津，北平危在旦夕。

1 月 19 日，傅斯年去意已决，决定搭乘军用飞机赴台。这天晚上，在惨淡的星光照耀中，傅斯年偕夫人走出了史语所大院中的家，胡适与傅氏夫妇在前，秘书那廉君殿后，一行人在漆黑寒冷的夜色中悄无声息地走着，没有人再说话，千言万语已说尽，最后要道的"珍重"又迟迟不能开口。当那扇宽大厚重的朱红色大门"咯咯"推开时，沉沉的夜幕下，把门的老工友接过傅斯年手中的行李，在送向汽车的同时，呜咽着道："傅先生，今日一别，还能相见吗？"傅听罢，悲不自胜，滚烫的热泪"唰"地涌出眼眶，顺着冰凉的面颊淌过嘴角，又点点滴滴地随着夜风四散飘零。"好兄弟，等着我，我会回来的。"傅说着，握住老工友的手作了最后道别，然后

284

1949 年 2 月，南京机场，一国民党士兵看守飞机残骸。

登车仓皇离去。

当夜，傅斯年飞抵台北。此次一去，竟是"回头万里，故人长绝"了。

1月21日，蒋介石在李宗仁、白崇禧、阎锡山等派系的联合打压下，乘"美龄号"专机飞离南京抵达杭州，并发表"引退公告"，宣布由副总统李宗仁代理总统，与共产党进行"和平谈判"。此后躲在老家溪口母墓旁之"慈庵"，暗中指挥操纵国民党及其军队继续与中共对抗。

1月22日，国民党平津"剿总"总指挥傅作义统率所部25万人向北平城外集结，接受解放军的改编。此役国民党军队损失52万人，解放军伤亡3.9万人。

1月31日，解放军占领北平城，并宣布北平和平解放。

随着淮海、平津战役的终结，国民党政府已到了仓皇辞庙之日，再无心力"抢救"学人了，这个"抢救大陆学人计划"最终未能像抢运大批的金银国宝一样顺利完成。据后来统计，除胡适、梅贻琦等几十位教授之外，中央研究院81位院士有60余位留在了大陆，各研究所除傅斯年领导的史语所算是较完整迁台，其他的几个如数学所等只有一少部分人员与仪器迁台。而此时被"抢救"出的学人，亦有一部分人最终去了香港和美国而不是台湾。

4月21日，毛泽东主席、朱德总司令发布向全国进军的命令，中共中央军委一声令下，百万大军在西起九江东北的湖口，东至江阴，总长达1000里的战线上，强渡长江，蒋介石苦心经营达三个半月，号称"固若金汤"的长江防线轰然崩溃。4月23日，解放军占领南京，国民党政府南迁广州。

8月14日，毛泽东在为新华社写的《丢掉幻想，准备斗争》一文中，对胡适、傅斯年、钱穆三人进行了点名抨击："为了侵略的必要，帝国主义给中国造成了数百万区别于旧式文人或士大夫的新式的大小知识分子。对于这些人，帝国主义及其走狗——中国的反动政府只能控制其中的一部分人，到了后来，只能控制其中的极少数人，例如胡适、傅斯年、钱穆之类，其他都不能控制了，他们走到了它的反面。"

1949年10月1日，毛泽东在北京天安门城楼上宣告中华人民共和国中央人民政府成立。

10月14日，人民解放军攻占广州，"国民政府"再迁四川，蒋介石随之出山，匆忙赶到重庆指挥战事，并在此度过了大陆的最后一个生日——63岁诞辰。

11月30日，重庆被解放军攻占，蒋介石逃往成都。12月7日，"行政院长"阎锡山率包括中央研究院在内的"国民政府"各部门从成都逃往台湾。12月10日下午2时，一代枭雄蒋介石带着儿子蒋经国，在瑟瑟寒风中，从成都凤凰山机场起飞逃往台湾。此时解放军攻城的炮声正紧，为了逃命，蒋介石都来

1946年，蒋介石赴北平与傅斯年协商伪北大教员处置问题，特到文天祥祠合影，以示对傅斯年的支持。

不及详细看一眼大陆河山。此时的他没有想到，此一去，再也不能回到故国神州了。正是：无限江山，别时容易见时难。

第十一章　离愁正引千丝乱

归骨于田横之岛

1949 年 1 月 20 日，傅斯年正式就任台湾大学校长。台大中文系教授黄得时仰慕傅的声名，请其写几个字作为留念，傅挥毫写下了"归骨于田横之岛"的短幅相赠。众人见之，顿生凄怆之感，更想不到竟一语成谶。

赴台后的傅斯年仍兼任随迁后的"中央研究院"史语所所长，但主要精力则投入到台大的兴建改革之中。

坐上台大校长交椅的傅斯年，再度施展了他当年敢打硬冲，"凡事先骑上虎背"（傅斯年语）的处事风格，对台大积习实实在在地来了一番大刀阔斧的改革。这一改革行动使一部分人为之叫好欢呼的同时，也触及了许多权贵的利益，令对方极为不快和恼怒。当时台大师生反对国民党腐败无能、以权谋私等令人激愤的丑行及蒋介石集团统治的学潮一浪接一浪连续不断，傅的对立面借学潮运动趁机发难。有国民党政客在报纸上发表致傅斯年的公开信，指责台湾大学优容共产党，并指名道姓地说法学院院长萨孟武"参共亲共"，某某院长、系主任是"共产党分子或参共

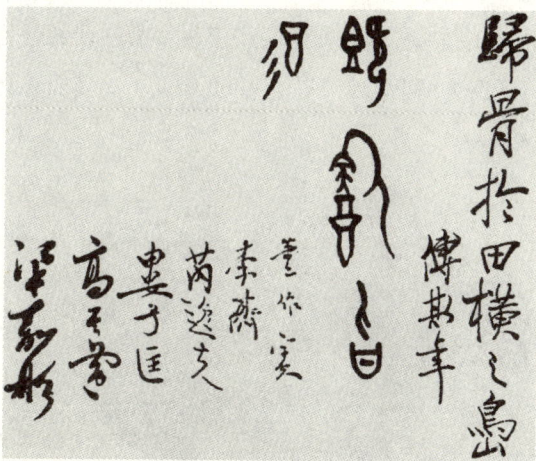

右为傅斯年手书"归骨于田横之岛"，左为董作宾用甲骨文补写的"既饮旨酒"，其他为史语所人员签名。

分子，他们把持院系，排除异己"，把各院系变成培植"亲共势力"的温床等等，企图置傅氏于不忠不孝不仁不义之绝地。

此时的傅斯年对台大师生特别是当地的台湾土著反蒋倒蒋活动一直持反对态度，对学生中有真凭实据的共产党员亦不宽容，每有发现均严惩不贷，但对别有用心者则采取另类措施。当傅斯年读了报上对台湾大学师生的指责后，既恼又怒，毫不顾及地以"他妈的"开骂起来，尔后采取以牙还牙的战略进攻态势，在报上两次发表措辞强硬的檄文予以反击，文中疾呼："学校不兼警察任务，我不是警察，也不兼办特工。"又说："若当局有真凭实据说某人是共产党，我将依法查办，但是我办理这种事，决不能含糊其辞，血口喷人。"最后愤然声明道："反共须有反共的立场，贪官污吏及其他既得利益阶级而把事情办坏了的，我不能引以为同志。"（《傅斯年档案》）

1950年1月23日，针对"校外校内传言斯年将去国，将辞职"的传言，傅斯年在校刊上发表了《致台大同事同学》的公开信，信中说："半年多来，校外攻击斯年者，实不无人，彼等深以不能以台大为殖民地为憾。然彼等原不知大学为何物，故如遂其志，实陷本校于崩溃。鉴于一年来同事同学对斯年之好意，值此困难之时，绝不辞职，绝不迁就，绝倍加努力，为学校之进步而奋斗！"

正是这种内外交困的局面与本人刚烈的性格，导致傅斯年血压骤然增高，身体渐渐垮了下来。1950年夏天，傅身患胆结石，不得不到医院做手术。出院时医生劝他至少要在家中休养一周，但台大的事务纷乱如麻，根本无法办到。对此，朱家骅曾以十分伤感的心情回忆说："在他（傅斯年）去世的前几天，闲谈之中，他忽然对我说：'你把我害苦了，台大的事真是多，我吃不消，恐怕我的命

傅斯年在台大办公室

欲断送在台大了。'当时我只以为他因感觉办事的辛苦，而出此苦语。不意数日之后，便成谶言。"（《朱家骅档案》）

1950年12月20日上午，傅斯年出席由蒋梦麟召集的农复会的一次会议，讨论农业教育改进和保送台大学生出国深造问题。在这个会上，傅提了不少意见，据在现场的人回忆说，他一会儿用汉语讲话，一会儿用英语和美国人交谈，一会儿汉英交杂，滔滔不绝地大发宏论。两个多小时的会议，他讲的话比任何人都多。午饭后稍事休息，傅又于下午2时许赶往省议会厅，列席台湾省参议会第五次会议。这一天，参议会上所质询的问题全是有关教育行政方面的事务。下午会议开始后，傅斯年登台讲话，但主要是台湾省教育厅长陈雪屏作答。大约到了5时40分左右，具有好勇斗狠之称与"郭大炮"之名的本地土著参议员郭国基突然蹦将起来质询有关台大的问题。傅不得不第二次登台讲话。在回答完上述两个问题之后，傅针对郭的无知和无畏，开始予以反击，在讲台上大谈其办学的原则、规矩、计划与理想等等，讲着讲着情绪激动起来，他说道："奖学金制度，不应废止，对于那些资质好、肯用功的学生，仅仅因为没有钱而不能就学的青年，我是万分同情的，我不能把他们摒弃于校门之外。"最后高声说道："我们办学，应该先替学生解决困难，使他们有安定的生活环境，然后再要求他们用心勤学。如果我们不先替他们解决困难，不让他们有求学的安定环境，而只要求他们用功读书，那是不近人情的……"讲完话时，大约是6时10分，傅斯年慢步走下讲坛。就在即将回归座位时，突然脸色苍白，步履蹒跚，坐在台下的陈雪屏见状，赶紧上前搀扶，傅只说了一句："不好！"便倒在陈雪屏怀中昏厥过去。较近的议员刘传来赶紧跑上前来，把傅斯年扶到列席人员的坐席上，让其躺下，顺便拿陈雪屏的皮包作了枕头。从此傅进入昏迷状态，再也没有醒来。

台湾的陈诚、何应钦、王世杰、程天放、罗家伦、朱家骅等政界要人，以及学术界人士李济、董作宾、毛子水、萨孟武、英千里、劳榦等闻讯，纷纷赶来探视病情。蒋介石得知后，立即指令陈诚，动员台湾所有名医，不惜任何代价抢救傅斯年的生命，并要陈诚每过半个小时打一次电话报告傅斯年的病情。至11时23分，所有的医护人员回天乏术，傅斯年因脑溢血不治停止了呼吸。

12 月 31 日，亦即 1950 年的最后一天，治丧委员会在台湾大学法学院礼堂（当时台湾大学本部尚无大礼堂）举行傅斯年追悼大会。礼堂正中，悬挂着蒋介石亲笔书写的"国失师表"的挽幛，国民党高级官员、名人学者的挽幛、挽联分挂两旁。蒋介石亲临致祭，各界要人亦皆前来，竟日致祭者达 5000 余人。

傅斯年去世后，钱思亮为台大校长。1951 年 12 月 20 日，傅斯年逝世一周年忌辰，台湾大学为纪念傅氏开创台大一代新风之功绩，按照美国弗吉尼亚大学为杰弗逊总统专门在园内建造陵墓的先例，特在台大实验植物园内专门划出一块地建造罗马式纪念亭，亭中砌长方形墓一座，墓前立有无字碑，修有喷水池。园中有兵工署捐赠的一座纪念钟，钟上铸有傅斯年提出的"敦品励学，爱国爱人"八字校训。由钱思亮校长主持，将傅斯年的骨灰安葬在纪念亭内大理石墓室中。自此，此处被称为"傅园"，纪念钟为"傅钟"，墓与钟掩映在碧绿的椰林大道旁的鲜花翠柏之中，浑然一体，蔚为壮观。

台大校园的傅钟（陈惠铮摄并提供）

同杰弗逊的墓园供人凭吊一样，台大校园内的傅园供人瞻仰，傅钟更成为台大每日上课、下课的鸣钟。每当深沉悠扬的钟声响起，在激起台大师生工作、学习热情的同时，也从流逝飘散的岁月中唤起对已故校长傅斯年的怀念之情。每年的 12 月 20 日，台湾大学都在傅园布置鲜花瓜果以志纪念。而 3 月 26 日，即傅斯年的诞辰之日，则由史语所和台湾大学轮流举行学术演讲纪念活动。自 1954 年始，此项活动作为一种传统延续下来，历久不辍。

傅园建成十几年后，在台湾新竹的清华大学也建立了一座与之相应的梅园——以此纪念"归骨于田横之岛"的"清华之父"梅贻琦。

1948 年那个寒冷的冬天，梅贻琦顶着围城的炮火硝烟乘机南下，在南京坚辞国民党政府硬给扣上的教育部长官帽，转道香港作短暂停留，旋于 1949 年 7 月至巴黎参加联合国教科文年会，同时出任中华民国政府常驻代表。1950 年初由法到美，在纽约华美协进社管理清华在美基金。关于梅贻琦当年是在怎样的心境下，如何撇下凝聚着他光荣与梦想的清华园孤独地出走这一史实，梅本人没有留下任何回忆文字，亲朋至友的回忆则大多支离破碎，且说法各异，令后人难窥虚实。据梅的学生袁随善回忆，大概是在 1955 年，梅贻琦和夫人韩咏华路过香港，主动跟他说起当时离开北平的情形，梅说："1948 年底国民党给我一个极短的通知，什么都来不及就被驾上飞机，飞到南京。当时我舍不得也不想离开清华，我想就是共产党来，对我也不会有什么，不料这一晃就是几年，心中总是念念不忘清华。"（《怀念梅贻琦老校长》）

袁氏这一说法显然过于离奇，可信性颇值得怀疑。据当时同在清华任教的资深教授吴泽霖回忆说：梅贻琦离校那天，我在学校门口碰见梅，我问梅是不是要走，梅说："我一定走，我的走是为了保护清华的基金。假使我不走，这个基金我就没有办法保护起来。"（《在回忆梅贻琦先生座谈会上的讲话》）另据叶企孙在"文革"中的"交代材料"披露：清华复员以后，叶曾一度向梅贻琦说："倘有短期出国研究物理学或科学史的机会，吾可以考虑。后来，美国某基金会（我记不清哪一个了）来信，说已给我一个研究科学史的学侣补助金（fellowship stipend），研究地点在麻省理工大学或哈佛大学。吾收到这封信时，人民解放军已接近北京郊区。吾愿意留在清华，等候解放。我没有答复基金会来信，也没有去领款。"当叶决定放弃这个机会时，梅贻琦准备拉叶离开北平，并有了与叶同到福建省利用海外一批基金重新建立清华大学基地的打算。但叶在经过一番摇摆、观望后，最后"自信作孽无多，共产党也需要教书匠"，便决定既不出国也不南飞，坚持留下来迎接对他来说并不了解的新政权。后来由于国民党政权在大陆迅

1952年，梅贻琦与夫人韩咏华、儿子梅祖彦在美国。

速土崩瓦解，梅贻琦南飞后在福建重建清华的梦想破灭。

据梁从诫回忆："1947年冬，母亲住院做肾切除大手术，正在美国讲学并参与联合国大厦设计工作的父亲，特地赶回来照顾她。圣诞之夜，我和姐姐忽然接到清华梅贻琦校长的邀请，要我们姐弟到他们家过节。但是去后发现只有我们两个小'客人'，梅校长也不说话，我们显得十分拘束。不久，就听说梅校长从城内东单临时机场飞离了北京。他当时请我们姐弟，也许是有意借此向我们的父母表示告别吧?"（《北总布胡同三号——童年琐忆》，载《不重合的圈》）

从以上几位当事者的回忆分析，梅出走北平之前一定有过复杂的思想斗争，最后才下定决心离平赴京。纵观梅贻琦在大陆的岁月，虽没有做过不利于共产党的事情，甚至可以说，在掌校期间于学生运动中的共产党学生还曾尽量保护过，但这种做法更多的还是为保护学校与青年学生本身所计，并不是说他就赞成共产党与马列主义，或者赞同共产党的政治思想与做法。此点他在昆明时已表达得明白。当他看到闻一多、吴晗等人以"斗士"的身份与国民党政府"斗"起来之后，他在日记中明确表示："余对政治无深研究，于共产主义亦无大认识，但颇怀疑。"这个"怀疑"既是他心迹的流露，也代表了当时相当一部分知识分子对时局的看法，因而当1948年底吴晗以中共军代表的身份，奉周恩来之命来到清华劝说梅留下来时，梅没有听从这一建议，而是像胡适一样毅然决然地乘机南飞。相比而言，吴泽霖的说法当更加可信，梅贻琦之所以南下，后来又由香港转

法国，再转赴美国，真正的意图就是像抗战初期胡适赴美一样，为一件
"大事因缘"而来——揽住清华在美国的一批基金。只要基金尚在，梅作为
清华校长的名望即在，无论是战后清华的复兴还是重建，这批基金都无疑
是一个相当重要的筹码。梅氏飞抵南京时，长江以南还在国民党手中，假
如蒋介石能保住这半壁江山，梅向叶企孙所说的到福建或广州等地另建清
华，或许并不是痴心妄想；后来在台湾新竹建起的清华大学，实际就是这
一构想的延续。只是国民党太不争气，兵败如山倒，转瞬灰飞烟灭，梅贻
琦不得不在美国为他心中的"大事因缘"苦守观望。至于梁从诫所说梅氏
向梁思成、林徽因告别的良苦用心，或许当是事实，只是梁氏所说的故事
发生在 1947 年似乎不确，这一年底，林徽因的确是在医院动大手术，但梅
贻琦却是第二年冬天才离平南下。期间隔了整整一年的时间，要说梅于此
时就准备弃清华园而去，似乎不太可能，唯一的可能是，确有其事，但梁
从诫在时间上记忆有误。

　　再回到袁随善所说梅贻琦被匆忙驾上飞机的说法上来，当时与梅一同
飞南京的有李书华、袁同礼、杨武之、江文锦等众多教授，而这些教授在
事后的回忆中，从没提到过梅是被"驾"上飞机一事，倒是当天的《申报》
记者在采访刚下飞机的梅贻琦时，梅颇为愧疚地抱怨飞机跑道太软，没有
把更多的同人"抢救出来"云云。假如他是被外力强行驾上飞机，又何以
说出这些"抱愧"之语？因而只能说袁随善所言是一个颇为离奇且有点像
警匪片一样刺激的故事，但故事却显得过于离谱了一些。假如将梅的另一
位同事、清华大学外文系教授，后出任国民党政府"外交部长"的叶公超
对梅的评价加以对比鉴别，或可从另一侧面得出梅出走北平的真实原因。
1965 年，也就是梅贻琦去世的第三个年头，叶在回忆梅贻琦的文章中说
道："梅先生是个外圆内方的人，不得罪人，避免和人摩擦；但是他不愿意
做的事，骂他打他他还是不做的。"（《忆梅校长》）短短几语，已触到了梅
贻琦内心深处。叶公超是清华当时知名的教授，与梅共事多年且私谊较深，
他对于梅贻琦的评价当不是似是而非的外交辞令。就梅贻琦的性格和为人
处世而言，他是不会"什么也来不及就被驾上飞机"的。通过如此排比对
照鉴别，梅贻琦出走的历史公案应该就此休矣。

梅贻琦到美国后，于风雨飘摇中艰难支撑，运穷命蹇的台湾当局，曾多次欲动用他手中掌控的清华在美基金，但梅始终坚持这批基金必须用于教育事业的方针，虽对方用尽软硬手段而坚决拒绝。1955年和1956年，梅贻琦两次赴台，与当局商定了在台湾建立清华研究所，并附办研究生院事宜。因当时台湾急需发展电力以恢复经济，而原子能在战后成为一种最热门的高效能源，梅与当局协商先办原子能研究所，以进行自然科学与和平利用原子能研究，然后慢慢改建大学，选定离台北不远的新竹县作为新校址兴建办公楼。1956年10月，新竹清华研究所第一届研究生入学，梅贻琦主持所务。1958年7月，台湾当局任命梅贻琦为"教育部长"，兼任原子能委员会主任，主持制定《国家长期发展科学计划纲领》等事务。因工作繁重，简食少眠，终于积劳成疾，1959年9月病倒，入台大医学院治疗，1960年2月辞去"教育部长"职务，7月在台大医院施行前列腺手术，医生认为病情严重，将不久于人世。当时梅贻琦亲自从美国购进的原子炉设施正在紧张地安装，为让梅看到自己为之劳苦奔波的这一新兴成果成功，在蒋介石、陈诚等高层掌权者的亲自过问下，靠大量输血以延续生命。这年12月，原子炉全部安装完备，梅贻琦在病榻上象征性地摁按钮启动原子

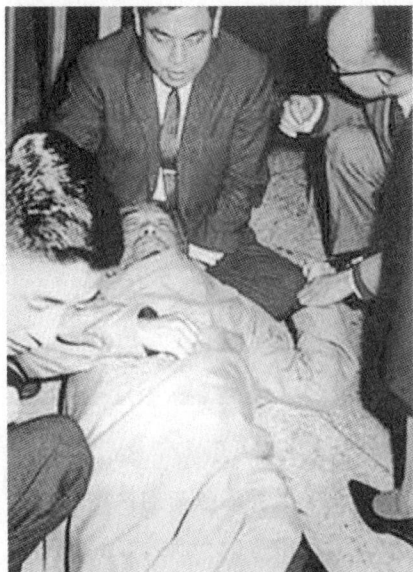

胡适病逝台北

炉，之后病情不断恶化。期间胡适因心脏病住进该院，二人进行了多次推心置腹的长谈（胡氏于1958年由美返台，出任"中央研究院"院长）。按梅贻琦的病情，当时医生和外界皆认为梅要走在胡的前边，未曾想，身体状况比梅好的胡适竟捷足先登，不辞而别了。

1962年2月24日，"中央研究院"举行第五次院士会议，选举新一届院士。在临别的酒会上，端着酒杯始终微笑着的胡适突发心脏病倒地而亡。

胡适突然撒手归天，消息传到台大医院，躺在病床上的梅贻琦深受刺激，病情进一步加重，几度昏迷不醒。两个月后的 5 月 19 日，梅贻琦与世长辞，享年 73 岁。

为纪念梅氏对中国教育事业特别是清华的贡献，台湾当局于这年夏季在新竹清华研究所的基础上，正式成立了清华大学并招收本科生。同时在校园内为梅贻琦修建了墓园，取名梅园，以志缅怀纪念。自此之后，每年都有来自世界各地的清华师友到梅园吊谒致敬。而就在这个时候，北京的清华大学已被"五马分尸"，只剩一个工科于风雨飘摇中独立寒秋。整个清华园已被高鼻深目的苏联专家与一色中山装的"革命家"所挟制，维系了几十年的校务委员会与"教授治校"等一切规矩，全部被作为臭狗屎抛进了历史的垃圾坑。之后，站在不同思想阵线的教授们，许多被戴上了"右派分子"或"反动学术权威"的帽子。在秋风扫落叶式的政治风暴中，全国上百万大大小小的知识分子遭此厄运。茫茫苍穹秋风渐紧，寒气袭人，铺天盖地的大风雪即将压城而来，清华园内，一个个齿摇发苍的老"海龟"很快就被红色革命小将们捉上"斗龟（鬼）台"……

当年梅贻琦于那个炮声隆隆的寒冬匆匆离平南下，为的是一件"大事因缘"。经过了万水千山，呕心沥血的劳作，这一"大事因缘"终于修成正果。倘若梅贻琦地下有知，一定会含笑九泉。

群星陨落

在短短的三个月之内，中国学术界这道灿烂的星河中最亮丽的巨星相继陨落，台岛社会各界及海外学人陷入了莫大的悲怆与哀戚之中。为使科学事业不致因巨星陨落而停滞，同时也尽快扫除世人心头上的阴影，就在胡适去世不久，国民党政府再度任命李济为"中央研究院"代院长。李推辞不过，只好从命。

李氏自 1948 年底拒绝了他的学生与陶孟和等人三番五次的劝阻，毅然决然地押着他视若生命的国之重宝毫发未损地渡过波浪滔天的台湾海峡，在基隆安全登陆后，国民党政权大势已去，可谓兵败如山倒，一批批官僚、政客、奸商、投机分子、散兵游勇等各色人物，像蝗虫一样嗡嗡叫唤着，蜂拥至这座孤悬于汪洋大海中的地瓜状的岛屿。

因地小人多，时局混乱，来台人员大多无处安身。李济率领押船的部分史语所人员，勉强在台大医学院的教室中搭个简单的床铺暂住下来。据石璋如回忆：史语所人员来台后，因无其他地方可住，暂时被安置到台大教室，"人多的可以住一间教室，人少的就两家住一间教室，我就跟萧纶徽家共住一间教室。教室有前后二门，萧走前门，我走后门，两家中间用帐子拉起来隔开。公家只给一家做了一张方形大床，上头可以搁两张榻榻米，全家人就挤在一起，睡在上头。这就是我们的住。李济先生比我们早来一段时间，家眷多，也住在台大医学院。虽然我们到这里很苦，可是我们从基隆下船一早来到台大安顿行囊之后，休息到第二天，史语所三组的同人就在李济先生的带领下，步行到圆山做遗址调查去了"。

在迁台的最初几年，尽管孤悬一岛，前程甚忧，曾有过"心情迷乱，考古兴趣丧失殆尽"的情绪，但李济以一个国际级学者的风范和文化良知，很快振作起来，重新投入到学术中去。除领导并参加了著名的圆山贝冢发掘外，还参加了台中瑞岩泰雅族的体质人类学调查，组织对桃园尖山遗址发掘、环岛考古调查，整理安阳殷墟出土陶器、青铜器等事宜。在研究中国上古史的时候，李济以一个人类学者的身份，而不是以一个狭隘的考古专家的身份与角度，展现了他在学术上的磅礴大气与深刻洞见。

蒋介石到中研院视察，右一为李济，右二为胡适。

在朱家骅、傅斯年等人的支持下，李济于1949年创办台大考古人类学系，并于秋季正式招生。李除继续担任史语所考古组主任之职，开始兼任该系系主任，并聘

李济向海外抵台的学术界名流介绍史语所考古陈列。左起：吴大猷、吴健雄、袁家骝、李济、刘大中、李光宇。（1962 年 2 月 24 日摄于南港）

请史语所的同人芮逸夫、董作宾、石璋如、凌纯声、高去寻等到该系任教。这是第一次在中国土地上把训练职业考古学家列入大学计划之内，开创了大学教育体系设立考古专业的先河，为中国考古学继往开来做出了划时代的贡献。尽管这一学科创办之初，限于当时的条件和大众对这一"乌龟壳研究会"的陌生与偏见，招生很少，但总算为考古学的未来播下了种子。

到了 1963 年，史语所最重要的支柱董作宾不幸去世。这一年走在他前面的老熟人还有两位，一是朱家骅，另一位就是董同龢。

对于三人的死，石璋如晚年曾以哀婉的心情说："五十二年真是不幸的一年，有好几位同人过世。1 月 3 日晚，王志维电告朱前院长于当日下午去世。朱先生是研究院奠基南港的重要人物，任期也长，对研究院有所贡献，老同人对他都有感情，听说了讯息都非常难过。"朱家骅去世后，于 5 月 15 日安葬于阳明山。按石璋如的说法："由于上山耗时较久，十点钟始举行安葬式，稍微公祭一下，十点半即结束，比起胡先生简单得多。"很显然，与胡适比起来，朱氏的葬礼"简单得多"的根本原因恐怕不是一个上山费力耗时可以解释的，其背后深层的原因自是复杂。但不论如何推断联想，这个在政坛、学界曾呼风唤雨、威震朝野、纵横 30 余年的重量级大鳄，就这样从芸芸众生的视线中消失了。

石璋如在野外考察时情形（陈存恭提供）

朱家骅入葬 33 天后，即 6 月 18 日，董同龢随之而去。"董同龢先生是我们同辈之中最聪明能干，也最用功的人，常有自己的主张，连傅先生也说服不了他。在抗战大后方，他还是副研究员的时候就获得过杨铨奖学金，可见才气之高"。石璋如所说的董获奖金之事是在四川的李庄，那时的董同龢可谓风华正茂、意气风发、心高气傲，大有紧随傅斯年"目空天下士"的气势。可惜天妒英才，不幸患了肝癌这一不治之绝症，未能挣脱死神的召唤，空留后人为之扼腕长叹。

"到 11 月 23 日，董作宾先生也过世了，恰逢美国总统甘乃迪（肯尼迪）遇刺身亡日，我们说董先生是大人物，能与甘乃迪同日过世。董先生的身体底子并不坏，只是不爱运动，而且董先生既忙着《大陆杂志》社的事，又担任所长，去香港任教回台又担任甲骨文研究室主任，事情非常忙，因此同人曾劝他装假牙，但他忙到没有空去。牙齿不好就吃不好，连带消化不好影响健康。董先生要是早日治好牙齿的问题，身体就容易养好了"。作为同乡兼同事，一起共事几十年的石璋如所说的这段话，可谓对董作宾具有深透的了解。但世间的事往往旁观者清，当局者迷，董作宾可能意识不到一个牙齿的问题竟引来这多麻烦，且引得死神找上门来纠缠不休，最后竟把命丢掉。不过，石氏之说也只是一家之言。据董作宾的儿子、曾给蒋介石当了几十年御医的董玉京说，董作宾在此前许多年就已患有高血压、心绞痛、心肌梗死症和有家族性遗传的糖尿病等等，正是这成堆的疾病综合症，导致董在"不该中风的年纪就已得过一次轻瘫，而且一直未能复原"。就是在这样一种多病交织的情形中，人送外号"老天爷"的董作宾归天而去了。

　　董作宾的去世，标志着史语所考古组最坚实、宏大的支柱之一轰然倒塌，堪与这根宏大支柱并列匹敌者，只有李济与石璋如等几人在暮年的风雨黄昏中苦苦支撑。整个史语所从此进入了风雨迷蒙的岁月。在这一困境中，有许多国外大学邀请李济前往任职，均遭拒绝。为此，一直对恩师这一做法不太理解的张光直，直到自己晚年才有所顿悟："我强烈地意识到，李济一生之所以一再拒绝美国一些大学提供职位的邀请，没有移民过去，最根本的原因是他感到自己必须留在国内看到安阳研究的全过程。到了李济先生逝世前，殷墟发掘出来的大部分资料均已公之于世。为此我们不能不感谢李先生数十年如一日尽守他领导殷墟发掘的职责。"张光直所言，其意在说李济与梅贻琦一样，同样是为了一件大事因缘而来台湾，并性坚如铁，不为外力特别是名利所动。当这件"大事因缘"一旦了结，他也离自己整日刨掘的那些坟墓不远了。在进入 80 岁高龄的生命后期，自知将撒手人寰的李济倾尽最后力气，用英文写成了一部全方位总结安阳殷墟发掘的具有经典意义的划时代著作 Anyang（《安阳》），先后在美国和日本等国家出版。

　　这部大作在最后定稿前，李济曾请他与梁思成、林徽因共同的朋友费正清、费慰梅夫妇进行审读和润色。当时正在集中精力收集中国学者的资料，并且准备为梁思成与林徽因撰写一部传记的费慰梅，借此机会，专门让李济口述了与梁思成夫妇交往的历史过程。1978 年 2 月 20 日，费慰梅由美国致信李济，就"口述历史"记录一事询问李，信中说道："我希望你已经收到我所写的在 1947 年会见梁思成时的几页谈话记录。当我打下那份谈话记录时，我体会到：思成没能亲自核对一下我写的内容，并增添一些我可能写得过于简单的重要之点，失去这个机会真是损失太大了。"

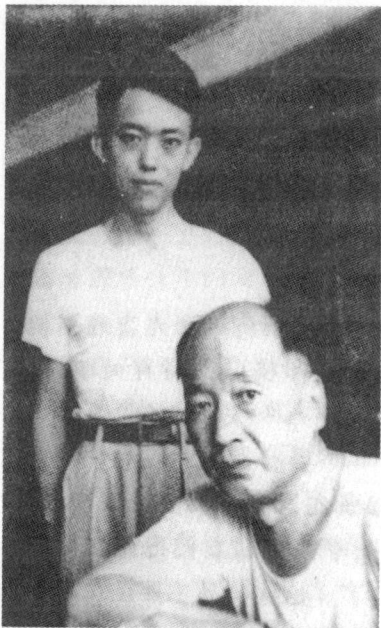

李济与学生张光直

费慰梅写这封信时，林徽因已病故 24 年，梁思成也已去世 6 个年头，对于费在传记中的记录，梁、林二人已不可能看到了。费慰梅在感到这是一件无法弥补的大大的遗憾的同时，转向李济求助，费说："这提醒我注意起去年九月我跟你的那两次太短暂谈话的记录了，我现在把它打印下来附寄给你。当然，你要回答我提出的一些问题。……希望它是准确的。"

李济读罢，强力支撑着病体，于 1978 年 8 月 2 日复信费慰梅。此时李济本人已进入垂垂老矣的人生晚年，再过 364 天就要与世长辞，因而信中所述，在直白真切中暗含一股淡淡的惆怅与凄凉。信中说："几个月来我受到某种无意识的禁忌所抑制，没有写任何东西，甚至跟我的好友和亲属也没有通信。究竟这是由于弗洛伊德式的情绪失调还是什么荷尔蒙的作用，我现在还无法解释。……社会条件和政治条件的飞速变化，这是你十分清楚的。是否这些身边的新事物触犯了我的情绪，我也说不好。但是，和我有着同样观点和感情的老友们一个个地逝去，无疑削弱了我对周围事物的亲密感。"

在谈到梁思成、林徽因的情形时，李济说道："关于你写的梁思成传记的那份材料，我读了几遍。应当说，读起来颇感兴味：你说的好些事是我以前所不知道的，譬如关于他的童年。我认识他的父亲但不算知交，他是最早一个鼓励年轻一代学习西方科学的先行者。李庄时期，我开始更进一步了解思成和他的营造学社，因为我们住得很近。在你写的传记中提到的有关中央博物院和营造学社以及中央研究院之间的合作情形，大体上是准确的，但细节我也记不真了。我不知道记载这些合作事业的文件究竟是被我留在南京了，还是存在这里的故宫博物院。有一次我探询了一下，但没有下文，不过有一件与思成有关的事是值得一记的。二战结束后，我决定辞去中央博物院筹备处主任一职，当时我推荐思成来担任，他没有接受。杭立武继我之后接任此职。当时梁家兄弟，思成和思永两家都返回北平了。胜利之后，我有一次在去沈阳途中来到北平；我在那里逗留了两星期，但没来得及会见他们。……这是我心绪正常时所能写的一封够长的信了。向你和正清致最诚挚的问候。"（李光谟辑《李济通信选辑》，抽印本）

1979 年 8 月 1 日，李济因心脏病猝发在台北温州街寓所逝世，是日恰为他亲手创建的台湾大学考古人类学系成立 30 周年。正如张光直所言：

"随着他的过世，一个巨人消失了。"

梁思永之死

当胡适、梅贻琦、朱家骅、傅斯年、李济、董作宾等学术界大腕被国民党政府"抢救"而出，并相继出走台湾和美国，连同中央研究院史语所、中央博物院等机构的大部分人员仓皇撤离南京与上海之时，有几个人却在大失控、大混乱、大逃亡的世纪性变局中悄悄地留了下来，这便是梁思永、丁声树、夏鼐、郭宝钧、曾昭燏等人。

抗战胜利后，梁思成与梁思永兄弟两家回到北平，思成一家进了清华园，思永住城内家中养病。当时他的病情决定了已不能远行，在国共两军激战正酣、国民党奋力"抢救学人"之时，即使梁思永有意随所撤退，也当是心有余而力不足了，且梁氏尚没有如此打算。已从中博筹备处转到史语所服务的郭宝钧，想起当年殷墟发掘时傅斯年故意"呜哩哇啦"地说着英语，和自己这位压根儿不懂英语的土学者对话，就有些憋气和恼火（按：有人谓傅斯年是故意戏弄没留过洋的土包子学者），遂产生了借此混乱之机摆脱傅斯年与史语所，另谋生路的念头，遂向史语所同事、留英博士夏鼐问计。聪明过人的夏鼐毫不犹豫地对郭说："我们不要走，我们还有前途，我们留下还有许多事情要做。"正是听从了夏鼐这极富战略性和前瞻性的分析与忠告，郭宝钧才下决心留下来，以迎接新时代的到来。聪明过人的夏鼐打定主意后，在一片纷乱中悄然回到家乡温州，静观时局，等待着命运的转机。

夏鼐的梦想也很快成真。1949 年底，他应邀来到北京，与梁思永、郭宝钧共同进入中国科学院考古研究所，在郭沫若和郑振铎的领导下，"展开了中国田野考古学的新天地"。只是世事纷繁，有些事是无法预料的，这片看起来广阔无涯、浩瀚无边的"新天地"，竟是荆棘丛生、陷阱密布，稍不留神即被穿刺得遍体鳞伤，哀苦不已，甚或身陷囹圄，落得个求生不能、求死不得的悲凉境地。

1949 年 5 月 11 日，也即国民党败局已定，新中国成立的前夜，《人民日报》发表了一封时任辅仁大学校长陈垣《给胡适之的一封公开信》，谓胡适等旧思想使他"一直受着蒙蔽",借此希望胡能"转向人民,幡然觉悟"云云。尽管胡与陈在三个月前还信函往还、交谊笃深,但三个月后,年已七旬的陈垣竟能如此痛快与绝情地与胡决裂,说明世道人心已发生了巨大裂变。1950年9月22日,香港左派报纸《大公报》发表了胡思杜的《对我父亲——胡适的批判》一文,这篇文章是胡思杜在华北人民革命大学政治研究学院毕业时"思想总结"的第二部分。未久,这篇文章在《人民日报》与《中国青年》等报刊再度刊出。这是胡适离开大陆后,最早向他打出的两发子弹。具有历史况味的是,一个是出自胡适的老朋友,另一个是出自他的小儿子之手。

随着这两发穿甲弹的打出,举国上下一场针对胡适及其徒子徒孙傅斯年等人的大批判运动开始了。

经过一连串的砸壶(胡)倒壶运动,曾经身为中国学界领袖、儒林之宗的胡适,变成一个头戴多顶帽子、臭名昭著的"反动人物"与"美帝国主义走狗",或者成了一个在人们印象中"破壶破摔"的跳梁小丑。沉浮于政治浪涛中打滚而难以自拔的沉默的大多数,开始谈"胡"色变,以致对胡姓产生了极度的厌恶感。在当时和之后出现的一些小说、革命样板戏或革命题材的影片中,其反面人物开始以胡姓出现,如《林海雪原》中的胡彪、《沙家浜》中的胡传魁、《闪闪的红星》中的胡汉三等等。这些独有特色、刻画得惟妙惟肖的胡姓人物,给世人留下了深刻而长久的印象。

就在全国学术文化界"满腔愤怒"地叫喊着"批胡倒胡"之时,大陆最著名的考古学家梁思永死了。

抗战胜利不久,躺在李庄板栗坳病床上的梁思永偶然从一本外文杂志上看到一个新的医学成果,即患肺病者如去掉肋骨可使有病的肺萎缩下来,健康的肺将发挥更大作用。这个消息令卧病在床饱受病痛折磨长达四年之久的梁思永极度兴奋,他当即决定赴重庆实施手术。得到傅斯年同意后,在梁思成的帮助下,梁思永携家眷乘船来到了重庆,入住高唐奎医院,并在著名胸外科专家吴英凯的主持下,切除了七根肋骨(一说切除六根)。自此,梁思永一直在重庆医院休养。当1946年全国性的复员开始时，傅斯年通过时任交通部长俞大维的私人关系，让梁思永一家搭乘一架军用飞机飞往北平。当时梁的身体尚未恢复，他躺在一张帆布椅子上被抬上飞机。考虑到路途的困难，傅斯年再以个人的名义发电报，让时在北平的妻兄俞大孚帮忙接机。梁思永一到北平，即由俞大孚等四人抬下飞机舷梯，专车护送到梁在北平的大

1953 年梁思永到梁思庄家（北京大学中关园 96 号）休养，每天上午都要在园中葡萄架前晒太阳。

姐梁思顺家暂住。一个星期后搬到东厂胡同原黎元洪大总统居住的院内三间北房居住、休养，此后病情稍有好转，但仍无力赴南京到史语所工作。

1948 年 7 月 2 日，李济由南京致信住在北平的梁思永，除了业务上的交谈，还对梁致以亲切的慰问之情。信曰：

思永吾兄：

《考古学报》第三册近已出版，拙著《记小屯出土之青铜器：上篇》抽印本，今晨寄到，特航寄一本，送呈吾兄评正。此文于付印之前，未能就正于兄，为第一大憾事。排印期间，校雠数次，仍有脱误。原文尚有数处未作到十分满意，诸祈指正，曷胜盼祷。中篇《锋刃器》已将脱稿。"小刀子"一节拟借用侯家庄材料作比较参考之用，至希惠允为感。又上篇亦有数处用到侯庄材料，以为旁证，并希吾兄加认。近日第四期已可集稿；本组同仁，均努力异常，一年以来，不少佳作，此亦穷苦生活中之另一境界也。尊体近日何似？嫂夫人想必康健。柏有读书想必大有进步。自令姊令娴夫人北归后，即未得兄消息，但心

中无日不念也。余不尽，专此并颂

暑安

弟

李济 谨启

（《李济与友人通信选辑》〔抽印本·非卖品〕，李光谟辑）

此信前半部所言，反映的是史语所考古组一项不成文的规矩，即凡田野发掘的出土物或其他发现，主持发掘人有第一研究权，其他人若要在论文或报告中使用，需征得对方同意。因梁思永在安阳殷墟主持了这一出土材料的发掘，故李济用此材料著文，就需按规矩取得梁的认可。

同年8月5日，梁思永回信：

济之我兄：

《考古》第三册抽印本和里面附带的信收到了，多谢。大著已拜读过，佩服佩服。偶有鄙见与尊说不尽合之处，也只是彼此看法上稍有差别，且多涉及枝节问题，无关紧要。他日会见时再当面请教。侯家庄材料请兄随便使用，三组工作兄所领导，何须如此客气。

弟五月底入协和医院，住院十二日。检查身体，结果是右肺健全，左肺压塌状态良好，胃肠透视都没有发现毛病。除了气管里的结核病灶可能尚未痊愈外，可以说没有病了。不过身体经过这几年跟病菌斗争之后，真有如战后的英伦，虽然战胜敌人，但元气消蚀殆尽，就要恢复到小康的局面，也万分困难。为了肃清气管里病菌，现正试用链霉素。已注射了六十三克，似颇有效。预备再注三十七克就停止。

弟近间起坐之时已加多，且能出到院中行走。只可恨注链霉素后发生头晕现象，走起路来摇摇摆摆，不很稳当。

看情形秋后大概可以开始做点俯（伏）案工作。欲想趁机整理两城报告。不过在这动荡不定的大局中，把珍贵的稿子拿到北方来，又觉不甚妥当。盼兄分神考虑考虑这问题。内子小女托庇粗安。即此

顺祝

暑安　嫂夫人、光谟统此问候。三组同人，见面时祈一一代候。

弟

思永拜上

　　据此信的整理者、李济之子李光谟推断，这是梁思永在生命的暮年，与史语所同人的最后一次通信，信中显露出他们彼此的学术情谊、相互尊重以及各自在研究工作上的良好愿望。自此海峡阻隔，便成永诀。

　　1950 年 8 月，梁思永以他在考古学界巨大的影响力，被人民政府任命为中国科学院考古研究所副所长，名列夏鼐之前。尽管梁的身体仍虚弱无力不能出门直接指导所内事务，但可在家中参加或主持所内一些重要会议。据夏鼐说："他（梁）在考古所成立后初次看见我时，便很兴奋地谈着关于考古研究所的计划。他说：'所中一切事情都由郑所长和我来管好了。只希望你和所中具有田野工作经验的几位，带着一班年轻朋友们，在外面多跑跑，训练年轻的人才是目前最迫切的任务。这种训练是需要在当地实际工作中亲手指点的。'因此，我到所后一年半中的大部分时间是在外地工作，没有多替他在所内分劳。"（《考古学家梁思永先生》，载《新建设》1954 年第 6 期）

　　自 1950 年秋开始，考古所人员几乎倾巢出动，在夏鼐的带领下，先后对河南辉县琉璃阁和赵固、北泉等地东周遗址进行了大规模发掘，发现车马坑数座，出土了大量青铜器物。梁思永不仅在家中主持考古所的日常工作，还为撰写《辉县发掘报告》的青年考古学家具体辅导，并亲自撰写报告参考提纲。据时为刚进所的青年学生，后成为著名考古学家的安志敏回忆："从我们到考古所那天起，（梁）便给我们布置了必读的书目和学习计划，每周还要填表逐日汇报学习和工作情况，并经常同我们谈话以便做更深入的了解，从治学方法到思想修养无所不包，以督促和爱护的心情帮助我们克服思想上和学习上的缺陷，为考古研究所培养了一批新的骨干。"

　　1953 年 2 月，梁思永心脏大幅度衰竭，身体更加虚弱，只得脱离工作安心在家休养。到了 1954 年春天，心脏病发作，入北京人民医院救治。3 月 8 日，梁思永让夫人李福曼打电话叫自己的妹妹、时在北大图书馆工作

病中的梁思永与夫人李福曼

的梁思庄到医院，当梁思庄匆匆赶来时，梁思永握着她的手说："我将不久于人世，要和大家永别了！"（《梁启超和他的儿女们》）

据梁思庄的女儿吴荔明回忆，在梁思永生命垂危的最后阶段，都一直没有为自己的病情和痛苦哼一声，一直默默坚持着，为战胜病魔奋斗着。突然有一天，"三舅（梁思永）对着和他相厮相守 22 年的三舅妈平静地说：'我不奋斗了，我奋斗不了啦，我们永别了！'1954 年 4 月 2 日，我照常骑车到了人民医院，传达室老大爷说：'姑娘，不用拿牌子快上去吧，你舅舅去世了。'我不能相信他的话，我转身看见很多小卧车停在院中，我腿软了，扶着楼梯两边的扶手一步一步上了楼，在灰暗的楼道里我一眼看见二舅（梁思成）那瘦小驼背的身躯，我轻轻走到他身边叫了一声'二舅！'他悲伤地拍着我的肩膀示意我进病房去……三舅妈镇定地坐在一旁，柏有姐伤心至极已哭不出声倒在门口一个床上，我拉着她的手轻轻叫着：'蹦子，你哭啊，你哭啊！'我自己的泪水止不住地往下流。"

一颗考古学巨星在他 50 岁的英年陨落了，同人闻讯，无不伤感悲泣。梁思永的遗骨被安放在北京八宝山革命公墓，由梁思成亲自设计的汉白玉卧式墓碑上刻有郭沫若撰写的墓志铭："中国科学院考古研究所副所长梁思永先生之墓。一九〇四年十一月十三日生，一九五四年四月二日卒。郭沫若敬题。"

梁思永随风飘逝，但墓志铭却长久地留在了华夏大地。对于梁思永的墓志铭，许多年后，有人认为公正的铭文必须在首位加上"著名考古学家"或相应的学术头衔才显得对逝者的公正与厚道，此段新论，倘若郭沫若地

安阳殷墟发掘工作伙伴与师友（名牌上有编号者为"十兄弟"长幼顺序编号）。本图根据中研院史语所印行之"殷墟发掘八十周年学术研讨会海报"制成。董敏制作。

下有知，亦不知同意否？

据说梁思永在去世前，向前来看望的考古所同人回顾自己一生事业时，最令他牵挂惦念的是殷墟侯家庄西北冈墓葬发掘报告的命运。这是梁思永在抗战前后最看重并亲自动手操作的一项工作。梁去世后，夏鼐在纪念文章中专门提及此事，并说："1941年我在李庄和他（梁）会面时，他正工作得非常起劲。他将全部的出土古物，都已摩挲过一遍，并写下要点。对于报告的内容组织，也已有了大致的轮廓。这报告的完成，似乎是指日可待了。不幸1942年初夏，他的肺结核病转剧，只好将这工作中途停止了。但是他仍念念不忘这件工作。"回忆至此，夏鼐笔锋一转，用哀婉的口气说道："抗战胜利后，他复员到北京，这批材料留在南京，解放的前夜又被劫往台湾去了。这部报告不能在梁先生手中完成，不仅是先生的不幸，也是中国考古学的不幸。"（《考古学家梁思永先生》）

此时的夏鼐没有想到，这批材料被运往台湾后，在他的老师李济的具体组织主持下，由当年参加殷墟发掘的中央研究院史语所考古学家高去寻在梁思永原稿的基础上加以辑补编写，并以《侯家庄》为总标题分册出版。

自 1962 年始，已出版 1001 号墓（1962 年）、1002 号墓（1963 年）、1217 号墓（1968 年）、1003 号墓（1970 年）、1004 号墓（1970 年）、1550 号墓（1970 年）、1500 号墓（1974 年）等多座大墓的发掘报告（按：每册报告重达十几公斤）。由于梁思永的原稿仅是一个提纲性质的未成品，在后来的编辑补写过程中，高去寻做了大量宏繁的工作，在许多地方是自己另起炉灶重新写就的，但为了纪念梁思永对此所付出的努力和做出的特殊贡献，《侯家庄》全稿仍用梁思永的名字发表。对此，报告的组织者和主持者李济在第一册序言中说道："关于这批资料的'取得'以及'保管'，实在不是一件容易的事。梁思永先生，中国的一位最杰出的考古学家，已经把他的全部生命贡献于这一件事了。他虽部分地完成了这一发掘工作，并将报告的底稿做了一个详细的布置，也写成了一大半，却不及见这报告的出版。现在——他的墓木已拱了罢！——我们才能把这一本报告印出来。我们希望由于这一本报告的问世，研究中国史的学者，对于这位考古学家的卓越贡献，得些真正了解。"（《侯家庄》序）

举世闻名的殷墟西北冈发掘成果，能在这样的时间以这样的特殊形式出版问世，倘梁思永地下有知，一定会为之庆幸的！

飞去的蝴蝶

就在梁思永去世一年差一天的时候，与其同庚的林徽因于北京医院病逝，时为 1955 年 4 月 1 日。

当抗战胜利，国民政府各机构准备复员之时，在李庄的梁、林夫妇实际主持的中国营造学社，由于经费来源断绝，面临着两种抉择：一是率领本部人马投奔复员后的清华大学这个学界重量级山头，于清华园设系建院，打拼出属于自己的一小块地盘，以便立稳脚跟，创造辉煌；二是将本部人马彻底与中博人马合并（按：此时为了饭碗问题，梁思成等人的编制配额已在中博名下），由梁思成出任中央博物院筹备处主任，统领全局，创造另一方天地。最后，梁、林还是选择了投奔清华大学。关于此事，李济后来在致费慰梅的信中曾有所提及。李说："二战结束后，我决定辞去中央博物院筹备处主任一职，当时我推荐思成来担任，他没有接受。杭立武继我之后接任此职。"

就当时的条件和个人感情而言，梁、林自然更倾向于清华，因为复员后的中博在南京，清华则在北平，而北平是二人留下青春和梦想的情感聚集之地，且整个家族成员多在北平。同时清华中有许多相濡以沫的铁杆朋友，如张奚若、钱端升、老金、陈岱孙、周培源等等。北平有令人难以忘怀的"太太的客厅"，而南京则阙如。正如林徽因于战后的昆明致她的好友费慰梅信中所言："我们是在远离故土，在一个因形势所迫而不得不住下来的地方相聚的。渴望回到我们曾度过一生中最快乐的时光的地方，就如同唐朝人思念长安、宋朝人思念汴京一样。"正是置于这样的考虑，梁思成早在抗战胜利前的 3 月 9 日，就致信梅贻琦，建议清华大学增设建筑学系，战后再成立建筑学院。梅贻琦接受了这一建议，并拟聘梁为建筑学系主任。当然，按梅的设想，战后的清华不只是增设建筑学系，还要增设考古人类学系、语言人类学系等多个系院，并欲将傅斯年从清华挖走的几员大将如陈寅恪、赵元任、李济，再加上清华出身的李方桂等重量级学术大师，全部招募到自己旗下，再展当年清华研究院的雄风。此举从 1946 年 3 月 1 日清华文学院院长冯友兰自昆明联大写给李济的信中可以看出。信中说道："兹谨将清华聘书寄上，乞将应聘书掷下为感。兄所任功课总以考古及人类学为限……清华习惯系主任职责最重。语言人类学系主任一职，将俟方桂、元任及兄诸公到后再为商定。"令梅、冯二人大为遗憾的是，这一计划最终未能实现，李方桂、赵元任一直留在美国未能回归，李济留在了南京中央研究院史语所，只有双目失明的陈寅恪一人辗转回到了他记忆中的清华故园。

抗战之胜利，尽管林徽因神情振奋，但由于八年离乱，长期遭受病痛与贫困的折磨，虽正值盛年却是形貌憔悴苍老，宛如风中残烛，最后的光焰即将熄灭。1945 年初秋，林徽因在李庄致信重庆的费慰梅谈到自己的病情："使我烦心的是比以前有些恶化，尤其是膀胱部位的剧痛，可能已经很严重。"就在此种病痛折磨中，林徽因赶在复员之前坚持写完了她酝酿已久的学术论文《现代住宅的参考》，并在《中国营造学社汇刊》第七卷第二期

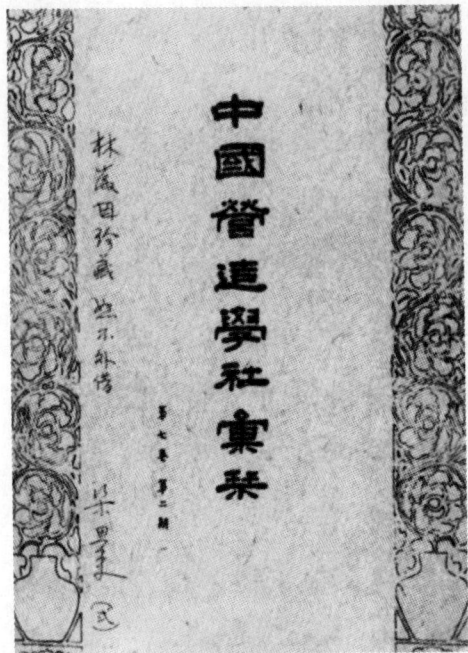

梁思成手抄石印、自己装订的《中国营造学社汇刊》第七卷第二期，上面有梁思成亲笔写的"林徽因珍藏，恕不外借"字样。

发表。同时作为这一期《汇刊》的主编，林徽因在撰写的"编辑后语"中指出："战后复原时期，房屋将为民生问题中重要问题之一。"这一极具前瞻性战略眼光的学术观点，很快得到了应验。

1945年11月初，在枯水期最后来临之际，林徽因在梁思成的陪同下，乘江轮来到重庆，住进上清寺聚兴村中央研究院招待所，准备检查身体和接受医疗。这是林徽因流亡李庄五年多来首次出行，自此便永远地离开了这个令她终生难忘的江边古镇。

林徽因来到重庆，受到了傅斯年等人的热情关照，在费慰梅的帮助下，梁思成请来了在重庆中国善后救济总署服务的著名美国胸外科医生里奥·艾娄塞尔（Leo Eloesser）为其做了检查。艾娄塞尔断定：林徽因的两片肺和一个肾都已感染，在几年内，最多五年，就会走到生命的尽头。

就在这个期间，外界传出林徽因病故的消息。于沦陷的上海蛰住的作家李健吾得知这一凶讯，在《文汇报》发表了《咀华记余·无题》一文，表达了对林徽因与另外三位女性作家的思念。文中说："在现代中国妇女里面，有四个人曾经以她们的作品令我心折。我不想把她们看作流行的'女作家'，因为侮辱她们，等于伤害我的敬意。"这四位作家，"一位是从旧礼教中出来的丁玲，绮丽的命运挽着她的热情永远在向前跑；一位是温文尔雅的凌叔华，像传教士一样宝爱她的女儿，像传教士一样说故事给女儿听；一位是时时刻刻被才情出卖的林徽因，好像一切有历史性的多才多艺的佳人，薄命把她的热情打入冷宫；最后一位最可怜，好像一个嫩芽，希望长成一棵大树，但是虫咬了根，一直就在挣扎之中过活，我说的是已经证实死了的萧红"。又说："但是，我前面举出的四位作家，死的死（据说林徽因和萧红一样死于肺痨），活的活……林徽因的聪明和高傲隔绝了她和一般人的距离。"

　　就在这篇文章发表不久，李健吾确切地得知了林徽因尚活在人间的消息，惊喜之余又写了一篇题为《林徽因》的文章，表达他的感佩敬意之情。文中说："足足有一个春天，我逢人就打听林徽因女士的消息。人家说她害肺病，死在重庆一家小旅馆，境况似乎很坏。我甚至于问到陌生人。人家笑我糊涂。最后，天仿佛有意安慰我这个远人，朋友忽然来信，说到她的近况，原来她生病是真的，去世却是误传了。一颗沉重的爱心算落下了一半。"当李健吾发表此文时，已转入战后美国驻华使馆新闻处工作的费正清夫妇，表示邀请林徽因到美国长住和治病，林却以"我要和我的祖国一起受苦"为由婉言拒绝了。

　　1946年2月15日，林徽因乘飞机赴昆明休养，与她日夜思念的清华老朋友张奚若、钱端升、老金等人相会于张奚若家中，其"他乡遇故知"的喜悦心情，正如林徽因在致费慰梅的信中所言："在这个多事之秋的突然相聚，又使大家满怀感激和兴奋。直到此时我才明白，当那些缺少旅行工具的唐宋时代诗人们在遭贬谪的路上，突然在什么小客栈或小船中或某处由和尚款待的庙里和朋友不期而遇时的那种欢乐，他们又会怎样地在长谈中推心置腹！"又说："我们的时代也许和他们不同，可这次相聚却很相似。我们都老了，都有过贫病交加的经历，忍受漫长的战争和音信的隔

1947年，病中的林徽因再访昆明

绝，现在又面对着伟大的民族奋起和艰难的未来………我们的身体受到严重损伤，但我们的信念如故。"

在林徽因赴昆明的日子里，梁思成回到李庄继续做复员准备工作，并为他的英文本《图像中国建筑史》做最后的撰写，这部著作终于赶在复员前全部完成。梁思成在这部煌煌大著的"前言"中满含深情地写道："最后，我要感谢我的妻子、同事和旧日的同窗林徽因。二十多年来，她在我们共同的事业中不懈地贡献着力量。从在大学建筑系求学的时代起，我们就互相为对方'干苦力活'。以后，在大部分的实际调查中，她又与我作伴，有过许多重要的发现，并对众多的建筑物进行过实测和草绘。近年来，她虽然罹患重病，却仍葆其天赋的机敏与坚毅。在战争时期的艰难日子里，营造学社的学术精神和士气得以维持，主要应归功于她。没有她的合作与启迪，无论是本书的撰写，还是我对中国建筑的任何一项研究工作，都是不可能成功的。"这是一个丈夫对妻子的赞誉，更是一位独立的学者对另一位学者、同事的挚诚感念。

令梁思成没有想到的是，这部倾尽了他们夫妇与中国营造学社同人无数心血的经典之作，却一度在国外失落近40年，幸亏得到费慰梅的多方帮助与查找，历经曲折，才使这一"国之重典"失而复得，并于1984年由美国麻省理工学院出版社出版。此著出版后，引起了世界建筑学界与建筑史学界的广泛瞩目与重视，当年即获全美优秀图书奖。

这年7月初，林徽因、梁思成分别自昆明与李庄聚会重庆，并拜访在此办理复员事宜的梅贻琦，对复员后的工作计划进行了多次详谈。梅贻琦在7月3日的日记中有"思成偕徽音来谈颇久，十点余别去"的记述；7月4日又载曰："午饭约思成夫妇及其子女及龙荪在一川馆便饭，用七千余元，实不费也。饭后至珊瑚坝中航空公司过磅检查行李。归途遇叶楷兄，购小西瓜二斤余，七百余元，实并不佳，聊以去暑耳。"（按：从记载看，梅与梁、林夫妇等人用餐费，等于二十斤西瓜之价。）席间，对复员后的清华及筹备建筑学系的问题再次进行了讨论，梅贻琦对梁、林夫妇寄予了厚望。

7月31日，在焦急地等了近一个月后，梁、林夫妇与金岳霖等清华教授，自重庆乘西南联大包租的专机飞抵北平，回到了离别九年的故园。

梁家居住的新林院

回到北平的梁氏夫妇与老金等人暂住在宣武门内国会街西南联大复员教职员工接待处。重返北平，难免有一种"国破山河在，城春草木深"之感慨。遥想九年前的北平，差不多就在同样的时刻，随着国民党军队溃退的何基沣将军，面对沦陷的北平和紧随不舍的青年学生们喊出了："北平……我们还要回来的！"豪迈誓言。想不到当真的回来时，恍惚已是九年的时光。面对熟悉又陌生的古城旧地，激动中蕴含着辛酸的泪水，可谓百感交集。正如梁从诫所说："母亲爱北平。她最美好的青春年华都是在这里度过的。她早年的诗歌、文学作品和学术文章，无一不同北平血肉相关。九年的颠沛生活，吞噬了她的青春和健康。如今，她回来了，像个残废人似的贪婪地要重访每一处故地，渴望再次串起记忆里那断了线的珍珠。然而，日寇多年的蹂躏，北平也残破苍老了，虽然古老的城墙下仍是那护城河，蓝天上依旧有白鸽掠过，但母亲知道，生活之水不会倒流，十年前的北平同十年前的自己一样，已经一去不复返了。"

不久，梁思成一家搬入清华大学教授宿舍新林院八号，梁思成正式出任清华大学营建系（后改为土木建筑系）主任，林徽因以特邀教授的身份参加创办新系的工作（按：梁再冰称林徽因为清华建筑系一级教授，有误。根据清华原有的夫妇二人不能同时在清华任教的规定，林始终是以特邀的身份担任教授工作的，未有正式名分）。原中国营造学社的人员除王世襄转入故宫博物院外，刘致平、莫宗江、罗哲文，连同梁思成原来的学生吴良镛等一干人马，全部投奔到以梁思成为掌门人的清华营建系门下任教。一个全新的格局在美丽的水木清华形成，中国营造学社就此成为历史。也就

1949 年梁再冰参军前和父母在清华新林院八号门前合影

在这一年，从李庄宪群中学穿着草鞋走出来的梁再冰考入北京大学西方语言文学系就读。

1947 年 3 月，费慰梅欲返国就职，在离开中国前，专程从南京飞北平与林徽因、金岳霖等朋友话别。此一别标志着林徽因与对方的永诀。同年冬，结核菌侵入林徽因的一个肾体内，必须手术切除。林氏带着渺茫的希望入住医院，并留下遗书样的书信致费慰梅，内有"再见，亲爱的慰梅！"等告别的伤感之语。所幸手术取得了成功，林徽因又从死神的魔掌中挣脱出来。但整个健康状况却进一步恶化，伤口几个月才勉强愈合。

1948 年 12 月 13 日，解放军进驻清华园，进逼北平城。整个平郊炮声隆隆，硝烟弥漫，北平古城危在旦夕。忧心忡忡的梁思成每天站在校门口向南眺望，倾听着远处阵阵炮声。一边来回转圈，一边自言自语地道："这下子完了，全都完了！"

出乎意料的是，不久，几位头戴大皮帽子的解放军代表由张奚若陪同来到梁家，请梁思成、林徽因在军用北平地图上标明需要保护的古建筑与文物存放所在地点，以便在攻城中加以保护。尽管梁思成意识到可能是当年自己在重庆给盟军制作轰炸日本本土文物保护图时，送给周恩来的一份复件起了启示作用，但他面对解放军领导亲自上门请教的做法，依然深为感动。

正是怀着这种理想与对中共的点滴了解，梁思成、林徽因夫妇没有出走国外或台湾，自愿留在了清华园并在历史的转折点上，揭开了人生新的一页。

　　1950年，与梁再冰一同从李庄穿着草鞋走出来的梁从诫考入清华大学历史系就读。四年前，梁再冰最初报考的是清华大学，未被录取。时林徽因曾疑清华判分有误，当通过有关人员调看女儿的试卷后，认可无误，遂让梁再冰改投北大。当梁从诫投考时，先报清华建筑系，结果因两分之差未被录取。梁从诫后来说，由于自己考建筑系落榜，让父母感到很丢人，不得已而改为录取分数稍低的历史系。对于再冰与从诫报考事，后世许多人表示不可理喻，认为凭梁思成夫妇的地位和权力，遂两个孩子的心愿并不是一件难办的事，但梁思成夫妇没有这样做。于是有文章赞称梁、林夫妇人格特别不得了，思想特别高尚云云。梁氏夫妇的人格与思想高尚是当然的，但就当时的情形而言，清华乃至整个教育界的风气尚属清廉，还没有太大的歪风邪气，教授们的思想差不多都是这个样子，特殊的例子倒是少见。在与梁、林同时代的教授们看来，如果自己的孩子不能录取而托关系找门子，甚至不惜把别的考生挤掉而霸王硬上弓，强行塞将进去，这样的霸道做法才是不可思议的。

　　新中国成立后，林徽因除了继续清华的教学工作，还出任北京市都市计划委员会委员、人民英雄纪念碑建筑委员会委员等职。同时当选为北京市第一届人民代表大会代表、全国文代会代表等等。按林徽因的说法，从这时起，她才真正以林徽因自己，而不是以"梁太太"的世俗身份投身于新的政权和新的社会改造、建设之中。

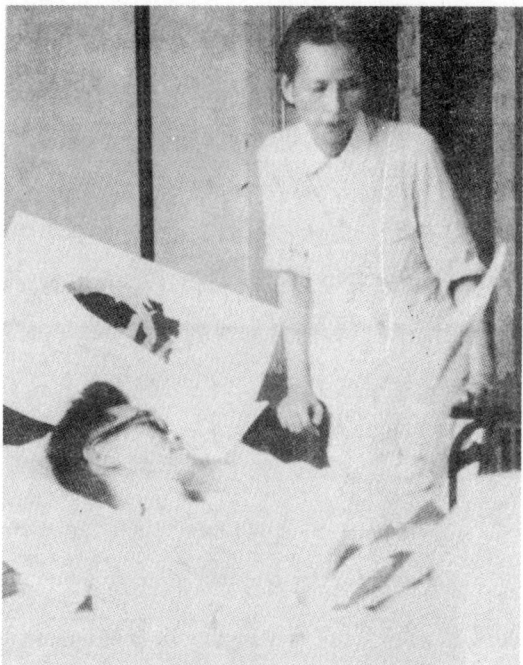

林徽因与病中的梁思成讨论国徽设计方案

1953 年林徽因为人民英雄纪念碑设计的雕刻装饰

在此期间，林徽因颇为自豪地与梁思成等清华同人共同参与了新中国国徽与人民英雄纪念碑的设计，并具体担任了纪念碑碑座纹饰和花圈浮雕的设计任务。据说，当毛泽东主席在政协全国一届二次会议上宣布清华大学设计的国徽图案获得通过时，坐在台下的林徽因激动得流下了热泪。

1950 年 5 月，梁思成、林徽因夫妇被邀参加北京旧城改造讨论会，梁、林提出保护北京古城墙，并在城墙上辟建城墙公园的设想，但未被采纳。

1952 年 8 月，北京市召开各界人民代表会议，专门讨论拆除长安左门、长安右门事宜。林徽因在会议发言中强烈反对拆除左右二门，并慷慨陈词："如果说北京从明代遗留下来的城墙妨碍交通，多开几个城门不就解决了？"林的意见得到了部分与会者的赞同，但会议的主持者按上层的意旨，私下做代表们的政治思想工作。在当时政治挂帅的情形下，会议最终置梁、林等人的意见于不顾，在"掌声雷动"中通过了全拆、快拆的方案。

据陈从周回忆，1953 年夏，梁、林夫妇在清华园招待他与刘敦桢二人，林徽因身体已不太健康，但还是自己下厨房，亲制菜肴招待客人，谈笑风生，没有因病而少逊态。次日晚，文化部副部长兼文物局长郑振铎，以官员的名义请陈、刘二人连同梁、林夫妇在欧美同学会聚餐。与会者还有北京市的几名官员，当时已离开清华教授职位，出任北京市副市长的吴

晗亦在座，可谓谈笑有鸿儒，往来无白丁。陈从周说道："那晚主要是谈文
物保护工作。当然无可否认的，因为建国之初，急于基本建设，损坏了一
些文物与古建，正如席间郑振铎同志呼吁的那样，推土机一开动，我们祖
宗遗留下来的文化遗物，就此寿终正寝了。林先生的感情更是冲动了，她
指着吴晗同志的鼻子，大声谴责，虽然那时她肺病已重，喉音失嗓，然而
在她的神情与言辞中，真是饱含了句句深情。"（《林徽因集》序）据当时在
场者的补充回忆，林徽因指着分管文教工作的吴晗的鼻子指责的话是："你
们把真古董拆了，将来要后悔的。即使再把它恢复起来，充其量也只是假
古董。"当时的吴晗并没有太把林的指责当回事儿，即使当回事儿也阻挡不
住当权者既定的思维模式，以及拆掉一个旧世界的铁腕旨令。几十年后，
当被拆掉的北京城内一个个假古董，又雨后春笋般冒出来时，人们才真切
地感知林徽因当年的那杜鹃啼血般的焦虑急迫之情与对民族文化传统的拳
拳爱恋之心。

　　1954年秋，林徽因病情开始急剧恶化，完全丧失了工作能力。是年

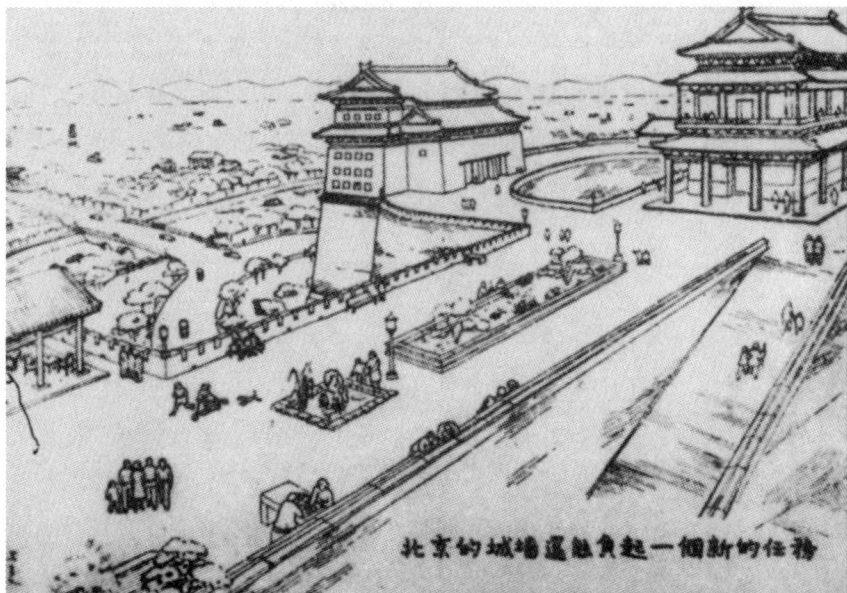

梁思成设想的北京城墙公园风貌。梁氏认为北京的城墙可以变成城墙公园，城楼可以变成
一个个博物馆。现在只有德胜门城楼变成了博物馆。

底，病危，入住北京同
仁医院抢救。1955 年 1
月，梁思成积劳成疾，
入住同仁医院林徽因隔
壁病房治疗，与林徽因
成了病友。待梁的病情
稍有好转，每天到妻子
房中探视、陪伴，但此
时的林徽因已衰弱得难
以说话，最后拒绝吃药
救治。

拆除北京城正阳门瓮城时情形

　　1955 年 3 月 31 日夜，林徽因进入了弥留之际，梁思成从隔壁病房来到
她的床前，此时的林徽因脸上已没有一点血色。看到妻子痛苦挣扎的神情，
梁思成放声痛哭，喃喃自语道："受罪呀，徽，受罪呀，你真受罪呀……"

　　夜深之后，梁思成回到自己的病房休息。未久，林徽因自知不久于人
世，用微弱的声音告诉护士，她要见梁思成最后一面并有话要说。蛮横的
护士以"夜深了，有话明天再说"为由予以拒绝。但此时的林徽因已没有
气力等到天亮了，最后一个心愿竟未能实现。4 月 1 日清晨 6 时 20 分，林
徽因撒手人寰，终年 51 岁。她在生命的最后一刻，究竟要对夫君梁思成说
些什么，随着林徽因的去世而成为一个不解之谜。

　　林徽因去世后入葬八宝山革命烈士公墓，人民英雄纪念碑建筑委员会
决定，把林徽因亲手设计的一方富于民族风格的花圈与飘带的汉白玉刻样
移做她的墓碑，碑上镌刻着"建筑师林徽因之墓"字样。按照梁、林夫妇
此前约定的"后死者为对方设计墓体"的承诺，梁思成亲自为妻子设计了
墓体——一个美丽的诗人与建筑学家就此长眠。

　　悼唁仪式上，众多亲朋故旧、好友学生送来了花圈挽联，最醒目的当
是林徽因生前的挚友金岳霖、邓以蛰联名撰献的挽联："一身诗意千寻瀑，
万古人间四月天。"

　　一身诗意的林徽因在春意盎然的四月随风飘逝，她美丽的心灵与旷世

才情将循着瀑布的飞腾撒向人间大地。她为中国文学与建筑史学留下的不朽佳作名篇，将作为一个时代的典范永垂后世。当年，曾被英国首相丘吉尔艳羡地称为"上帝的杰作"的费雯丽（Vivien Leigh，1913—1967 年），于 1940 年凭借《乱世佳人》一片荣获奥斯卡最佳女演员大奖时，评委宣读的获奖理由与贺词是："她有如此的美貌，根本不必有如此的演技；她有如此的演技，根本不必有如此的美貌。"这是一个寓言，也是一句谶语。这位天蝎座的巨星为电影《乱世佳人》所付出的是她永远无法重新得到的——拍摄影片所需要的红色尘土令她染上了肺结核而不得不入院治疗。这一年，身在远东大陆的林徽因刚刚流亡到李庄，并因肺结核复发卧床不起。比林徽因小九岁的费雯丽是宿命的天蝎、易陨的蝴蝶，所有的敏感与投入只能让她光洁的皮肤与健康状况一次次在悲惨的角色塑造中消损：《魂断蓝桥》中的玛拉因为爱而死在车轮下，《汉密尔顿夫人》中的埃玛因为尊严而失去了一切，《欲望号街车》中的布兰奇最后被强行送往精神病院……这些角色让她用自己的肉身承载了太多别人的不幸，每一次完美的演出背后都是身心俱疲的煎熬，当天蝎座的苦难开始浮现在她的生活中的时候，蝴蝶的美丽也开始褪去往昔的神采。费雯丽羸弱的身躯愈发不胜这种忘我的摧残，终于使她在度过 53 个春秋又 8 个月的浪漫与孤寂的人生之后，因肺结核复发而香消玉殒。此时的林徽因在抗战八年的颠沛流离，经历了国恨家难、贫病愁苦的惨痛煎熬后，这位遍体鳞伤的人间精灵最终化作一缕淡淡的彩虹在西天消失。著名诗人何尚说："造物主赋予林徽因惊艳的美貌，就不必再赐给她绝世才情；而赐予她绝世才情，就无须再给她光辉灿烂的凄艳之美。

林徽因墓。墓体由梁思成设计，墓碑是由林徽因本人为人民英雄纪念碑设计的花圈刻样。

既然两者兼而有之，则必假上帝之手设法令其不寿。"天耶？命耶？

大道无形，大音希声。林徽因的仙逝，或许是仁慈的上帝对这位下凡人间的天使特有的爱恋与惠顾，以免其洁白真诚的身心遭受侮辱与蹂躏。假如她再活下去，那就不是只被砸毁一块墓碑的侮辱了（按：林氏墓碑在"文革"中被清华红卫兵砸毁），很可能导致被抛骨扬灰的下场。林徽因的早逝，是上帝的爱抚，是她不幸之中的大幸。至于她的家人与好友仍在世间的大风雨中摸爬滚打，直至惨遭不幸，则是天国里的她所无法顾及的了。

最后的大师

事实上，随着林徽因的匆匆离去，在政治夹缝中苟延残喘的梁思成，其悲剧性命运就已经注定了。

自1955年始，在全国范围内陆续展开了对"以梁思成为代表的资产阶级唯美主义的复古主义建筑思想"的批判。1956年1月，作为全国政协特邀代表、北京市政协副主席的梁思成，被迫在全国政协大会上做公开检查，承认建筑界的"复古主义"、"形式主义"等设计理念与中央领导高层的思想发生偏差错位，自己有不可推卸的责任甚至罪过。同时表示要向党靠拢，接受党的教育、监督、批评，"以今日之我宣判昨日之我"云云。

同年2月6日，梁思成借出席全国政协二届二次会议的契机，"怀着激动的心情"给毛泽东写信，强烈要求加入中国共产党，并托周恩来转呈毛。据说，周在接信的当天，即在国务院一张便笺上用毛笔批示道："梁思成要求入党的信，即送主席阅。"毛读信后，于2月24日做出批示："刘、彭真阅，我觉得可以吸收梁思成入党。交北京市委酌处。"刘少奇圈阅后，北京市委第一书记彭真也理所当然地做了口气相同的批示。等内部申报的一圈繁琐程序批转下来，倏忽间已是三年。于是，梁思成终于在1959年1月梦想成真，"光荣地加入了中国共产党"（林洙语）。

加入共产党的梁思成倍感荣幸，自此干劲大增，风头强健。可惜好景不长，"史无前例的文化大革命"开始了，这一中共中央高层组织发起的

"革命"，竟把戴着共产党员保险帽的梁思成的性命给三下五除二地"革"掉了。

　　"文革"开始后，梁思成被"造反派"打成与彭真一伙的"反党分子、混进党内的大右派、反动学术权威"而受到批斗（按：彭此时已被打倒，成了"不齿于人类的狗屎堆"）。据林洙回忆："我最怕的事终于发生了。那天我正在系馆门口看大字

梁思成（右二）在20世纪50年代与周恩来交谈

报，突然一个人从系馆里被人推了出来，胸前挂着一块巨大的黑牌子，上面用白字写着'反动学术权威梁思成'，还在'梁思成'三个字上打了一个'×'。系馆门口的人群'轰'的一声笑开了。他弯着腰踉跄了几步，几乎跌倒，又吃力地往前走去。我转过脸来，一瞬间正与他的目光相遇。天啊！我无法形容我爱的这位正直的学者所表现出来的那种强烈的屈辱与羞愧的神情。……那一天回到家里，我们彼此几乎不敢交谈，为的是怕碰到对方的痛处。从此他一出门就必须挂上这块黑牌子。看着他蹒跚而行的身影，接连好几天我脑子里一直在重复着一句话：'被侮辱与被伤害的。'"（按：1962年梁思成与清华大学建筑系资料室资料员林洙结婚，其话载《困惑的大匠》。）

　　1966年8月，戴红袖章的红卫兵"造反派"以"破四旧"（按：破除旧思想、旧文化、旧风俗、旧习惯）的名义，开始在校园内外干起了打砸抢的勾当。清华园中的梁家时刻担心遭到洗劫，但这一天还是到来了。大约9月中旬，一个凉风突起的夜晚，一群"红卫兵革命闯将"用铁榔头砸开了梁家的院门，气势汹汹地冲了进来，为首的头目高声叫喊着让梁思成全家站在一个地方，然后冲进屋内翻箱倒柜地搜查起来。半个小时后，见没

有找到心中渴望的值得卖钱的文物和存款，一个头目模样的红卫兵垂头丧气地把在厨房摆放的西餐具中的全套刀叉收到一起（大小共 36 件），尔后一把将站在门口惶恐不安的梁思成拽过来，声色俱厉地质问道："家里藏这么多刀子干什么，是不是想谋反暴动，搞反革命政变？"站在一旁的林洙刚要开口辩解，"啪"地一声挨了一记耳光，林大感委屈又不敢抗争，双手捂脸抽泣起来。正在这时，突然从老太太（按：林徽因之母，一直随梁思成一家生活）的房间里哇哇乱叫着冲出两位"闯将"，手里摇晃着一把寒光闪耀的短剑，大声嚷道："蒋介石，蒋介石，我们发现了蒋帮特务的罪证。"众人大哗，纷纷拥上前去观看，只见短剑上镌刻着"蒋中正赠"四个字。梁氏一家老小见状大惊失色，梁思成刚要上前解释，就被一顿乱拳打倒在地，抽泣中的林洙冲上前欲救梁，被几脚踹翻，倒地不起。红卫兵头目学着伟人的样子，趁势把手往空中一挥，牙缝里蹦出一个重重的"走"字，一行人携剑带刀（具），另抱着一堆搜查的东西，战果辉煌般"轰"地拥了出去。老太太见短剑被人掠走，"呜呜"地放声大哭起来。

事后林洙才知，这把短剑是老太太的儿子林恒当年于空军航空学校毕业时，校方以"名誉校长"蒋介石的名义颁发的用于礼服上的佩剑，当时

梁思成主持设计的人民英雄纪念碑的北立面（左）和南立面

凡蒋介石担任校长或名誉校长的军事院校，学员在毕业时都可得到一把精制的镌刻"蒋中正赠"的佩剑。在当时的军人看来，这把佩剑象征着身份与荣耀，当然还有保家卫国、抵御外侮的天职。1940 年底，林恒在成都阵亡后，梁思成前往处理后事并把他的遗物带回李庄，先是藏起来未作声张，当老太太终于得知这一噩耗后，便把部分遗物包括这把佩剑交给林的母亲保存。林母在哀痛中把遗物包裹在一个黑色包袱里并放进一个木箱的箱底，以作永久珍藏。这把短剑随梁家越过千山万水，终于在北京安顿下来。事隔多年，当梁家老少已经逐渐遗忘的时候，短剑又横空出世，大祸随之降临。

从梁思成家"抄出蒋介石亲自赠送的宝剑"的消息很快在清华园传开，立即引起了各种政治派系的高度关注，梁思成遂以"国民党潜伏特务"的罪名，被革命造反派从家中揪出门外，关到清华建筑系一个场馆内，与外界隔离起来，以防"与国民党内外勾结，助蒋帮窜返大陆"。此时的清华园早已笼罩在极度恐怖之中，造反派在全校展开大搜捕，大批教授被抓，开始在皮带与棍棒的交织爆响中接受残酷的折磨，几乎每个星期甚至每一天都有自杀和被杀的消息传出，整个清华园浸染在人哭鬼叫的哀嚎之中，梁思成就在这阵阵哀嚎声中遭受着日甚一日的残酷蹂躏与折磨。

当年林徽因在《哭三弟恒》中写下的悲愤诗句："而万千国人像早已忘掉，你死是为了谁！"此语在历史的回声中再次得到了印证。假如林恒地下有知，他一定会为当年的举动痛苦地反思并自问：我的死到底是为了谁？

1968 年 11 月，梁思成在遭受长期的折磨、摧残下，心力衰竭，呼吸短促，生命垂危，急需入院救治。在周恩来的亲自过问下，梁被造反派放出，送进北京医院抢救。当病情稍微稳定后，又被接回清华园继续接受造反派的批斗。此时的梁思成身体已虚弱得不能站立和走动，经学校革委会正、副主任特批，每次召开"批斗会"，学校便派人把梁思成从家中抬出来，放在"一辆全清华最破的手推车上，让他坐在上面，像耍猴似的推到会场"接受批斗。斗完后，再用小推车推回家中。而每次回家，梁思成都像死人一样长时间缓不过气来。经过日复一日的折腾，梁思成已被斗得奄奄一息，不得不再次入院治疗。但按清华革委会的规定，在治疗期间必须继续写检

1949 年林徽因（前中）送梁再冰（前左）参军前与张奚若之子女张文朴（前右）、张文英（后中）、金岳霖（后右一）、沈铭谦（后右二）、梁思成（后右四）、林徽因之母于北京合影。

查，交代自己对国家和人民犯下的"滔天罪行"。此时的梁思成已无力握笔，只得由夫人林洙代劳，但往往又被以"假检查，真反扑"一次次退回重写。在如此反复的折磨残害中，梁思成终于走到了生命的尽头，他于绝望中对悲恸的家人长叹道："抗战八年，我跋山涉水，先长沙，后昆明，再李庄。面对饥饿与疾病的折磨，我是过关斩将，终于迎来了胜利之日。现在看来，我是过不了'文革'这一关了！"

梁思成不幸而言中，1972 年 1 月 9 日黎明，一代建筑学宗师溘然长逝。

就在梁思成生命垂危的日子，与其相交相知而终生不移的金岳霖，却因政治关系而不能前去探望。1972 年 4 月 30 日，已是 78 岁高龄的老金，对专程从河南省息县"五七干校"来看他的学生刘培育抱怨道："文化大革命使我不敢跟老朋友来往了，我至今还没有解放……"言谈中透着一股无法言状的怨愤与无奈。

自梁思成、林徽因与老金等从重庆返回北平后，双方在清华园共同开始了新的生活。1949 年 9 月，随着国民党军队退却与解放军节节胜利，未受共产党高层喜欢的原清华哲学系主任冯友兰知趣地提出辞职。根据吴晗等人的意见，由与共产党交情尚好的金岳霖继任清华哲学系主任。几个月后，老金官运亨通，又被任命为清华文学院长兼校务委员会委员，并有幸参加了《毛泽东选集》一卷的英文版翻译定稿工作。

1952 年院系调整，全国六所大学（即北京大学、清华大学、燕京大学、南京大学、武汉大学、中山大学）的哲学系合并为北京大学哲学系，老金调任北大哲学系主任。1953 年 3 月 5 日，声震寰宇的斯大林撒手归天，毛泽东前往苏联驻中国大使馆吊唁。3 月 9 日，毛泽东发表了《最伟大的友谊》一文，以此悼念斯大林。老金觉得无产阶级最重要的领袖去世了，思想上"开始有保卫党的要求"。是年，经朱伯崑、任继愈串通说和，老金加入了中国民主同盟，后曾任民盟中央常委等要职。

据老金说："解放初，张奚若忙得不可开交，梁（思成）林（徽因）参加国徽设计工作也忙得不亦乐乎。我好像是局外人。有一次在怀仁堂见到毛主席，他对我说：'你搞的那一套还是有用的。'这我可放心了，我也就跟着大伙前进了。"（《清华校友通讯》复刊第 5 期）

金岳霖在清华的故居，现为胜因院 36 号（作者摄）

老金的心一放下，不是跟着"大伙前进"，而是后来者居上，冲锋在前，健步如飞，很快超越了梁思成、林徽因等"大伙"，差一点到了"可向九天揽月"的程度。

据当时北大哲学系学生羊涤生等人回忆：当年老金已年近花甲，视力衰退，精力大不如前。但"在这段时期里，金老担负繁重的行政、教学科研工作，又要孜孜不倦学习马列主义，还要以他切身经历教育同学，与同事促膝谈心，互相帮助，共同进步。金老不服年老，始终保持着高昂的革命激情。因为金老已下定决心，终身献给党的教育事业。金老的一次发言是我们永远难忘的，他紧捏着拳头，捶着桌子，铿锵有力地说：'我决心在党和毛主席的领导下，做一个真正的人民教师！'语言刚劲有力，激情奔放，它打动了在座的师生，大家含着热泪迎上去表示欢迎，这时金老早已热泪盈眶"（刘培育主编《金岳霖的回忆与回忆金岳霖》）。

1955年春，老金奉调到中国科学院哲学研究所筹备会，9月被任命为中国科学院哲学研究所副所长兼逻辑研究组组长。老金晚年在回忆从清华到哲学所这段生活时曾说："解放后调整到北大。周培源先生说要我做北大的哲学系主任。我说我不干，还说艾思奇摆在那里，不去找他，反而来找我。周培源说：'要你做，你就得做。'我就做起系主任来了。不久就有人当面大骂我一顿。这样的事，在旧社会不是开除他，就是我辞职。在新社会怎么办呢？不知道。结果他不走，我也不辞。事也办不了，更谈不上办好办坏。"又说："到了哲学所，另一副所长张镈说我应该坐办公室办公。我不知'公'是如何办的，可是办公室我总可以坐。我恭而敬之地坐在办公室，坐了整个上午，而'公'不来，根本没有人找我。我只是浪费了一个早晨而已。这以后没有多久，哲学所的同志做出决议，解除我的行政职务，封我为一级研究员。显然，他们也发现我不能办事。如果我是一个知识分子的话，我这个知识分子确实不能办事。"

据查，老金所说的解除职务一事是他的糊涂或者误会，当时的哲学所没有，也无权解除老金的行政职务，只是决定老金不必每天到所坐办公室办"公"了。

此前，林徽因去世给老金很大打击，一度悲伤落泪而不能自制。许多年后，他的一位学生周礼全还记得自己看到的一幕。1955年4月初，周礼全到北大哲学楼办事，顺便到系主任办公室看望老师。当时屋内有几位老师在交谈问题，老金一见周进来就说："礼全，你等一等，我有事同你谈。"约一小时后，其他人陆续走了，老金起身把门关上，周礼全问有什么事？老金先不说话，后来突然说："林徽因走了！"言毕，就嚎啕大哭起来。只见老金两支胳膊靠在办公桌上，头埋在胳膊中间，哭得极其沉痛、悲哀、天真。周礼全静静地站在他身旁，不知说什么好。过了一会儿，老金慢慢停止哭泣，抬头擦干眼泪，静静地坐在椅子上，目光呆滞，一言不发。周礼全陪在身边默默坐着，待老金心情稍微平静一点，才伴送他回到了燕东园居处。当晚，放心不下的周礼全又约了早年毕业于清华哲学系的王宪钧一起到燕东园看望老金。这时老金已恢复了平日那种潇洒轻松的风度，只谈了几句林徽因病逝的情况，便把话题转移到逻辑课程的改革问题上。

　　1956 年 6 月 10 日，老金在北京饭店请客。老朋友接到通知后都纳闷，不知是为什么要请客。待人到齐后，老金突然起身宣布："今天是徽因的生日。"来者无不惊诧，并为老金的一片痴心真情所感动。

　　尽管老金心中一直思念着林徽因，但在感情的大海中有时也翻起点异样的涟漪，投下另一种影子。据与金岳霖相识的中共党员、民盟中央副主席李文宜于 1993 年回忆，20 世纪 60 年代后期，老金作为民盟中央常委，经常参加民盟组织的学习活动。在学习期间与同组的名记者浦熙修过从甚密（浦氏新中国成立前与袁子英结婚并生有一对儿女，后离异，再与政界名人罗隆基相恋未果。新中国成立后曾任上海《文汇报》副总编辑兼该报驻北京办事处主任，并被选为民盟候补中央委员、全国政协委员。1957 年划为右派，1959 年任全国政协文史资料办公室副主任，1970 年 4 月 23 日病逝，终年 60 岁）。金常约浦到自己家中用餐，因为金家有一位高手厨师做得一手好菜，无论中西餐都让金老满意，也得到浦熙修的赏识。不久，

他们便相爱了，并准备结婚。不巧的是，此时老金因病住院，浦熙修也确诊患了癌症。当时正在批判彭德怀的右倾机会主义（浦熙修的三妹浦安修是彭德怀夫人）。同时得知浦熙修的女儿恰好又是彭德怀爱侄的未婚妻。在当时的历史条件下，李文宜考虑到这两代人的婚姻可能为政治问题所牵

1963 年，金岳霖摄于北京寓所前

连，并且老金是党员，又很单纯，不一定了解这些情况的复杂性。于是，李在去医院探望金时，婉转地劝他"不要急于结婚，再考虑一下"云云，并将浦熙修的病情和她女儿与彭德怀侄子的关系告诉金。老金听后立刻严肃地说："这是件大事。"他出院后便去看望浦熙修，此时，由于病情发展很快，浦已卧床不起了。老金终于没有结婚。李说："这件事至今回想起来仍感到遗憾。"

李文宜没有明言她所遗憾的是自己不该向老金透露浦的政治瓜葛，还是暗含其他方面的内疚，但可以肯定的是，像李氏这样的马列主义老太太，是不会对当年与政治紧密相连的所作所为说半个"悔"字的。所谓的"遗憾"也只是一种言之无物的模糊概念，甚或只是随口一说罢了。

据可考的资料显示，老金申请加入中国共产党的具体日期是1956年9月29日，他在志愿书上写道："中华人民共和国成立后，人民确实站起来了。……在这样一个人口众多的大国里，我认为我们非有相当多的人无条件地服从党的领导、接受党的任务不可。我要求把自己投入到这个伟大的革命建设潮流中，因此，我申请入党。"同时，老金还写道，有几本马列的书对自己影响很大，如《实践论》、《唯物论与经验批判论》、斯大林的《辩证唯物主义和历史唯物主义》、《马克思主义和语言学问题》等等。

鉴于老金的思想境界已臻化境，12月11日，中国科学院党委批准其为中共预备党员。从此，老金"从民主、爱国主义，转变为共产主义，终于成为共产主义先锋战士"。

由一名自由知识分子一夜间变成"战士"的老金，深知自己脑海里还残存着当时仍在中山大学任教的陈寅恪所坚守不移的那种不合时宜的"独立之精神，自由之思想"。于是，下定决心要洗心革面重新做人，主动放弃青壮年时代立志研究的逻辑哲学，开始"如饥似渴地学习马列主义、毛泽东思想，认真解剖自己，以提高思想觉悟"。并与"旧的自己"和自己搞的那一套哲学体系毫无保留地、彻底地决裂。同时公开表示："学好马列主义、毛泽东思想，一年不行，用二年；二年不行，用五年；五年不行，用十年；十年不行，用二十年！"誓要做一个党指向哪里就打到哪里，刀山火海也敢闯的无产阶级先锋战士。（刘培育编《金岳霖年表》）

1956 年除夕，毛泽东请金岳霖、章士钊等几位儒生吃饭。毛对老金道："数理逻辑还是有用的，还要搞。希望你写个通俗小册子，我还要看。"据老金后来说，自这一次开始，至"文革"爆发前的十年间，毛主席一共请他吃过四次饭，还知道他是湖南人，并专门夹给他几只辣椒品尝云云。对于这四次吃饭，老金终生都念念不忘，即使到了晚年思维颓衰得过去的事都已忘却，对此事却牢记心怀。每向人说起，言情中总透着无比得意和自豪。或许，这是老金一生中最感荣光的事情吧。

和毛主席吃过饭的老金，立志改造思想与世界观的决心虽大，但又总摆脱不了旧知识分子的名士气与头脑中固有的思想观。新式的马列主义、毛泽东思想学了好长时间也没有学好。对此，晚年的老金深居简出，不再"捏着拳头、热泪盈眶"地热衷于政治风潮了。此事被毛主席闻知，在最后一次吃饭中，毛不再主动给老金夹辣椒了，并在席间有些不满地掷给老金一句话："你要接触接触社会。"此时已 70 多岁高龄的老金受到毛主席的当头一棒，大骇，立即意识到这可能是自己在祖国真正的心脏——中南海——最后的晚餐了。为了争取与毛主席共同吃上第五次饭，老金当场信誓旦旦地向毛主席表示要想方设法"接触社会"。

晕晕乎乎地回到家中，老金连续三天皆是"停杯投箸不能食，拔剑四顾心茫然"。在寂静的夜里，老金想着饭桌上伟人的不满与批评，如芒在背，辗转反侧不能入睡。按照自己一生所学强项——大逻辑、小逻辑及其他各种不同逻辑的推理论证，苦熬了三天三夜之后，终于谋划出了一个"接触社会"的对应方略。

第四日一大早，老金神情亢奋地走出家门，在胡同口找到一个三轮车夫，相约每天上午由三轮车夫拉老金到王府井大街转一圈儿。于是，三轮车夫按时来到老金的家门，老金则梳洗打扮，拄着拐杖走出来，颤颤悠悠地爬上平板三轮车。三轮车夫在车水马龙的路上紧蹬快踏，老金一手按拐杖，一手死死把住车夫屁股底下那个坐凳，以免中途被甩下来，像烧地瓜一样被众车轮辗得粉身碎骨。当一路有惊无险地到了熙熙攘攘、摩肩接踵的王府井大街后，三轮车夹在人群中像一只蛤蟆于稻田中游走穿行，老金则坐在蛤蟆背上，说不清像什么地两眼乱转、东张西望，认真"接触社会"。如此这般风雨无阻的两年下来，终于被好事者传到毛主席的耳中，毛泽东闻知后哈哈大笑，曰："我那不过是一句玩笑话，他竟放到了心上，也真是愚得可以。"

老金辗转探知这一评语后，认为毛主席对自己的所作所为，尽管没有太放在心上，但总体上是认可的，憋压在心中的苦闷有点消散，于是抖起精神，高呼着"仰天大笑出门去，尔辈不是蓬蒿人"的诗句，欲上车好好地展示一下"烈士暮年"的壮士风采，尽快与毛主席再共同吃上一餐摆着湖南辣子的饭菜。想不到一时兴奋过度，刚出大门就被一块顽石绊了一跤，此后再也爬不上那辆平板三轮车了——自然，苦盼了两年之久的那第五餐饭也黄了。

1974年春，也就是梁思成去世两年之后，已是80岁高龄的老金身体状况大不如前。梁从诫感念老金与梁家几代人的真挚友谊，不忍一位老人长期不能"接触社会"，也没有人同他一桌吃饭，身处寂寞孤独之中，于是携家搬到老金在东城干面胡同的处所共同起居。自此，老金又重新回到了当年"太太的客厅"时代，只是客厅的主人不是自己的挚友梁、林夫妇，而是年轻的小字辈了。在这个充满着友情挚爱的温馨家庭里，梁从诫一家一直视老金为亲人，并呼曰"金爸"，而老金也视梁从诫为儿子，无论生活中的大事小事都与梁从诫相商，特别对自己弄不清、道不明的"社会"中事，他总是以梁从诫所说为然。

1980年11月，老金因肺炎住进首都医院，此时他认为自己是高级干部，结果却弄了笑话。老金说："哲学所的领导小组曾解除我的行政工作，封我为一级研究员。我想一级研究员当然是高级干部。无论如何我认为我是高级干部。"又说："自进首都医院住院后，他们把我安排在一间前后都是玻璃通明透亮的大房间。我是怕光的，带眼罩子带了几十年的人住在那样一间房子真是苦事。要单间房，首都医院不能照办，据说是因为我不是高级干部。后来我住到邮电医院去了。病好出院我向梁从诫提及此事，他说我根本不是高级干部。我看他的话是有根据的。这样，我这个自以为是高级干部的人才知道我根本不是高级干部。"

不是高级干部而被迫离开首都医院的老金，自邮电医院出院后已不会走路了，只能长期卧床疗养。1982 年，老金觉得死神已在家门守候，即将魂归道山，于 3 月 7 日特给社科院哲学所党组写信，谓："我可能很快结束。我要借此机会感谢党、感谢毛泽东同志、感谢全国劳动人民把中

1983 年夏金岳霖在寓所

国救了。瓜分问题完全解决了。四个现代化问题也一定会解决。"又说："我死之后，请在我的存款中提出三千元献给党。请勿开追悼会，骨灰请让清风吹走。"

1984 年 10 月 19 日，老金在北京寓所逝世。

10 月 23 日，《人民日报》发表消息："著名哲学家、逻辑学家、中国人民政治协商会议全国委员会委员、中国科学院前哲学社会科学部委员、中国社会科学院哲学所副所长、中国共产党优秀党员金岳霖，因病医治无效，于 10 月 19 日下午 3 时 35 分在北京逝世，终年八十九岁。"

至此，梁思成、林徽因以及他们同时代的大师们，在经历了九九八十一难之后，全部凋零花落，随风而逝。老金作为在黄昏中风雨飘摇的最后一盏灯影，悄然寂灭。

主要参考书目

1. 欧阳哲生主编《傅斯年全集》第一至七卷，长沙：湖南教育出版社，2003

2. 聊城师范学院历史系等编《傅斯年》，济南：山东人民出版社，1991

3. 岳玉玺、李泉、马亮宽《傅斯年——大气磅礴的一代学人》，天津：天津人民出版社，1994

4. 南京博物院编《曾昭燏文集》，北京：文物出版社，1999

5. 费慰梅著，成寒译《中国建筑之魂》，上海：上海文艺出版社，2003

6. 吴荔明《梁启超和他的儿女们》，上海：上海人民出版社，1999

7. 林洙《困惑的大匠：梁思成》，济南：山东画报出版社，2001

8. 梁从诫《不重合的圈》，北京：百花文艺出版社，2003

9. 李济《安阳》，石家庄：河北教育出版社，2000

10. 李光谟《从清华园到史语所》，北京：清华大学出版社，2004

11. 黄延复、小宁整理《梅贻琦日记》，北京：清华大学出版社，2001

12. 访问：陈存恭、陈仲玉、任育德，记录：任育德《石璋如先生访问纪录》，台北：台湾中研院近代史研究所，2002

13. 《殷商史的解谜者——董作宾百年冥诞特辑》，台北：台湾艺术家出版协会，1994

14. 《新学术之路》，台北：台湾中研院历史语言研究所，1998

15. 李光谟《李济与清华》北京：清华大学出版社，1994

16. 夏鼐著，王世民、林秀贞编《敦煌考古漫记》，北京：百花文艺出版社，2002

17. 石舒波《龙山春秋》，郑州：大象出版社，2008

18. 李勇、张仲田《蒋介石年谱》，北京：中共党史出版社，1995

19. 李约瑟《李约瑟文录》，杭州：浙江文艺出版社，2004

20. 李约瑟、李大斐编，余延明等译《李约瑟游记》，贵阳：贵州人民出版社，1999

21. 罗常培《苍洱之间》，沈阳：辽宁教育出版社，1996

22. 耿志云主编《胡适遗稿及秘藏书信》，合肥：黄山书社，1994

23. 王世儒、闻笛《我与北大》，北京：北京大学出版社，1998

24. 赵新林、张国龙《西南联大——战火的洗礼》，上海：上海教育出版社，2000

25. 孙敦恒《清华国学院研究史话》，北京：清华大学出版社，2002

26. 宗璞、熊秉明主编《永远的清华园——清华子弟眼中的父辈》，北京：北京出版社，2000

27. 萧乾《北京城杂忆》，北京：三联书店，1999

28. 陈平原、王枫《追忆王国维》，北京：中国广播电视出版社，1997

29. 李方桂著，王启龙、邓小咏译《李方桂先生口述史》，北京：清华大学出版社，2003

30. 刘培育主编《金岳霖的回忆与回忆金岳霖》，成都：四川教育出版社，1995

31. 那志良《典守故宫国宝七十年》，北京：紫禁城出版社，2004

32. 罗玉明《抗日战争中的湖南战场》，北京：学林出版社，2002

33. 李庄镇人民政府《四川省历史文化名镇——李庄》

新版后记

本书是我十年来撰写"大师系列"作品较早的一部，缘起是 2003 年春到四川宜宾李庄镇考察，在那座古镇郊外的上坝月亮田，我拜谒了抗战时期流亡到此地的梁林的故居，并在当地民众中访问了梁林夫妇在此生活的一些往事，情之所感，便有了写一写这对终生以学术研究和教育事业为追求的才子佳人以及他们身边朋友的计划。几年之后，书稿完成，定名为《1937—1984：梁思成、林徽因和他们那一代文化名人》，于 2007 年由海南出版社出版。

倏忽间五年过去，今天由中华书局再版发行，甚感荣幸。

可告慰者，本次再版相较于初版有了一些进步，主要有三：

第一就是对史实的考证。此书再版前我又去了一趟四川李庄镇，对书中所涉人事模糊不清或读者指出的疑点再次作了深入的调查、采访，还原了历史的真实情形。除此之外，随着新资料不断发现，原书几个悬而未决的谜团得以解开，最典型的例子是傅斯年在李庄为病中的林徽因与梁思永向当局请款补助一事。这个事件犹似一个神龙见首不见尾的传奇，原来的研究者只肯定了傅斯年确实从当局手中要来了钱，但这笔款子是多少？从哪个机关或个人手中流出？一无所知。想不到随着《翁文灏日记》透出的线索，此案才真相大白。

另一个案例是，原西南联大学生汪曾祺在《跑警报》一文中记载的那个经常携带一小箱，且小箱里装着情书的金先生到底是谁？我在前一版本中断定为金岳霖。有读者在网上发帖驳难，认为是北大的金克木。此次修订，我对二者的经历作了详细研究，认为是金岳霖的可能性更大些。此段考证读者已经看到，不再赘言。

第二是对书中插配的照片进行了补拍和精心挑选，使整部书在"图文并茂"方面有了进步。

最后是在文字上加工润色，使读者在阅读中更感顺畅、自然一些。

要说的大体就这些，因水平有限，还请各位方家指教。

本次修订，责任编辑徐卫东兄及中华书局几位同仁付出了艰辛的劳动，使拙著增色不少，在此一并表示感谢。

岳　南

2012 年 4 月 18 日于台湾新竹清华大学